民航服务沟通技巧

焦 巧 梁冬林 主 编

陈玲玲 副主编

重庆大学出版社

图书在版编目(CIP)数据

民航服务沟通技巧 / 焦巧,梁冬林主编. -- 重庆:
重庆大学出版社,2019.12(2023.7 重印)
ISBN 978-7-5689-1448-2

Ⅰ.①民… Ⅱ.①焦… ②梁… Ⅲ.①民航运输—商
业服务—高等职业教育—教材 Ⅳ.①F560.9

中国版本图书馆 CIP 数据核字(2018)第 297625 号

民航服务沟通技巧
MINHANG FUWU GOUTONG JIQIAO
焦 巧 梁冬林 主 编
策划编辑:唐启秀
责任编辑:李桂英 版式设计:唐启秀
责任校对:邹 忌 责任印制:张 策
*
重庆大学出版社出版发行
出版人:饶帮华
社址:重庆市沙坪坝区大学城西路 21 号
邮编:401331
电话:(023)88617190 88617185(中小学)
传真:(023)88617186 88617166
网址:http://www.cqup.com.cn
邮箱:fxk@cqup.com.cn(营销中心)
全国新华书店经销
重庆愚人科技有限公司印刷
*
开本:787mm×1092mm 1/16 印张:15 字数:312 千
2019 年 12 月第 1 版 2023 年 7 月第 3 次印刷
ISBN 978-7-5689-1448-2 定价:42.00 元

出版说明

这套教材的开发基于两个大的时代背景:一是职业教育的持续升温;二是民航业的蓬勃发展。

2014 年 6 月 23 至 24 日,全国职业教育工作会议在北京召开,习近平主席就加快职业教育发展作出重要指示。他强调,要牢牢把握服务发展、促进就业的办学方向,坚持产教融合、校企合作;坚持工学结合、知行合一,引导社会各界特别是行业企业积极支持职业教育,努力建设中国特色职业教育体系。这是对职业教育的殷切期望,也为我们的教材编写提供了信心和要求。

伴随中国全面建成小康社会,民航业的发展态势非常好,到 2020 年,民航强国将初步成形。到 2030 年,中国将全面建成安全、高效、优质、绿色的现代化民用航空体系,实现从民航大国到民航强国的历史性转变,成为引领世界民航发展的国家。民航业的发展必然对航空服务类人才产生极大的需求。而从各大航空公司提供的数据来看,航空服务类人才的缺口非常大。

在这样两个前提下,我们用半年多的时间充分调研了十多所航空服务类的高职院校,详细了解了这个专业的教学、教材使用、招生及就业方面的情况;同时,对最近几年出版的相关书籍认真研读,并对其中的优势和不足作了充分的讨论,初步拟定了这套教材的内容和特点;邀请相关专家讨论这个设想,最终形成了教材的编写思路、体例设计等。

本系列教材坚持本土创作和港台相关教材译介并行。首批开发的教材有《航空概论》《民航旅客运输》《民航货物运输》《民航服务礼仪》《民航客舱服务》《民航客舱沟通》《民用航空法规》《民航服务英语》《民航地勤服务》《民航服务心理学》《职业形象塑造》《形象塑造实训手册》《值机系统操作基础教程》等。

CHUBAN SHUOMING

本套教材具备如下特点：

1）紧跟时代发展的脉络，对航空服务人员的素质和要求有充分的了解和表达；

2）对职业教育的特点有深刻领会，并依据《教育部关于职业教育教材建设的若干意见》的精神组织编写；

3）在全面分析现有航空服务类相关教材的基础上，与多位相关专业一线教师和行业专家进行了充分的交流，教材内容反映了最新的教学实践和最新的行业成果；

4）本套教材既注重学生专业技能的培养，也注重职业素养的养成；

5）教材突出"实用、好用"的原则，形式活泼、难易适中。

本套教材既能够作为高职航空服务类院校的专业教材使用，也可以作为一般培训机构和用人单位对员工进行培训的参考资料。

前　言　

近年来,我国民航发展质量稳步提升,战略地位日益凸显,安全水平世界领先,保障能力持续增强,服务水平不断提升。当前,民航发展进入新的历史阶段,发展环境和任务要求发生了新的变化,民航强国建设进入关键时期,对从业人员的要求也越来越高。只有对民航服务工作有全面的了解和掌握,才能成为一名合格的员工。

民航服务是一项为旅客提供服务、与人打交道的工作,要求空乘人员必须具备良好的沟通能力。语言是交际的工具,在航空服务上具有重要作用,更是旅客对服务质量评价的重要标准之一。空乘人员只有掌握一定的方法和技巧,才能取得良好的沟通效果。因此,空乘专业学生语言技能的培养至关重要。它既需要有声语言的修饰、常用服务语言的训练,又需要广博的知识和应对意外情况的语言技巧。空乘专业的学生只有在这几个方面不断地练习、提高,才能成为空乘行业适用的专业人才。沟通是一门科学,更是一门艺术。目前,民航企业急需高素质的服务人员,学校和培训机构在培养专业人才时,急需一本集专业性、实用性、科学性、前瞻性于一体的教材,《民航服务沟通技巧》的编写恰逢其时。

本书紧紧围绕地勤和客舱的服务特点,比较全面和系统地介绍了地勤和客舱的规范语言表达和服务沟通技巧。本书共分为七个部分,每个部分又设有子单元,按照民航服务沟通概要、地勤服务沟通技巧、客舱沟通语言艺术、客舱旅客沟通技巧、特殊旅客沟通技巧、乘务员内部沟通技巧、突发事件处理的沟通技巧等内容由浅入深进行阐述,每个单元后面都配有相应的训练内容,充分注重实训性。本书适用于高等院校、中专空乘专业

 .... **QIANYAN**

的专业课训练。

　　本书由焦巧、梁冬林任主编,陈玲玲任副主编。其中第一部分由王兆杰编写;第二部分、第三部分、第四部分由焦巧编写;第五部分由陈玲玲编写;第六部分和第七部分由莫江洪编写。附录由焦巧编写。全书由焦巧统稿。本书材料丰富,体系结构完整,知识系统全面,行文通俗易懂,兼备知识性、可读性、实用性和指导性。

　　在编写过程中,得到了武汉职业技术学院、桂林旅游学院等院校的领导、专家、同行的指导和帮助,在此表示衷心的感谢! 此外,在编写本书的过程中,还参阅了大量有关书籍资料,在此,谨向所有相关作者表示衷心感谢! 限于编者的水平,书中存在着遗漏和不足之处,恳请各位专家和读者不吝指出。

编　者

2019 年 5 月于武汉

目录 CONTENTS

第一部分

民航服务沟通概要

【知识目标】 1. 学习和把握沟通的含义及要素；

2. 了解民航服务沟通的含义、目的及功能；

3. 了解有效沟通的特征和基本要素等理论知识与实务知识；

4. 了解民航服务沟通的对象；

5. 了解民航服务有效沟通的 6C 原则；

6. 了解倾听的艺术，能将其用于指导民航服务沟通中的相关认识活动，并规范其相关技能。

【能力目标】 认识民航服务人员需要具备哪些沟通方面的技能，掌握有效沟通的技巧和倾听的方法，通过对实训作业的撰写、讨论和交流，强化专业认知力。

【案例导入】

有三个人要被关进监狱三年，监狱长允许他们每人提一个要求。

美国人爱抽雪茄，要了三箱雪茄。

法国人最浪漫，要了一个美丽的女子相伴。

而犹太人说，他要一部与外界沟通的电话。

三年后，第一个冲出来的是美国人，嘴里、鼻孔里塞满了雪茄，大喊道："给我火，给我火！"原来他忘了要火。

接着出来的是法国人，只见他手里抱着一个小孩，那名美丽的女子手里牵着一个小孩，肚子里还怀着第三个。

最后出来的是犹太人，他紧紧握住监狱长的手说："这三年来我每天与外界联系，我的生意不但没有停顿，反而增长了200%，为了表示感谢，我送你一辆劳斯莱斯！"

分析：

沟通是与外界联系的重要因素，有了良好的沟通，办起事来就畅行无阻。沟通涉及获取信息或提供信息，在交流中理解对方的想法，施以自己的影响。

第一单元 »»»»»»

民航服务沟通概述

【实训】

自我介绍

假如你要应聘民航服务类的岗位，请写出该岗位的招聘条件，并结合自身情况，依据有效表述的原则，进行自我介绍。

【知识链接】

一、沟通的含义及要素

（一）沟通的含义

沟通是人与人之间进行信息传递的一个过程。在这个过程中，信息发送者和信息接收者都是沟通的主体，信息发送者同时也是信息源。信息沟通可以以语言、文字或其他形式为媒介，沟通的内容除了信息传递外，还包括情感、思想和观点的交流。

在沟通过程中，心理因素对信息发送者和信息接收者都会产生重要影响，沟通的动机与目的会直接影响信息发送者与接收者的行为方式。沟通过程可能是顺畅的，也可能遭遇障碍。影响沟通效果的这些障碍既可能源于心理因素，也可能源于不良的沟通环境。

沟通涵盖以下五个方面：想说的、实际说的、听到的、理解的、反馈的[①]。如图1-1所示，A和B分别表示信息发送者和信息接收者，而此处的"说"和"听"具有宽泛的含义，分别指"说、写、做或其他信息传递形式"，以及"听到、看到或接收到的"。事实上，你想说的与实际说的是有差异的。有时人们说自己的表述有些词不达意，就是这种情况。另一方面，听众听到的与其理解的意思也存在差异，听众会从自身的角度出发去理解所听到的信息，然后作出反馈。这种差异会从其反馈中表现出来。理想的情况是，听众所反馈的对该信息的理解恰好是说者的初衷或他所期望的，但现实往往不尽如人意。例如，

---

① 惠亚爱. 沟通技巧［M］. 北京：人民邮电出版社，2009.

在某高校召开的校长述职大会上，当正、副校长发言完毕，进入大会的第二项议题时，主持人以洪亮的声音说道："我们接下来进入第二项议题，请各位校长下台就座。"话音刚落，会场一片哗然，其中的缘由不言自明。这正好说明了"说者无意、听者有心"。因此，沟通并不像我们想象的那样简单、容易，相反，它是一门技巧性和实践性很强的学问。我们只有正确认识沟通，不断加强学习和训练，才能真正领略沟通的真谛。

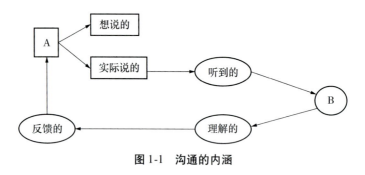

图 1-1　沟通的内涵

（二）沟通的要素

从沟通过程模型中可以看出，一个完整的沟通过程要经过许多环节，并且会受到各种噪声的干扰，因此，欲实现有效沟通，必须充分考虑以下七个基本要素：信息发送者、听众、目的、信息、渠道、环境及反馈①。

1. 信息发送者

信息源于发送者，信息是否可靠、沟通是否有效，与发送者的可信度密切相关。一般来讲，影响发送者可信度的重要因素有身份地位、良好意愿、专业知识、外表形象及共同价值。例如：通过强调自己的头衔、地位或将自己与某个地位更显赫的知名人士联系在一起，可以增强你的可信度；通过向听众表达良好意愿，并指出听众的利益所在，可以使听众对你产生信任与认同感；显示出自己的专业技术背景，或向听众叙述相关的经历，有助于你在听众中树立起专业或权威的形象；注重外表形象设计与展示，或借助认同听众的利益的方法，或运用诙谐幽默的语言吸引听众，都有助于拉近双方沟通的距离。应该指出，在沟通的初始阶段就应该注重与听众达成共识，将信息与共同的利益和价值观联系起来，这将大大增强听众对你的信任感，提高可信度，从而为有效沟通奠定基础。

2. 听众

为了确保有效沟通，了解你的听众及其需求是非常重要的。在沟通前应该了解你的听众究竟是些什么人：他们是积极的听众还是被动的听众？是主要听众还是次要听众？另外，还应该了解听众的背景材料：他们对沟通的主题了解多少？他们需要了解哪些新信息？掌握了这些信息，你就明确了对听众该说些什么，知道在什么情况下可以运用一些专业术语，

① 宋倩华．沟通技巧［M］．北京：机械工业出版社，2012.

在什么情况下应该叙述得更通俗易懂。此外，听众对你的信息是否感兴趣？感兴趣的程度是多少？这些也是你把握沟通过程的风向标。如果听众对沟通主题兴趣浓厚，你就不必考虑如何去激发他们的热情与兴趣，可以开门见山、直奔主题。而那些对沟通主题兴趣不大的听众，你就应该设法激发他们的热情，征求其意见并诱导他们参与讨论，是引发听众兴趣的有效方法之一。当然，通过强调信息中使听众受益的内容，可能会更有效地唤起听众的热情。

3. 目的

信息发送者应该明确其信息传递的目的。信息传递的目的是基于工作目标及相应的行动举措，一旦明确了工作目标和行动举措，就应该确定沟通的目的。例如，某空调制造企业的销售部门 2019 年度的工作目标是继续保持上年的市场份额，并要求 2019 年第二季度完成 500 万台的销售任务。销售部经理针对工作目标向各主管提交了一份市场计划，其目的就是希望主管们能够同意并支持这个计划；他还通过会议和演讲等方式，让各地销售代表了解目前的市场形势、企业的工作目标以及相应的营销策略。

4. 信息

为了使信息顺畅地传递至听众并使其易于接受，策略性地组织信息模块是至关重要的。从人的生理角度来看，人们因感受新鲜事物而产生的记忆兴奋与沟通过程密切相关。由图1-2 可知，在谈话过程的初始阶段及终止阶段，听众的记忆最深刻。

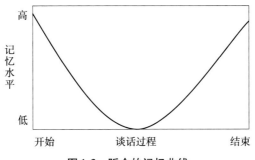

图1-2　听众的记忆曲线

显然，我们不能期待听众对一个长达 1～2 小时的报告会自始至终保持满腔的热情和高度的兴趣。因此，在组织信息内容的时候，应该特别注重开头与结尾，把最重要的内容放在开场白或结尾部分，切忌将主要观点和内容放在中间部分，不然无法得以凸显。

关于何时应该把重要内容放在开场白中，何时应该将重要内容置于结尾处，则需要仔细揣酌。在开场白中采用开门见山、直奔主题的方法，具有简明扼要、重点突出、直截了当、节省时间等优点。这有利于听众在接收信息的初始阶段就清楚地了解重点和结论，便于听众理解下文。通常这种方法适合于和那些更关注结论、无感情倾向的听众沟通。

如果面对的是更关注过程分析或具有排斥心态的听众，就需要采用循序渐进、逐条分

析、最后推出结论的方法。采用这种方法虽然可能会使听众对信息的理解更困难，并且很费时，但它有利于缓解具有排斥心态者的抵触情绪，并引发他们的兴趣，进而转变其态度。

5. 渠道

沟通渠道通常指的是沟通媒介。信息都是通过一定的媒介来传播的，一般来讲，沟通渠道主要有三种：口头语言、书面语言和非语言。随着信息技术的发展，沟通渠道渐趋多样化，有电话、传真、电子邮件、电子公告板、电话会议、电视视频会议等渠道。沟通渠道的多样化给信息传播带来了不可忽视的影响，不同的情况采取的沟通渠道有所不同。一般来说，口头沟通主要用于即时互动性沟通，沟通内容具有一定的伸缩性，无须严格记录，沟通形式活泼，富有感情色彩。书面沟通主要用于要求严谨、需要记录备案的沟通。无论是口头沟通还是书面沟通，都可以作为正式的或非正式的沟通渠道。正式的沟通渠道主要用于涉及法律问题的谈判、合同契约的签订等，例如合同、标书、意向书、报告以及演讲、新闻发布会等；非正式沟通渠道主要用于获取新信息、互动性较强的情形，例如电子邮件、电话、讨论会、会谈等。

6. 环境

沟通是在一定的环境中发生的，任何形式的沟通都会受到各种环境因素的影响。如上司与下属的谈话在上司的办公室和在厂区的花园里进行，其效果和双方的感受都会不同。从某种意义上讲，沟通与其说是由沟通者双方把握的，倒不如说是由环境控制的。

具有不同文化背景的人在沟通时，文化背景的差异会对沟通产生显著影响。例如，北方人大多生性豪放，交流时喜欢开门见山、直来直去，而南方人在沟通时多倾向于采取迂回方式。人们在社会中所处的不同地位也会对沟通产生直接影响。一般地位高者在沟通过程中显得自信而主动，地位低者则显得谨慎而被动。不同的心理对沟通的影响不可忽视。比如，你很难想象在闷热的夏天，老总们坐在没有空调的房间里，无休止地讨论毫无结果问题的情景。具体而言，沟通环境包括心理背景、物理背景、社会背景和文化背景。

①心理背景。心理背景是指沟通双方在沟通时的情绪和态度，如激动、兴奋、愤怒、热情、冷淡等。

②物理背景。物理背景是指沟通发生的场所，如在家里、办公室、学校等。

③社会背景。社会背景是指沟通双方的社会角色关系，涉及对沟通方式的预期，如果双方对沟通方式的预期相符，就能接纳对方；反之，就无法进行有效沟通。

④文化背景。文化背景是指沟通双方所代表的文化。沟通者长期的文化积淀，决定了沟通者较稳定的价值取向、思维模式、心理结构及行为依据。文化背景可以细分为国家的、地区的、行业的、企业的、部门的以及个体的。比如，在西方国家，重视和强调个人，其

沟通方式也是个体取向的，往往直言不讳，对于组织内部的协商，一般喜欢通过备忘录、布告等正式沟通渠道来表明观点和看法；而在中国等东方国家，人们之间的相互接触较频繁，而且采用的多为非正式沟通的方式。

7. 反馈

反馈是指给信息发送者的提示，使其了解信息接收者是如何接收并理解信息的，从而使信息发送者根据需要进行调整。

在面对面的沟通中，连续不断的反馈是必要的，因为不论对一个人还是一群人讲话，你不可能完全了解你的听众在瞬间的反应。如果你不断追踪接收者的反应，就能将你的信息、意向，甚至你原先想要达到的目的，都根据所接收到的反馈来加以修正。

反馈的形式是多样的，它可以是口头的、书面的、语言的、非语言的、有意的、无意的。例如，听众对一位演讲者的反应能在很大程度上影响演讲者的行为。如果演讲者听到喝彩或看到点头示意，就会继续使用当时的沟通方式；如果他得到的反应是嘘声、蹙眉、打呵欠或不专心，而他对这些行为又较为敏感的话，就会及时修正其沟通方式以符合听众的期望。这就是"在沟通过程中备受关注的是被接收和理解的信息，而非发出的信息"的原因。

二、民航服务沟通的含义、目的及功能

随着新中国的发展，作为国民经济和社会发展的一个重要部门和一种先进的运输方式，中国民用航空业伴随着国民经济的发展而不断发展和壮大。改革开放以来，航空运输量保持着快速增长，航线网络也在与日俱增，飞机的运输能力也明显增强，空管、机场等基础设施建设也相继取得了重大的突破和发展，管理体制的改革和对外开放的扩大都迈出了较大的步伐。因此，航空运输在我国社会主义现代化建设中发挥着越来越显著的作用。航空公司的服务不再只是卖票、送旅客到目的地等简单服务，而是要将其融入包括旅游业、餐饮业等在内的全方位、延伸、增值的服务。

然而，我国民航业中却存在着粗放经营的现象，民航服务人员的素质也参差不齐，这势必会对民航业的未来发展带来不良的影响。目前，我国空中乘务人员的沟通能力较弱，沟通的技巧掌握不足，细节的关注不够，导致沟通缺乏人性化。例如，在航班晚点时，顾客会流露出各种不满的情绪，如果没有采取良好的沟通方式去化解旅客的不良情绪，旅客对民航服务的投诉就会一直居高不下。调查结果表明，现场服务补救是目前国内民航服务在接到投诉后存在的最大问题，而这种补救不能只依靠一些必要的条文措施，还要依靠航空服务人员及时、热诚地在旅客与航空公司之间进行有效沟通。民航服务人员不仅要运用适当的语言进行沟通，还要仔细观察、揣摩和分析旅客的需求，这些技能的掌握有利于提高民航运输业的服务质量。

（一）民航服务沟通的含义

从广义上讲，民航服务沟通是航空公司与旅客的信息交流，沟通方式主要有广告宣传、公共关系、人员推销、销售促进等。这里所指的服务沟通为狭义概念，特指民航服务人员综合运用自身知识、能力和品德，通过沟通协商解决旅客在民航服务过程中遇到的各种问题。服务沟通是民航服务工作科学管理的前提和基础，是提升民航服务质量的重要保障，是民航服务的基础环节①。

（二）民航服务沟通的目的

沟通，是人与人之间交往的方法。沟通具有一定目的性，是为了表达自己的情感，说明自己的需求，达到自己的目的等。民航服务的对象主要是旅客，要了解旅客的需求，为旅客提供更优质的服务只有通过与旅客沟通才能达成。现代管理之父德鲁克曾说过这样一句话：一个人必须知道什么时候说，一个人必须知道对谁说，一个人必须知道怎么说。这句话涵盖了达成有效沟通的几个关键点：话题的定位、时机的掌握、沟通主体的确立及应变技巧的运用。在客舱服务处理和解决一些问题时，如果能做到以上几个关键点，那么解决问题时就会达到事半功倍的效果。

1. 了解旅客的心理需求

优质的服务是建立在了解旅客心理的基础上的，如果连旅客的基本需求都不了解，服务就不可能顺畅地进行。人们的心理活动是丰富多彩、错综复杂的。作为民航乘务员，应该从旅客的一言一行中了解其心理，知道他们的需求，做到眼勤、嘴勤、手勤、腿勤，尽量满足旅客提出的要求，让旅客真正有宾至如归的感觉。了解旅客心理需求具体体现在以下四个方面：

（1）要充分理解旅客的需求。旅途中，有些旅客提出的要求往往超越了民航的服务范围，但又是正当的需求，这并不是旅客的过分，而是服务产品的不足，因此我们应该尽量将之作为特殊服务予以满足。如果确实难以满足，必须向旅客表示歉意，取得旅客的谅解。

（2）要充分理解旅客的想法和心态。旅客出于某种原因受了气故而迁怒民航，或由身体、情绪等因素而大发雷霆，对此类不良的行为，我们应该予以理解，并以更优的服务去感化旅客。

（3）要充分理解旅客的误会。因文化、知识、职业等差异，旅客对民航的法规或服务不理解而提出各种意见，或拒绝合作，我们必须对旅客做出真诚的解释，并力求给旅客以满意的答复。

（4）要充分理解旅客的过错。出于种种原因，有些旅客或有意找碴，或强词夺理，我们必须秉承"旅客永远是对的"的原则，把理让给旅客，给旅客面子。

① 金恒．民航服务与沟通［M］．北京：化学工业出版社，2013.

旅客的订座和票价，旅客应该保留一张电脑生成的行程单。除此旅客应写下确认号码作为订座证明。可通过航空公司及代理公司网站办理电子客票的订购等操作。

4. 客票

客票为记名式，只限客票上所列姓名的旅客本人使用，不得转让和涂改，否则客票无效，票款不退。旅客应在客票有效期内，完成客票上列明的全部航程。旅客使用客票时，应交验有效客票，包括乘机航段的乘机联和全部未使用并保留在客票上的其他乘机联和旅客联，缺少上述任何一联，客票即为无效。旅客需注意，在办理乘机手续过程中，确保航空公司代理人只撕掉了应撕的票联。国际和国内联程客票，其国内联程段的乘机联可在国内联程航段使用，不需换开成国内客票；旅客在我国境外购买的用国际客票填开的国内航空运输客票，应换开成我国国内客票后才能使用。

客票自旅行开始之日起，一年内运输有效。如果客票全部未使用，则从填开客票之日起，一年内运输有效。有效期的计算，从旅行开始或填开客票之日的次日零时起至有效期满之日的次日零时止。特种客票的有效期，按该客票适用票价的有效期计算。出于航空公司的原因，造成旅客未能在客票有效期内旅行，其客票有效期将延长到航空公司能够安排旅客乘机为止。

请尽量提前购买机票，一般提前预订的话，机票票价折扣会低一些，并且避免到机场再买票时发现票已售空或者在售票柜台排队等候造成误机。旅客拿到客票后，应检查所有的信息内容是否正确：姓名、航班号、航班日期、出发和到达城市、票价（如果两个城市中不止一个机场，旅客应确认所使用的是哪个机场）、订座状态（OK 表示已被确认，RQ 表示候补，OPEN 表示未确认）。

5. 行程单

行程单为电子客票成功出票后的纸质凭证，其作用为财务报销，不作为登机凭证。行程单报销是由国家税务总局监制并按照《中华人民共和国发票管理办法》纳入税务机关发票管理，是旅客购买国内航空运输电子客票的付款及报销的凭证；行程单为一人一单，遗失不补；行程单不能任意涂改，旅客应核对《行程单》上的姓名、证件号码等所列项目；行程单不作为登机凭证；客人可以在机场航空公司值机柜台打印（部分机场提供）行程单作为报销凭证，网站暂不提供。

三、飞机售票服务规范用语

（一）日常服务规范用语

（1）对旅客要使用正确的称谓：如先生、女士或职务称谓等。

（2）在与旅客面对面时，需辨明旅客性别及身份证、机票上的姓名，按"姓氏+先生/女士"的标准语言称呼旅客，为其提供服务。

（3）招呼旅客时，称"您好"，同时伴以微笑、点头等动作。

（4）当自身言行失误时，要使用"对不起""不好意思""非常抱歉""请原谅""请多包涵"等礼貌用语。

（二）不正常航班通知用语

1. 航班变更通知旅客规范用语

"您好，请问是×先生/小姐吗？我们非常抱歉地通知您，出于××原因，您原来购买的从甲地到乙地、航班号为××的航班，现在的时间已经提前（推迟）××小时，现在的时间是××，您看可以吗？请您按照变更后的时间提早到达机场办理乘机手续。"

2. 航班取消通知旅客规范用语

"您好，请问是×先生/小姐吗？我们非常抱歉地通知您，由于××原因，您原来购买的从甲地到乙地、日期为××、航班号为××的航班已经取消。现改乘的日期为××、航班号是××、起飞时间为××，请您接到我们通知后，按规定时间前往××机场办理登机手续"；

若旅客坚持要退票，则："您可以到我司任一直属售票处或原出票地点办理免费退票手续，谢谢！"

若旅客不愿意乘坐航空公司安排的航班，要自己选择时刻，则："请告诉我您选择××时间的航班，我们会根据您的要求安排好您的行程。"

3. 答复旅客电话确认规范用语

（1）首先要求旅客报记录编号："好的！请告诉我您的记录编号"；

（2）当旅客报不清楚或不了解记录编号时："对不起，请再告诉我乘机人的姓名、航班号和乘机日期"；

（3）当提出 PNR 时，请务必核对旅客姓名、航段、航班号和起飞时间，确认订座状态为 RR 状态；

（4）"现在机票已经确认，请您按时去××机场办理乘机手续。"

（三）特殊旅客服务用语

1. 重要旅客

（1）对方提出申报 VIP，则："请问×先生/女士的工作职务或级别"，在核对姓名时必须重复 VIP 的职务或级别。

（2）公司总裁级（含）以上领导订票，若是本人，听到报名后，立即问候："×总，您好。"待其报完选乘航段，核对航段和姓名，注意不要逐字核对姓名。

2. 无成人陪伴儿童

（1）"请问，这位儿童是自己搭乘航班吗？"得到肯定，则："专为 5～12 周岁独自乘机的儿童推出无成人陪伴服务。请您报一下××的出生年月，好吗？"

（2）"××符合办理无成人陪伴的条件，送票时您将填写一份《无成人陪伴儿童乘机申请书》，请事先准备好接、送人员资料。

（四）在旅客提出棘手问题时规范用语

在实际工作中，遇到非常棘手、一时难以回答的问询，不要急于回答；严格执行"首问责任制"，按《旅客问题处理程序》的相关规定解决旅客问题；服务用语："非常抱歉，这事我还不能立即答复，请您留下联系电话好吗？我们一定及时了解情况，给您一个明确的答复""我记下了，您的电话是××"。

（五）要求旅客出示有效证件时规范用语

"请出示您的有效证件，请核对您的姓名是否和客票一致。"无误后，再与旅客核对乘机日期、行程和起飞时间。若旅客咨询所购乘机机场和乘坐民航班车的时间、地点，要准确回答或提供旅客准确的机场大巴电话。

（六）晚到旅客语言服务规范

（1）若旅客购票时间接近该航班截止办理乘机手续时间，售票员应主动热情地提醒旅客尽快办理乘机手续。

如"该航班截止办理乘机手续时间为×时×分，请您尽快到值机柜台办理乘机手续"。"现在距离截止办理乘机手续时间还有××分钟，请您抓紧时间。"

（2）若旅客购票时间已经超过了航班截止办理乘机手续时间，在航班有剩余座位的情况下售票员可先请示是否可为其办理客票。如可办理，柜台人员应立即引导旅客办理乘机手续，以保证航班正点。

如"该航班已过截止时间，请您稍等，我先帮您请示是否可为您办理"。

（3）若旅客购票时间已经超过了航班截止办理乘机手续时间，航班在无剩余座位的情况下，售票员应热情主动地为旅客推荐后续航班。

如"该航班已超过截止时间，我帮您查看后续临近航班是否有剩余座位，可以吗？"

（七）旅客在场时与同事交谈的语言规范

（1）四不准原则：不准谈与工作无关的事情；业务如有分歧时，请示更高层领导决断，售票员之间不准讨论；不准交头接耳、嬉笑玩闹，更不准对旅客评头论足；不准有厌烦、疲倦的情绪和神色，更不准用轻蔑、责备的口吻甚至粗暴的言语跟同事交流。

（2）如因工作需要需中断与旅客的谈话，售票员应首先取得旅客谅解，然后再与同事做简单的咨询和信息的传达，时间以不超过一分钟为宜。

如"不好意思，能否打断一下……"当自己言行失误时，要使用"对不起""不好意思""非常抱歉""请原谅""请多包涵"等礼貌用语。

（八）言谈语调、语气

（1）与旅客交谈时，语气要温和，对国内旅客要使用标准普通话，避免地方口音。

（2）说话时要口齿清楚、简练明了、用词文雅，给对方以体贴信赖感。

（3）语速快慢适中，节奏清楚，表达意思鲜明。

（4）交谈时，音量掌握得当，语调不可尖锐、刺耳。

（九）言谈细节禁忌

（1）语气粗鲁、声音刺耳。

（2）呼吸声音过大，使人感到局促不安和犹豫。

（3）语言平淡，气氛沉闷。

（4）声音表露倦怠。

（5）说话时鼻音过重。

（6）解说时，口齿含糊，令人难以理解。

（7）说话语速过慢或过快，过慢，使听的人感觉沉闷，过快，容易使人思维跟不上。

（8）与旅客谈话时，不可边走边讲或不停地看表，手不可放在口袋里，或双臂放在胸前。

（9）旅客提出的意见和要求，不可有厌烦的情绪和神色，更不可用责备的口吻甚至粗暴的言语。

（10）不要打断旅客的讲话，如不得已打扰时，应等对方讲完一句话后，说声"对不起"，再进行说明。

（11）忌打听旅客的个人隐私，如旅客的薪金收入、年龄、衣饰价格等。

（12）服务过程中，不得与旅客嬉笑玩闹，更不可对旅客评头论足。

（13）旅客提出的要求应尽量满足，如不能做到，要耐心解释，不可怠慢；应允的事件一定要落实，不能言而无信。

第二单元 »»»»»»»»

候机楼服务沟通技巧

【实训】

天津机场电话问讯让您感受"听到的微笑"

当拨通天津机场问讯电话时，听筒另一头传来的不只是标准的普通话服务语言："您好，这里是天津机场问讯。"同时传来的还有让旅客能明显觉到的"听到的微笑"。

天津机场问讯服务一直以周到、耐心、温和、友好著称，从成立以来，问讯处的姑娘们以精湛的业务水平、热情的服务态度得到了各方认可。多年来，她们曾获得集团公司女职工建功立业标兵岗、天津市女职工建功立业示范岗、创造争优示范窗口以及国家级"青年文明号"等荣誉。2013年"三八"妇女节，还获得全国总工会颁发的"全国五一巾帼标兵岗"光荣称号。2012年十八大召开后，机场对提升服务提出了更高的要求。天津机场从2012年开始在全机场范围内深入开展"四创"活动，发布"经津乐道"服务品牌，要求机场全体人员以"创新、创业、创效、创优"的精神，拓展思路、内部挖潜，切实提升工作水平与服务质量。如何能够在已有的成绩上，使旅客再次感受到实实在在的服务提升，这也是天津机场问讯人员始终追求的课题。这一次，她们把目光投向了电话问讯。

电话问讯是机场问讯服务的一个分支，"津蒲花"班组以良好的服务形象一直得到了旅客的认可和受到了好评。2013年，为进一步提升问讯服务质量，负责机场问讯业务的航站楼管理部将工作重点深入到"隔着听筒提高服务质量"上，通过日常工作经验的积累和比对旅客的意见建议，组织开展了"感觉听的微笑"系列活动，提出"用带有微笑的声音感染旅客，用专业准确的回答满足旅客"的服务提升理念，要让旅客能够从听觉上感受到问讯员的微笑，进一步提升电话问询服务的满意度。经过两次实战检验，效果显著。

用真诚的话语让素未谋面的旅客感受到热情的服务，将两个陌生人的心拉得很近，通过周到的解答，使旅客的心头暖流涌动。要做到这些，并不是提两句口号、开几次会议就能够达到。对此，"感觉听的微笑"活动有着详细的活动方案，具体从四个方面展开：首先从业务知识和礼仪标准两方面重点开展培训，将日常问询中遇到的问题进行汇总，按场景、专题分类，制订回答的语言标准，利用早会、内训的时间进行培训，并装订成册，放置在工作现场，供问讯员随时查阅背诵。其次，理论联系实际，趁热打铁加强训练。其间采取多种训练方式，不仅规范普通话发音、考核业务知识掌握情况等，还特别利用月度例会，创新性地开展了"大家来找茬"活动，随机调取播放问讯员电话录音，全体动员开始"找茬"，重点从语音语调、服务态度、业务水平、反应速度等方面寻找服务不足和短板，举一反三制订改进措施，并推选出最佳服务录音作为案例，组织全员学习。鼓励大家对标先进，不断地改进自我、完善自我。再次，运用绩效管理方法，结合航站楼部"创新十条"之"隐形监管"形式与月度绩效管理手段，来考核并督促员工不断改进、提升服务。最后，以培养好习惯来收获好效果。通过部门内训、早会讲评、学习友邻单位服务技巧等形式，丰富提高自身素质，循序渐进、潜移默化地培养问讯员持续优质服务的意识和习惯，将优质服务常态化。

自活动实施以来，通过两次"找茬"实战效果的前后对比，电话问询质量得到明显提升。在活动开展前，电话问讯员往往是凭借经验进行服务，无法直接感知自己的服务给电话另一端会带去怎样的效果。而经过实战，员工们亲耳听到了自己的服务过程，并和其他员工的录音效果进行比对，就像照镜子一样，可以非常清晰地发现自身差距，从而清楚地

得知要从哪些方面进行改进。

为进一步提高服务质量，大家还提出了要向旅客提供延伸服务的好点子。比如在日常生活中，经常会遇到旅客来电询问某航班几点落地的问题。以前问讯员通常就事论事回答落地时间，而现在则从旅客角度出发，进一步考虑该问题可能引起的连锁性问题，如落地后办理行李提取预计要多长时间才能出隔离区，并提示接机旅客此航班属于国内还是国际区域，以及接机区域的具体位置等相关信息。自该服务开展以来，有效降低了问讯旅客由于提问单一导致相关信息不清再复打电话讯问的概率。

真正的礼貌与素质往往反映在对待陌生人的时候。电话问讯员也许永远不知道听筒另一端旅客的模样，但可以通过真诚的服务，让旅客"听到"她们脸上的微笑，感受到如春风一般的温暖，在拨通电话后那短短几句话的缘分里，体验到心灵碰撞的欣喜与欣慰。

问题与思考：

1. 天津机场电话问讯处是如何让旅客感受"听到的微笑"的？
2. 作为一名电话问讯工作人员，应怎样进行有效沟通？

【知识链接】

一、问询服务沟通

机场问询为旅客提供各种信息服务，包括流程信息、航班信息、航空公司信息以及航站楼内各种服务信息等。广泛分布于航站楼内的机场问询工作人员会热情地为旅客服务。机场问询包括固定岗位与流动岗位相结合、被动问讯与主动服务相结合，并有电话问讯服务。

（一）问询服务的分类

问询服务根据服务内容的不同可以分为航空公司询问、机场询问、联合询问；根据方式不同可以分为现场询问和电话询问（人工电话和自动语音答应问询）；根据服务柜台的设置位置不同，分为隔离区外的问询服务和隔离区内的问询服务。

（二）问询服务内容

（1）为进出航站楼旅客提供问讯服务，包括旅客流程、航班信息、航站楼旅客服务设施等信息。

（2）为进出航站楼旅客提供引导服务，包括机票购买、值机手续、登机口引导以及相关表格的填写指导。

（3）设专人负责机场问讯电话、投诉电话的受理工作。在进行电话投诉受理工作时，需做好相关记录，按照《旅客投诉受理程序》进行流程转出及对投诉处理结果的追踪工作。

（4）参与特殊旅客服务以及特殊事件处理的工作，为进出航站楼的老幼病残旅客及要客提供引导服务，为天气、突发事件、重大疫情或机场自身原因造成机场服务保障能力不足的情况提供应急服务，为航站楼内医务部门的急救工作提供协助服务。

（5）为旅客指示前往衔接航班、行李提取以及出入境办理台的正确路径，回答有关机场附近交通设施以及交通线路的相关问题，正确信息来源由甲方提供，为转机旅客提供满意服务。

（6）参与航站楼内旅客服务设备设施以及旅客服务功能区域的日常管理工作。

（7）负责航站楼内旅客服务手册的发放工作。

（8）正确指导旅客填写海关、卫检、边检出入境现场各种单据。

（9）负责旅客意见、建议的收集工作。

（10）为航站楼内医务部门的急救工作提供协助服务。

（11）应完成航站楼领导交办的临时性及其他应急工作。

（12）所有服务内容均为站立式服务。

（13）航班延误或航站楼内发生突发事件时，在甲方的指导下安抚旅客情绪，与旅客建立良好的沟通关系，并配合航站楼运行值班的统一调度，向旅客免费发放饮用水等其他物品。

（14）负责在固定问讯柜台上提供旅客免费自行取食的糖果。

（三）问询服务标准和沟通技巧

1. 问询服务标准

（1）工作人员面带微笑，耐心细致，主动热情地为旅客提供信息。

（2）为旅客提供流程引导服务，快速、准确回答问询。

（3）主动询问旅客服务要求，对老弱病残、怀抱婴儿旅客和无人陪伴儿童、老人等特殊旅客提供服务。

（4）采用问询站立服务，服务过程中工作人员使用"您好""欢迎您""谢谢""再见"等问候语。

（5）首问责任制，即旅客求助的第一位工作人员有责任在第一时间确保准确答复或有效解决问题的前提下提供优质服务，否则必须将用户指引到能够提供有效服务的单位或岗位。该服务人员即为首位责任人。首问责任制最早来源于政府行政部门为解决长期以来存在的办事效率低下、不负责任、相互推诿等问题而制定与实施的一项制度。

2. 问询服务沟通技巧

（1）选择积极的用词与方式。同样的意思，或许用不同的词语和表达方式会有积极的效果，让旅客容易并乐意接受乘务员的建议或者反馈。如下面一组相同意思、不同效果的

表达方式。

"很抱歉，让你久等。"——"非常感谢您的耐心等待。"

"问题确实有些严重。"——"这种情况有点不同往常。"

"问题是靠窗的座位已经被预订了。"——"由于其他旅客订票比较早，靠窗的座位暂时没有了，请您见谅。"

"您这是怎么了？"——"先生（女士），请问有什么需要帮助的吗？"

（2）善用"我"代替"你"：

"你要去哪里？"——"请问，我可以知道您去哪里吗？我可以更好地给您指路。"

"你错了，不是那样的。"——"对不起，我没说清楚，事情经过是这样的。"

"如果你需要我的帮助，你必须……"——"我很乐意帮助你，但首先我需要确认……"

（3）使用主动积极的肢体语言——面部表情。作为机场问询服务人员，要时刻保持微笑、平静、专注、真诚、愉快而热情的表情，而不能出现以下表情态度：抬起下巴并垂下眼睛；面部表情松弛；与人交谈时，一边的眉毛比另一边抬得高；常咬住自己的嘴唇。

（4）使用主动积极的肢体语言——手势。作为机场问询服务人员，要很自然地运用手势来解释你所说的事情；使用"开放掌形"的手势，手掌伸开，四指并拢；不能在旅客面前指指点点；伸出一根手指指向旅客；双手交叉抱于胸前；不停地摸自己的头、鼻子、嘴巴或抚弄自己的头发；拍打旅客的后背等手势。

（5）使用主动积极的肢体语言——目光。目光接触可以控制、调整工作人员与旅客之间的互动，表达双方的感情，同时还可以作为提示、告诫以及监视的手段。机场问询服务人员要自然地与旅客进行眼神交流，避免出现向上翻眼睛、看着下面或其他方向、一直盯着旅客看、不一直上下打量旅客、眼睛眨个不停等现象，引起旅客的反感和不满。

例如，机场大厅中，少许旅客因为初次乘机，不了解机场情况、乘机流程和民航规定，又不好意思询问，一直在大厅坐等，结果误了班机，急得团团转。针对这一情况，服务员加强大厅的巡视力度，对老人、多行李旅客多加留意；对身体不适、神情紧张的旅客主动上前询问，发现后及时给予帮助或引导旅客快速办理手续。这种主动沟通立即改变了现状，看似简单的几句询问达到了很好的服务效果。

（6）切忌使用否定语等六种语言。作为机场问询服务人员，与旅客交流时，要感情真挚、态度温和，切忌使用否定语、蔑视语、暧昧语、烦躁语、斗气语、方言等。

否定语："我不能""我不会""嗯，这个问题我不大清楚""这不是我应该做的""不可能，绝不可能有这种事发生""我绝对没有说过那种话"等。

蔑视语："乡巴佬、这种问题连三岁小孩都知道"等。

烦躁语："不是告诉您了吗？怎么还不明白！""有完没完，真是麻烦。"

斗气语："你到底想怎么样呢？""我就这服务态度，你能怎么样呢？"

应该表达这样的语言："总会有办法的""应该没有问题""改天我再和你联系""问题

解决后我通知您一声""我想近期内可以给您答复"。

二、候机楼服务

1. 导乘服务

我们在国内隔离区开展了导乘服务，引导旅客前往指定的登机口候机，回答旅客关于航班信息等问题，航班登机时，导乘员还负责晚到旅客的查找工作。例如，上海虹桥机场T2 出租车站点"专职导乘"将机场问询服务延伸至旅客抵离机场的"最后一米"。每天上午 11 时至夜间航班结束，虹桥机场都会有"专职导乘"流动守候在 T2 出租车站点，她们统一着装，用规范亲切的语言，为需要帮助的各地旅客提供机场周边及市区交通咨询服务。虹桥机场在 T2 出租车站点设立了多块多媒体交通问询屏，让旅客通过手机二维码或点击屏幕，方便查询交通等各类信息。

2. 广播室

负责候机楼内广播工作，提供航班信息广播、登机广播、寻人寻物广播等服务和其他需求的广播。广播用语有普通话、英语、日语等语种。

3. 电话问讯室

为社会公众提供航班信息电话查询服务，并在航班不正常时提供电话回叫服务，即记录下询问人的电话号码，一有该航班的准确消息就主动告知询问者。

4. 出发问讯处

位于出发大厅的出发问讯处，为旅客提供航班信息咨询、乘机流程咨询及相关乘机知识咨询的服务，并联系广播找人、寻物。

5. 贵宾（VIP）候机室

VIP 候机室担负着国内外重要旅客进出机场的地面接待服务工作，是展示空港风采，树立空港形象，让外界了解当地乃至中国国家发展的一个重要窗口。

贵宾室服务项目包括：提供豪华奔驰摆渡车接送要客上下飞机；提供茶水、报纸杂志、航班信息和现场服务；代办乘机、行李交运、联运等手续；提供乘机人员及随身携带行李的安全检查等。

6. 头等舱休息室

机场设有国内、国际头等舱休息室，为头等舱旅客提供舒适、优雅的候机环境，内有卫生间、会议室、吸烟室等配套设施。

7. 商务贵宾服务

商务贵宾服务包括鹏程之旅和金色通道两方面的服务。鹏程之旅服务：为旅客有偿提

供协办登机手续头等舱休息室候机等一条龙服务，金色通道服务：与酒店等单位合作，提供其商务贵宾延伸服务。

8. 行李寄存

机场为旅客提供行李寄存服务。行李寄存处分布于出发大厅左右两侧、到达大厅中部及右侧。

9. 行李查询

国内、国际行李查询分别位于国内、国际到达厅内，为到达旅客提供行李查询，并提供市内不正常行李免费送上门服务，深得旅客的赞许。

10. 轮椅、担架服务

行动不便的病残旅客和老年旅客可以在办理乘机手续时申请轮椅服务，经承运方同意后，服务员会将轮椅送至值机柜台，为轮椅旅客办理值机、建设费等手续，经过专门的安检通道到候机厅候机。无论是在登机的过程中还是在到达机场时，轮椅旅客都将得到专门的照顾。细致的服务会让旅客舒心，让亲友放心。

11. 无人陪伴儿童、老人服务

2 周岁以上、12 周岁以下的儿童或单独出行的老年旅客，在值机柜台办理好申请手续后，可以享有专门服务。服务人员会引导老人或小孩直至登机，对到达航班的无人陪伴的老人、儿童，服务人员也会送至到达厅与旅客亲友交接，让他们在民航服务人员无微不至的照顾中体现真情。

12. 母婴候机室服务

在隔离区设置"母婴候机室"，准备了婴儿床、奶瓶、学步车、玩具等物品，旅客可带婴幼儿进入该室候机，享受一片舒适宁静的自由天地。

13. 陆空联运服务

为满足旅客转乘长途巴士旅客的需要，在国内到达层设长途巴士售票点和候车室，为旅客提供陆空联运一站式服务。

14. 失物招领服务

候机楼内和停车场内均设有失物招领处，负责旅客遗失物品的认领、旅客或工作人员在航站楼或停车场捡拾到的物品的接收。物品认领要求：本人物品需出示本人有效证件；委托他人代领需提供本人委托函、身份证明及被委托人有效身份证件。

三、候机楼广播服务沟通

（一）候机楼广播服务规范用语

我国民航总局于 1995 年制订和实施了候机楼广播服务用语规范，该规范作为行业服务标准，统一了国内候机楼广播服务标准用语，提高了候机楼广播服务质量。

1. 主题内容与适用范围

本标准对民航机场候机楼广播用语（以下简称"广播用语"）的一般规定、类型划分和主要广播用语的格式作出了规范。本标准适用于民航机场候机楼广播室对旅客的广播服务。

2. 广播用语的一般规定

（1）广播用语必须准确、规范，采用统一的专业术语，语句通顺易懂，避免混淆。

（2）广播用语的类型应根据机场有关业务要求来划分，以播音的目的和性质来区分。

（3）各类广播用语应准确表达主题，规范使用格式。

（4）广播用语以汉语和英语为主，同一内容应使用汉语普通话和英语对应播音。在需要其他外语语种播音的特殊情况下，主要内容可根据本标准用汉语进行编译。

3. 广播用语的分类

候机楼广播用语分类

广播用语分类	航班信息类	出港类	办理乘机手续类	开始办理乘机手续通知 推迟办理乘机手续通知 催促办理乘机手续通知 过站旅客办理乘机手续通知 候补旅客办理乘机手续通知
			登机类	正常登机通知 催促登机通知 过站旅客登机通知
			航班延误取消类	航班延误通知 所有始发航班延误通知 航班取消通知 不正常航班服务通知
		进港类	正常航班预告	
			延误航班预告	
			航班取消通知	
			航班到达通知	
			备降航班到达通知	
	例行类	须知		
		通告等		
	临时类	一般事件通知		
		紧急事件通知		

（资料来源：根据［MH/T 1001—95］归纳整理）

4. 航班信息类广播用语的格式规范

航班信息类播音是候机楼广播中最重要的组成部分，用语要准确、逻辑严密、主题清晰，所有格式一般应按规范格式执行。

（1）规范的格式如下：

1）每种格式由不变要素和可变要素构成。其中，不变要素指格式中固定用法及其相互搭配的部分，它在每种格式中由固定文字组成。可变要素指格式中由动态情况确定的部分，它在每种格式中由不同符号和符号内的文字组成。

格式中符号的注释：

①表示在_____处填入航站名称；

②表示在_____处填入航班号；

③表示在_____处填入办理乘机手续柜台号、服务台号或问询台号；

④表示在_____处填入登机口号；

⑤表示在_____处填入二十四小时制小时时刻；

⑥表示在_____处填入分钟时刻；

⑦表示在_____处填入播音次数；

⑧表示在_____处填入飞机机号；

⑨表示在_____处填入电话号码；

⑩表示〔　〕中的内容可以选用，或跳过不用；

⑪表示需从〈　〉中的多个要素里选择一个，不同的要素用序号间隔。

2）每种具体的广播用语的形成方法：

根据对应格式，选择或确定其可变要素（如航班号、登机口号、飞机机号、电话号码、时间、延误原因、航班性质等）与不变要素共同组成具体的广播用语。

（2）规范的格式内容如下：

①出港类广播用语包括三类：办理乘机手续类、登记类和航班延误取消类。

A. 办理乘机手续类广播用语包括五种：开始办理乘机手续通知、推迟办理乘机手续通知、催促办理乘机手续通知、过站旅客办理乘机手续通知、候补旅客办理乘机手续通知。

a. 开始办理乘机手续通知

前往_____①的旅客请注意：

您乘坐的〔补班〕⑩_____②次航班现在开始办理乘机手续，请您到_____③号柜台办理。

谢谢！

b. 推迟办理乘机手续通知

乘坐〔补班〕⑩_____②次航班前往_____①的旅客请注意：

由于(1.本站天气不够飞行标准;2.航路天气不够飞行标准;3._____①天气不够飞行标准;4.飞机调配原因;5.飞机机械原因;6.飞机在本站出现机械故障;7.飞机在_____①机场出现机械故障;8.航行管制原因;9._____①机场关闭;10.通信原因)⑪,本次航班不能按时办理乘机手续。〔预计推迟到_____⑤点_____⑥分办理。〕⑩请您在出发厅休息,等候通知。

谢谢!

c. 催促办理乘机手续通知

前往_____①的旅客请注意：

您乘坐的〔补班〕⑩_____②次航班将在_____⑤点_____⑥分截止办理乘机手续。乘坐本次航班没有办理手续的旅客，请马上到_____③号柜台办理。

谢谢!

d. 过站旅客办理乘机手续通知

乘坐〔补班〕⑩_____②次航班由_____①经本站前往_____①的旅客请注意：

请您持原登机牌到〔_____③号〕⑩〈1.柜台;2.服务台;3.问询台〉⑪换取过站登机牌。

谢谢!

e. 候补旅客办理乘机手续通知

持〔补班〕⑩_____②次航班候补票前往_____①的旅客请注意：

请马上到_____③号柜台办理乘机手续。

谢谢!

B. 登机类广播用语包括三种：正常登记通知、催促登记通知、过站旅客登记通知。

a. 正常登机通知

〔由_____①备降本站〕⑩前往_____①的旅客请注意：

您乘坐的〔补班〕⑩_____②次航班现在开始登机。请带好您的随身物品,出示登机牌,由_____④号登机口上〔_____⑧号〕⑩飞机。〔祝您旅途愉快。〕⑩

谢谢!

b. 催促登机通知

〔由_____①备降本站〕⑩前往_____①的旅客请注意：

您乘坐的〔补班〕⑩_____②次航班很快就要起飞了,还没有登机的旅客请马上由_____④号登机口上〔_____⑧号〕⑩飞机。这是〔补班〕⑩_____②次航班〈1.第_____⑦次;2.最后一次〉⑪登机广播。⑩

谢谢!

c. 过站旅客登机通知

前往_____①的旅客请注意：

您乘坐的〔补班〕⑩_____②次航班现在开始登机,请过站旅客出示过站登机牌,由_____④号登机口先上〔_____⑧号〕⑩飞机。

谢谢!

C. 航班延误取消类广播用语包括四种:航班延误通知、所有始发航班延误通知、航班取消通知(出港类)、不正常航班服务通知。

a. 航班延误通知

〔由_____①备降本站〕⑩前往_____①的旅客请注意:

我们抱歉地通知,您乘坐的〔补班〕⑩_____②次航班由于〈1. 本站天气不够飞行标准;2. 航路天气不够飞行标准;3. _____①天气不够飞行标准;4. 飞机调配原因;5. 飞机机械原因;6. 飞机在本站出现机械故障;7. 飞机在_____①机场出现机械故障;8. 航行管制原因;9. _____①机场关闭;10. 通信原因〉⑪〈1. 不能按时起飞;2. 将继续延误;3. 现在不能从本站起飞〉⑪起飞时间〈1. 待定;2. 推迟到_____⑤点_____⑥分〉⑪在此我们深表歉意,请您在候机厅休息,等候通知。〔如果您有什么要求,请与〔_____③号〕⑩〈1. 不正常航班服务台;2. 服务台;3. 问询台〉⑪工作人员联系。〕

谢谢!

b. 所有始发航班延误通知

各位旅客请注意:

我们抱歉地通知,由于〈1. 本站天气原因;2. 本站暂时关闭;3. 通信原因〉⑪,由本站始发的所有航班都〈1. 不能按时;2. 将延误到_____⑤点_____⑥分以后〉⑪起飞,在此我们深表歉意,请您在候机厅内休息,等候通知。

谢谢!

c. 航班取消通知(出港类)

〔由_____①备降本站〕⑩前往_____①的旅客请注意:

我们抱歉地通知,您乘坐的〔补班〕⑩_____②次航班由于〈1. 本站天气不够飞行标准;2. 航路天气不够飞行标准;3. _____①天气不够飞行标准;4. 飞机调配原因;5. 飞机机械原因;6. 飞机在本站出现机械故障;7. 飞机在_____①机场出现机械故障;8. 航行管制原因;9. _____①机场关闭;10. 通信原因〉⑪决定取消今日飞行,〈1. 明日补班时间;2. 请您改乘〈1. 今日 2. 明日〕〔补班〕⑩_____②次航班,起飞时间〉⑪〈1. 待定;2. 为_____⑤点_____⑥分〉⑪。在此我们深表歉意。请您与〔_____③号〕⑩〈1. 不正常航班服务台;2. 服务台;3. 问询台〉⑪工作人员联系,〔或拨打联系电话_____⑨,⑩我们将为您妥善安排。〕

谢谢!

d. 不正常航班服务通知

〔由_____①备降本站〕⑩乘坐〔补班〕⑩_____②次航班前往_____①的旅客请注意:

请您到〈1. 服务台;2. 餐厅〉⑪凭〈1. 登机牌;2. 飞机票〉⑪领取〈1. 餐券;2. 餐盒;3. 饮料、

点心〉

谢谢!

②进港类广播用语包括五种：正常航班预告、延误航班预告、航班取消通知、航班到达通知、备降航班准备通知。

A. 正常航班预告

迎接旅客的各位请注意：

由_____①〔_____①〕飞来本站的〔补班〕⑩_____②次航班将于_____⑤点_____⑥分到达。

谢谢!

B. 延误航班预告

迎接旅客的各位请注意：

我们抱歉地通知,由_____①〔_____①〕⑩飞来本站的〔补班〕⑩_____②次航班由于〈1. 本站天气不够飞行标准;2. 航路天气不够飞行标准;3. _____①天气不够飞行标准;4. 飞机调配原因;5. 飞机机械原因;6. 飞机在_____①机场出现机械故障;7. 航行管制原因;8. _____①机场关闭;9. 通信原因〉⑪〈1. 不能按时到达;2. 将继续延误〉⑪〈1. 预计到达本站的时间为_____⑤点_____⑥分;2. 到达本站的时间待定〉

谢谢!

C. 航班取消通知（进港类）

迎接旅客的各位请注意：

我们抱歉地通知,由_____①〔_____①〕⑩飞来本站的〔补班〕⑩_____②次航班由于〈1. 本场天气不够飞行标准;2. 航路天气不够飞行标准;3. _____①天气不够飞行标准;4. 飞机调配原因;5. 飞机机械原因;6. 飞机在_____①机场出现机械故障;7. 航行管制原因;8. _____①机场关闭;9. 通信原因〉⑪已经取消。〈1. 明天预计到达本站的时间为_____⑤点_____⑥分;2. 明天到达本站的时间待定〉⑪

谢谢!

D. 航班到达通知

迎接旅客的各位请注意：

由_____①〔_____①〕⑩飞来本站的〔补班〕⑩_____②次航班已经到达。

谢谢!

E. 备降航班到达通知

由_____①备降本站前往_____①的旅客请注意：

欢迎您来到_____①机场。您乘坐的〔补班〕⑩_____②次航班由于〈1. _____①天气不够飞行标准;2. 航路天气不够飞行标准;3. 飞机机械原因;4. 航行管制原因;5. _____①机场关闭〉;⑪不能按时飞往_____①机场,为了您的安全,飞机备降本站。〔请您在候机厅内

休息,等候通知。如果您有什么要求,请与(_____③号)⑩〈1.不正常航班服务台;2.服务台; 3.问询台〉⑪工作人员联系。〕

谢谢!

5. 例行类、临时类广播用语的说明

（1）各机场根据具体情况组织例行类广播，并保持与中国民航局等有关部门的规定一致。

（2）各机场根据实际情况安排临时类广播。当采用临时广播来完成航班信息类播音中未包含的特殊航班信息通知时，其用语应与相近内容的格式一致。

6. 创新广播服务

在完成规范的机场广播服务基础上，各个航空公司根据旅客需求，创新广播服务，新增广播内容。例如，包头机场新增的一段温馨广播服务："乘坐国航1142次航班前往北京的各位旅客请注意，飞机已经到达本站，现在正在进行卫生清扫，请旅客们耐心等待，稍后将开始登机，谢谢!"包头机场候机大厅由于空间较小，当有多个航班集中出港或航班延误时，旅客就不能及时了解航班动态信息，这会给旅客带来不便，引起旅客的不满，也给在候机楼工作的服务人员带来困难。在现有运行设备的基础上，为了让旅客少一些怨气，多一分满意，内蒙古包头民航机场有限责任公司地面服务部积极想办法提高服务质量，组织专人梳理广播用词，让广播词更规范、有效，新增温馨广播服务，为旅客提供多种信息广播服务。这不仅丰富了包头机场的广播服务，还达到了良好的效果，而且旅客对及时提供这种广播服务也非常满意。

四、销售服务沟通

在候机楼设立的一些商业服务也是机场公司收入的重要组成部分，如零售收入、餐饮、娱乐等。这些服务的共同点在于顾客群体主要是机场的旅客，所出售的产品都是以旅客需要为基础，在机场候机楼均有固定位置，并且有专业的服务人员参与。

（一）国外候机楼商业经营及服务现状

据统计，国际上一些大型机场的非航收入占机场总收入一般都在60%以上，取得了良好的经济效益。其机场候机楼商业管理及销售服务的经验，值得国内机场学习。

1. 专业化的零售管理

在机场的商业零售业管理方面，英国的BAA公司做得较成功。在零售业的发展和完善上，英国的BAA公司在候机楼内建立了一支专门的队伍，他们集中精力来了解机场旅客的需求，董事会有专门负责零售业发展的董事，并打破传统惯例，还专门任命了一名负责零售业的建筑设计师。他们通过了解服务的流程发现，旅客在机场办理登机手续、安检和登

40

机三个环节中，是处于焦虑的状态的，而在其他时段中，旅客的心情是比较放松的，因此在整个流程中，最佳的零售区就是登机前的休息区。

英国的专家们还研究出使机场零售业最大化的六大因素，分别是客流、零售店的可视性、休息室配备、星罗棋布的零售店、产品服务多样性以及环境设施的配套性。他们通过各种形式与顾客交流机场零售业的最新信息，如设置服务台或信息平台，另外机场还专门建设了保障体系，设置了质量监督平台，定期对商品进行质量检查，同时对顾客进行定期访问，了解顾客的想法，确保机场商品价格与服务符合顾客需求。

2. 创新的经营模式

在国外先进机场，特许经营模式成为零售业的主导模式。我们知道，美国机场的非航收入主要来自停车场收入，而机场的零售收入虽然占的比重不大，但美国机场的商业零售总额在全世界还是前三位的。他们采用的经营模式是向经营者收取商业特许经营费的方式，具体地说，一般采取年最低保证金和营业额比例提成相结合的方式，经营者在每月规定时期前向机场管理当局上交年最低保证金的1/2，每月月底根据营业额补缴规定提成比例的剩余部分。

3. 建立"机场零售商"的经营理念

以往人们认为机场只是一个候机场所，一切运作以保障旅客按时登机为目的。许多国外先进机场已抛开旧有的经营理念，充分挖掘机场旅客资源，通过零售这一方式来聚拢更多人气，把零售业上升到关系机场发展的战略高度，他们在扮演"机场运营商"的同时，争相上演"机场零售商"的角色，致力在零售业中掘金。

新加坡机场倾力打造购物天堂；伦敦希思罗机场开辟了4千米的购物街；荷兰史基浦机场更是以"see by fly"的品牌服务闻名世界，成为市民喜爱的购物中心；阿联酋迪拜机场更是雄心勃勃，要打造世界最大的购物中心，24小时营业把时间都抛开了。这些说明把机场的业务当成零售业来经营已成为先进机场提高收入的重要来源。

4. 处处为顾客着想，提供最优质服务的经营理念

先进的机场有着共同的经营理念，那就是为顾客着想，并提供最优质的服务。新加坡机场以"服务"与"管理"而闻名，在"微笑新加坡"的大环境下，突出微笑服务的特色。荷兰的史基浦机场已不是单纯的机场，而成为荷兰居民放松休闲的地方。

5. 优化购物环境，营造购物气氛

国外先进机场非常重视顾客感受，让旅客感受到热烈而温暖的气氛。新加坡机场的候机楼内，无论你走到哪里都可以看到各式各样的商品，丰富多彩的特色产品，迪拜机场没有一个地方是卫生死角，走到哪里都会让你看到商品，有的地方还用特别的色彩装饰，充分吸引顾客的注意力，唤起顾客购买的欲望。

（二）我国候机楼商业零售业存在的问题

1. 商业服务质量不高，缺乏售后保障

我国机场现阶段的候机楼商业服务经营管理模式归结起来大致有三种：自营模式、收取固定租金模式、底租+销售提成模式。这三种模式中的任何一种都有其不足之处。

2. 机场候机楼商业服务形象不佳，其价格问题直接导致消费者流失

商品价格一直是人们非常敏感的，许多人一谈到机场的商品就认为价格太高。我国机场商业服务的价格一直居高不下，即便是全球知名的快餐店在机场出售的产品也会比在当地居民区出售的产品价格贵一些。其中缘由，除机场离市区较远，运费成本、人力成本、管理费用等各方面成本远远高于市区的运营成本外，主要原因还是价格垄断。机场通常远离闹市区，并且由于机场公司管理制度的限制，在一定社区内缺乏竞争者，自然而然就产生了垄断，也就发生了价格与市场价格严重偏离的情况。这种情况严重制约了机场商业服务的发展。

3. 机场商业服务的特殊性导致旅客在消费时心存疑虑

消费者购买的商品如果出现问题，除了部分品牌公司会在各大城市设置维修点或者售后服务站外，通常是由出售的商家负责。但机场旅客的流动性非常大，很多旅客购买产品之后马上会前往另一个城市。一旦出现产品质量问题，旅客很少会花大量的时间、精力及金钱马上返回购买地维护自己的权益。即使会返回购买地，也很有可能早已错过质保期。在这种情况下，即使是机场公司对商业服务产品进行了严格控制，很少出现产品质量的问题，但是由于旅客心存疑虑，担心不能享受到售后服务，在某种程度上也会打消购买的愿望。

（三）候机楼商业销售服务技巧

零售等非航空性业务正在成为机场的主要收入来源之一，游客、品牌方与机场都可从中获益，机场正在努力把自己变得像大商场，所以，候机楼商业销售服务更要加强沟通技巧，以提高销售业绩。

1. 熟悉产品

候机楼销售人员最基础的工作就是要深入了解销售的产品，这就要求对最新上市的产品和特别促销商品都要有全面的认识。此外，在与各类顶尖品牌合作时，有机会引入各个领域的专家，从而加深销售团队对各类产品的认知。

例如，日本人让机场成为一座交通便捷的观光游憩地，一处可以让民众逛一个下午且亦能接受价格的购物中心。日本羽田空港的航厦设有一座视野良好的免费赏机平台，在此起降的班机密集，所以这里便成为民众出游的去处之一。后来建成的成田、神户等机场也都效仿这种集客的秘密武器，开辟赏机专属空间，带动了飞航迷专卖店与其他机场内部商店的消费。

2. 熟悉旅客

了解机场客流信息也相当重要。这不仅需要清楚主要客流的国籍、需求和行为，还应熟知他们的离港模式，在运营时间内，这些信息会瞬息万变。比如，早上离港的以中国旅客为主，下午的主要客流可能为韩国人和日本人，这些信息可以帮助店家根据不同旅客的习惯需求，调整自己的商品和员工的导购方式。

2002 年，免税业行家 Aelia 建立了 Ecolede Vente 销售学校，旨在优化统一现有的培训。其跨文化的课程有助于提升服务应对处理方式，且能根据客流信息制订销售方案，并将服务效率和卓越品质相结合。

例如，伦敦机场设私人导购员，在伦敦希思罗机场工作的 Belle Gao 与一位来伦敦探望儿子后返程的中国妈妈提前预约，了解到这位中国妈妈的姓名、航班号、起飞时间以及电话、电邮，并主动联系，询问对方的购物计划。在机场见面后，Belle Gao 主动帮助这位妈妈购买 Burberry 围巾，对女客人的察言观色推荐了 Chanel 的"邂逅"香水以及 Dior 的适合她肤质的护肤品。对于一个英文不好的中国中年妇女来说，会说英语、能够根据她的收入情况和自身特点向她介绍并推荐商品的 Belle 给了她不少帮助。

3. 良好的沟通技巧服务旅客

工作人员应具有必要的沟通技巧来引导客人消费，并让他们感到满意。民航服务人员懂多门外语是远远不够的，还应对顾客所在国的社会知识、文化习惯、待人接物等有所了解。

在 Ecolede Vente 销售学校培训课程中，其中"神秘顾客"项目旨在培养员工迎接客人、运用商品知识和销售技巧劝导旅客消费并吸引他们再次光临的销售技巧。香港、仁川、新加坡樟宜、奥克兰、温哥华、杜塞尔多夫、吉隆坡等机场都很重视服务品质，这一举措也帮助旅客从普通的一段旅程转型成为令人难忘的旅行经历。

事实证明，这个并非极力推销某个品牌，只是在旅客购物过程中帮把手、出出主意的团队正受到旅客的欢迎。自从 2013 年 9 月推出私人采购专员服务以来，已经有超过 17000 名来自中国的旅客选择了这项服务。通常情况下，当一个旅客进入了希思罗的零售区域，就可能有一位私人采购专员微笑着迎向他。希思罗机场也推出了预约服务，任何国家的旅客，只要通过机场官网预约，客服部的员工就根据旅客的语种、起飞时间将他分配给特定的采购专员，后者则会在旅客到达机场前和他取得联系，了解他的购物需求、品牌偏好和自身特点，并制订好提前多久到、要去哪些航站楼的购物计划，从而更好地完成一次购物。希思罗机场提供的数据显示，到 2015 年，预约私人采购的中国游客数量将达到 25000 人。

零售收入比重在 40% 以上的香港国际机场则在过去两年开了两家新的大型商店，鉴于

香港机场的不少客人都来自内地，他们还连同中国银联一起做促销。不过这家机场在提升零售收入上最大的亮点来自餐饮——餐厅和食品饮料的销售收入同样被划分在零售收入里。由于精益求精地扩大餐饮口味和它们的质量，香港机场已经第六次被 Skytrax 评为在餐饮方面的全球最佳机场，它的入驻餐厅里甚至有米其林，游客们评价的"香港机场有很多好吃的"，实际上正是香港机场重要的增收策略之一。

第三单元 》》》》》》》
值机服务沟通技巧

【实训】

移动办理登机牌　方便旅客都点赞

2015 年 2 月 16 日，值机人员手持无线移动值机设备，为旅客现场办理登机牌。当日，在西安咸阳国际机场 T2 航站楼内，很多旅客不时看到身披上写"乘机引导"字样绶带的值机员，以移动方式，穿梭旅客人群中，随时随地为旅客办理乘机手续，时间仅为一分钟。这些值机员，是西部机场集团航空地勤西安有限公司在春运期间推出"方便旅客不需要排队办理登记业务"温馨服务内容的服务人员，已有 500 多名旅客享受到了此项服务，旅客们纷纷竖起大拇指点赞。

记者在机场看到，旅客在办理值机手续期间，工作人员手持一部仅有 7 英寸大小的平板电脑，腰间挎着一台蓝牙便携式袖珍打印机，在排队等待办理值机手续的旅客中穿梭。旅客如果无须托运行李，只需提供二代身份证给工作人员，并自主选择喜欢的座位，由工作人员利用移动值机设备打印登机牌，整个过程不到 30 秒。

记者在现场看到，这张用于登机的"小纸条"，与在商场刷卡时拿到的小票有点相似，与普通登机牌一样，上面显示了旅客姓名、航班号、票号、座位号、登机时间、登机口等信息，并把登机时间和登机口等重要信息加了边框，提醒旅客留意。"小纸条"上还有一排醒目的条形码，凭借这个条形码"纸条登机牌"，旅客可以顺利通过安检及登机口的扫描仪，确保顺利登机。

据了解，移动值机是福州机场在春运期间新推出的一项特色值机服务。它相当于一个移动的值机柜台，不仅可以解决高峰期值机柜台排队的问题，为旅客节省值机时间，还可以满足旅客自主选座等个性化需求。

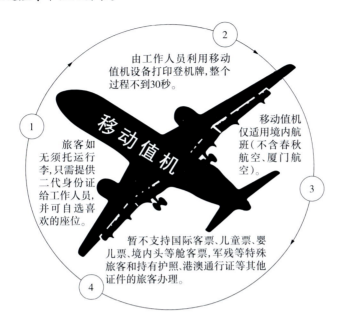

问题与思考:

1. 移动值机的特点有哪些?

2. 如何引导旅客使用移动值机?

一、值机服务流程

（一）值机的类型

在互联网高度发达的今天，除了柜台值机之外，旅客还可以通过选择机场自助值机、网上值机、二维码值机、微信值机、短信值机、支付宝钱包值机、一证通关等多个平台和多种方式办理乘机手续。

如果无须托运行李，那么通过网上值机提前预订座位并打印登机牌，就能直接通过安检登机，不用再到机场服务柜台排队办理登机牌，这大大节约了旅客的时间。

（二）办理值机手续流程

1. 传统值机柜台工作流程

为了保证值机柜台的值机质量和速度，各机场和航空公司根据本地区本企业的旅客情况进行具体分类，通常人工值机服务柜台有普通旅客柜台、会员专柜、特殊旅客服务柜台、团体旅客柜台等。柜台值机人员应做好值机工作前的准备工作:

首先，收集航班信息和运输信息，查阅当天航班预报，了解执行航班的机型、机号、座位布局、预定离站时间、航线、经停点和终点站。根据不同的机型、旅客人数准备相应

的登机牌、行李牌、标识牌、F/C 舱旅客休息卡等业务用品。

其次，值机人员为旅客办理乘机手续，提前 10 分钟上岗，检查电脑、磅秤、转盘等设备是否正常运转，查验旅客证件、票证，合理为旅客安排座位，并为旅客托运行李。

航班截载后，柜台人员撤岗时需将柜台整理干净，将柜台前的隔离带摆放整齐，所有物品带回值机室。同时，主办值机员复核该航班人数、行李件数、重量，填写记录，办理交接签字手续。

2. 微信值机

旅客使用微信添加并进入各大航空公司的公众账号后，在界面下方的服务栏目里点击"办登机牌"或"办理乘机"按钮，根据提示进行操作，即可足不出户轻松办理值机手续。

3. 手机客户端值机

手机电子登机牌是旅客通过南航网上值机、短信值机获取的一条彩信，内容包含二维条码和旅客的姓名、航班号、登机口和座位号等信息。2009 年 4 月 8 日，南航在国内航空界首创手机登机牌直接过安检、登机口服务。实现订票、支付、值机、登机全程无纸化的尊贵服务。

目前，各大航空公司都推出了手机客户端，相比微信，功能更强大。而"航旅纵横"这类综合式客户端则具备了较强集成性，提供国内几乎所有主流航空公司的手机值机功能。

客户端值机一般界面简洁，步骤简单。以南航手机客户端为例，完成值机只需三步，输入证件号或票号登录，通过座位图形界面选择座位，完成后生成二维码保存至旅客手机内（iPhone 手机可以保存至 passbook）即可。

4. 网上值机

登录各航空公司官网后，点击办理值机按钮，经身份识别、座位选择和打印登机牌三步即完成值机。2006 年 7 月 6 日，南航推出国内首张网上值机登机牌。

5. 支付宝钱包值机

如今，支付宝已经成为大家购物支付的首选，同时，国航、南航、海航等航空公司及部分机场也已经入驻支付宝钱包。在支付宝钱包"服务窗"选项中添加关注相应账号，就可以实现免打印登机牌网上值机，还能查看航班动态、周边交通和停车场。

6. 短信值机

旅客可发送"ZJ""值机"等关键词至各航空公司短信平台，触发订座或乘机登记手续功能，随后根据平台的短信提示回复航班日期、航班号和身份证号码等信息，即可订座或办理乘机登记手续。

7. 电话值机

在不方便上网的时候，您可以拨打各大航空公司服务热线电话，按照语音提示选择"客票"业务办理乘机手续。

8. 自助值机

即购买国内航班电子客票的旅客，使用在候机楼内摆放的自助值机设备，自己挑选座位并打印登机牌，免去了排队等待值机员办理乘机手续的烦恼。例如，福州机场候机楼国内出发厅配备 16 台自助值机设备，旅客可在航班起飞前 180 分钟至 40 分钟（延误航班以预计起飞时间为准），凭二代身份证或有效护照使用自助值机办理登机牌，1 分钟即可获取。

9. 移动值机服务

移动值机服务，是指旅客可通过地面服务人员手中的平板电脑，自主选择座位并获取登机牌。机场工作人员手持一部 7 英寸大小的平板电脑，并在腰间挎一台蓝牙便携式袖珍打印机，便可为旅客办理登记手续。这相当于一个移动的值机柜台，可以减轻高峰期值机柜台排队的压力，还可以满足旅客自主选座等个性化需求。

移动值机目前仅适用于持有二代身份证的国内乘机旅客（不含春秋航空、厦门航空），暂不支持国际客票、儿童票、婴儿票、国内头等舱客票，也不为军残等特殊旅客和持有护照、港澳通行证等其他证件的旅客办理。

10. 刷身份证登机

旅客还可选择直接刷身份证登机。旅客持二代身份证可直接前往 F、G 专属安检通道，出示身份证后，安检口的微型打印机会根据系统随机分配座位，打印出一张登机凭条，安检人员在凭条上盖章即可实现"一证通关"。

机场方面提醒，如果遇到手机接收不了二维码、来不及上网值机等问题时，"一证通关"可以提供最便捷的服务。相比柜台值机和安检的时间，旅客使用"一证通关"至少可以节省半小时。

"一证通关"目前仅适用于持有二代身份证的国内乘机旅客（不含春秋航空），暂不支持国际客票、儿童票、婴儿票、国内头等舱客票，也不支持为军残等特殊旅客和持有护照、港澳通行证等其他证件的旅客办理，不支持为有托运行李的旅客办理。此外，"一证通关"的开办时间为航班起飞前 3 小时，为保证正常登机，建议使用"一证通关"的旅客在航班起飞前 45 分钟到达安检通道办理相关手续。

二、值机服务人员岗位职责与服务质量标准

（一）值机服务人员岗位职责

①按规定为旅客办理值机手续。

②负责复核所办航班的值机数据是否准确无误。

③与结算员交接航班乘机联。

④听从主任柜台的现场工作调配。

⑤负责完成上级领导交办的其他工作。

（二）岗位服务质量标准

1. 岗前准备

（1）女性（男性）仪容仪表要求细则：

序号 / 性别要求	女性	男性
1	头发不染鲜艳颜色，长发用统一黑色头花盘起，发梢不外露	头发不长于耳背，不染鲜艳的头发，不戴帽子
2	妆容清洁、淡雅。（棕色眉毛、黑色睫毛、淡红口唇）	不佩戴耳环、耳钉等饰物，不留胡须
3	口气清新，口腔不嚼杂物	口气清新，口腔不嚼杂物
4	按规定统一穿着工作服，装容整洁、气味清新	穿着公司统一工作服，内衣的衣领、衣袖以及衣襟不得长于工衣。衣、裤袋不可放过多物品
5	正确佩戴工号牌，挂绳上不悬挂其他饰品，挂袋内不放其他杂物	正确佩戴工号牌，挂绳上不悬挂其他饰品，挂袋内不放其他杂物
6	不戴夸张饰品，不留长指甲，不涂指甲油	不文身
7	穿肉色丝袜	勤洗澡，无体味，不得使用味道浓烈的香水
8	穿黑色包头、包跟皮鞋，皮鞋面不带有其他颜色的花纹、饰物	穿黑色皮鞋、深色棉袜，皮鞋保持干净、光亮，不得趿着鞋走路

（2）设施设备准备：

①空白标签：备齐登机牌、行李牌、逾重行李交费通知单、易损易碎物品标签以及相关工作物资。

②电脑系统：检查电脑、登机牌打印机、行李牌打印机、行李称重设备、行李输送系

统是否正常完好，有不正常情况及时报值班主任，报有关人员检修或更换柜台。

③航显：航显保持正常，如有故障及时报修。

④工作环境：柜台内摆放的设备设施和物品必须整齐井然，不得对值机工作产生影响。除旅客托运的行李外，任何物资和设备不得摆放在行李传送带上。

⑤桌面清洁：及时清理柜台上旅客丢弃遗留的杂物。

2. 岗位操作流程

①查验旅客证件是否有效，姓名是否与离港信息相符，如不符合规定的，交值班主任柜台处理。

②在离港系统中提取旅客信息并复核 ET 订座（如是纸票则检查客票的每一项内容是否准确），如不符合规定，报值班主任柜台。

③提取复核正确的旅客 ET 订座记录，安排旅客座位，打印登机牌。如安排旅客坐在紧急出口的座位需征得旅客同意，并将相关紧急出口的注意事项告知。

询问旅客是否托运行李，提示旅客在手提行李中不能夹有液态、打火机和工具等物品，告知旅客禁止/限制携带的危险品，当得知旅客随身或托运行李中有禁止/限制携带的危险品时，要及时提醒旅客将物品取出另行处理。

④检查行李外部包装是否符合运输要求，对于不规则的行李，如软包和有乱带的行李等，需要放在空框里托运；超重（大于 50 kg）、超大（尺寸大于 90 cm×50 cm×70 cm）的行李在值机柜台称重并拴好行李牌后，需指引旅客去超大行李柜台进行托运。

⑤对于旅客要求托运的易碎、易损、贵重行李，要求旅客在行李牌上标注的相关免责项目处签字，并在行李上粘贴相关标识。

⑥办理旅客托运行李手续，打印和拴行李牌，如旅客托运行李超出免费行李额，需按照航空公司规定，告知旅客相关行李超重收费标准，并指引和监督旅客去超重收费柜台缴纳行李超重费。

⑦提示旅客手提行李超过规定尺寸（20 cm×40 cm×55 cm）不得带入客舱。

⑧有礼貌地将行李票及登机牌给旅客，根据登机牌上指示的登机区域准确指引旅客登机，提醒旅客随时注意登机信息的变更。

⑨航班 CI 后，认真复核所办理航班的登机牌、行李牌是否与离港信息相符，如有不符，应立即知会主任柜台，如有纸票，则与结算员交接乘机联。

三、值机服务沟通技巧

（一）多一句询问，提升有效沟通

在长期与旅客面对面接触的过程中，值机人员要从旅客的角度考虑问题，理解旅客的

心情，并且把握旅客的情绪，及时化解和避免一些沟通中容易出现的障碍和隔阂，从而更好地为旅客提供服务。

旅客在办理乘机手续时，值机员对座位的发放原则是按照机型座位布局和平衡的要求逐级进行的，因此，在常规情况下，座位会随机自动按空缺合理分配。手续中由于同排座位数量不够，同行的多名旅客有可能被分配到不同区域的位置，有些旅客也可能无法领到指定的座位，这种情况实属正常，但如果旅客有特定请求，却又办理不了，需要解释原因并说明情况。

有这样一个案例：值机手续进行过半时，有一家4人的旅客来到值机柜台办理登机牌，当时未提出座位需求，值机员也没有主动询问和加以说明，结果4个人的座位是自动分开的，旅客登机时对座位没有安排在一起感觉很不满意，进而提出投诉，指责服务员没有询问也没有作任何解释。年轻的服务员往往认为旅客自己没有提出或者也没有询问，就不应该是本人的错失，而忽视了服务过程中与旅客之间的交流沟通，简化了服务却降低了服务质量。值机人员与每位旅客的接触时间非常短暂，更应该和旅客进行关键性的语言和行为沟通，且要保证它是有效的、成功的沟通。

（二）细心观察，为旅客排忧解难

值机过程中，值机服务人员要细心观察旅客的特点，及时为特殊旅客排忧解难。一般来说，与聋哑旅客的接触是比较特殊的。例如，有一次在去昆明的航班上就有4位聋哑人，他们事先并未在出票地点提出特殊服务申请，到机场后也没有和服务台联系，直到值机员在柜台办理乘机手续时才发现该情况。当时，值机员一再询问他们一行4人是否需办理托运行李，他们都没有反应，这才引起了值机员的注意。这时，旅客用手示意了一个写字的动作，值机员马上明白了，递上了一张纸。旅客写下"我们是聋哑人，坐飞机去昆明，请帮助我们，谢谢"。值机员也通过书写"请放心，我们会安排好的。请问你们有托运行李吗？"对方回复"没有"，虽然值机员不会手语，但通过笔谈和旅客进行了及时的沟通，了解了旅客的情况。随后，值机员马上联系专人负责带领这4位特殊旅客，并将他们的座位调整到前区。同时，向下一站发送做好特殊旅客工作的电报。

（三）付出真情，超值服务赢得旅客称赞

"想旅客所想急旅客所急"，始终将旅客的需要放在首位，是值机人员该有的工作态度。在人生的旅途中，每个人都会遇到困难，发现别人有困难时，有的人会选择躲避，有的人会选择冷眼旁观，还有的人会选择落井下石，而国内值机室的员工们选择的却是第一时间伸出援手。例如：

2011年1月6日清晨6点左右，值机员小孙带着一位衣衫单薄、步伐沉重的老人来到两舱柜台，小孙在为这位老人办理值机手续时发现老人的精神状态很不好，随即将老人带到两舱柜台帮助老人申请轮椅服务。两舱柜台工作人员与老人进行了沟通，并了解了老人的基本情况：老人来自英国，名叫 MATHEWSON/DEREKJOHN，已有 82 岁高龄。这位老人要独自乘坐 MU5901 次航班前往景洪拜访多年不见的老友。看到这位老人衣裳单薄又没有可以依靠的亲人朋友，值机员马上为他查询最早前往景洪的航班，帮助老人尽早成行。经查询，当天前往景洪最早的航班就是老人将乘坐的 10：03 分起飞的 MU5901 次航班。由于离登机时间还有三个小时，值机员担心老人过早进入候机厅后发生意外，便将老人的轮椅推到两舱值机柜台附近，便于在需要时可以照顾老人。看见老人冻得瑟瑟发抖，小孙送来了自己的小毛毯；科长担心老人饿着，为老人买来泡面、巧克力并端来了热茶；控制员主动帮助老人与景洪的朋友取得了联系，并告知老人乘坐的航班动态，好让他的朋友能按时接机……当值机员们将老人送上飞机时，老人向大家挥了挥手，充满了泪水的双眼流露出了他对值机人员深深的感谢和敬意！

（四）话语温馨，拉近与旅客之间的距离

值机服务中，有时会遇到客人迟到，错过航班的情况。此时，值机服务人员多用关心、温馨的话语会使旅客心情放松，也会缓解旅客因错过航班而产生的低落情绪。如以下对话：

有一位客人急匆匆地跑过来："我还能赶上飞机吗？"

值机人员一看飞机已经起飞了，很遗憾地说："先生，不好意思，本次航班赶不上了，我帮您办理改签手续吧。"

值机人员关心地询问旅客："您是什么原因晚到的啊？"

旅客回答："今天路上特别堵。"

值机人员继续说道："没关系，我已经帮您办理了改签手续，改乘下次航班，需要再等 2 个小时，我们给您换好了登机牌，您可以先过安检到候机楼休息，或者购购物。这是您的登机牌，祝您一路平安。"

（五）耐心服务，做好解释工作，不与旅客争对错

值机服务中，由于旅客在航空业务和专业知识方面有所欠缺，需值机服务人员耐心服务，做好解释工作，不与旅客争对错。如下面的服务对话：

旅客（其中有两位快七十的老人还要坐紧急出口）："小姐，请给我们四个全部发紧急出口的座位。"

值机人员："不好意思，老人不适合坐紧急出口的座位。"

旅客："有没有搞错，我坐过那么多航空公司的飞机，国航、南航……他们都没说老人不能坐在紧急出口的座位，就你说不行，凭什么？你怎么回事！"

值机人员："这也是航空公司出于安全考虑……"

旅客："你不要跟我说这么多，我就是要坐紧急出口的座位，并且就是头等舱后面一排的座位！"

值机人员："您别着急，听我说，在飞机客舱里，您想坐的头等舱后面一排的座位，其实就是经济舱第一排的座位，不是紧急出口座位。我马上给您安排，请稍等。"

（六）尽量用旅客的母语与客人打招呼

对客人服务的第一句问候语有特别的意义，对任何国家的客人都用"您好！"来问候，虽然合理，但是亲切感不够，客人的满意度也不会太高。如果初次的问候语是用客人的母语，那么客人会感到非常意外。值机人员如果经常要为不同国家或民族的人服务，那么，多学几种问候语是必要的，即便是只言片语，有点差错显得笨拙也没有关系。如"你好"的法语"Bonjour"、德语"Gutentang"、西班牙语"Bienosdiasten"等，最好能脱口而出。例如，圣诞节期间，值机员为一位德国旅客办理乘机手续，他的姓氏长达 18 个英文字母，当值机员试着称呼该客人时，他开始很惊讶，继而非常高兴地说道："很少有人能把我的姓读准，你做到了，很好，你真棒！"除此之外，还可以用客人的母语说"谢谢！"和"再见！"

第四单元 》》》》》》》》》
安检服务沟通技巧

【实训】

女子赤脚过安检显窘态　安检员贴心服务化解

2014 年 7 月 15 日下午，忙碌的广州机场安检员小张在检查一位妙龄女子时发现她是赤脚通过安全门的，以为是刚接受了脱鞋检查。可是检查完毕后，该女子拿完自己的随身行李，就径直离开了。小张急忙叫住李女士，提醒她穿鞋。李女士笑着说自己原本就没穿鞋。原来李女士的高跟鞋在来的路上就坏了，为了不耽误自己乘机，李女士就径直来安检了。

大家都是第一次见旅客赤脚乘机，李女士自己也觉得别扭。这时，一旁的分队长及时发现了李女士的难处，想到柜子里有一些其他旅客自弃的一次性酒店拖鞋。于是，分队长立即取出递给李女士。李女士高兴地接过拖鞋，并不停地道谢。

虽然只是举手之劳，但同时也体现了广州机场安检员用专业的工作态度为旅客提供专业安全检查的精神，而且还充分利用现有资源去帮助有需要的旅客，这也正是提升服务的一大亮点。

问题与思考：

1. 此案例中，安检有哪些要求？安检工作人员是如何服务的？

2. 你还知道有哪些安检要求？

【知识链接】

1. 安检人员：主要负责证件检查、人身检查、物品检查和监护工作。

2. 全国所有机场的安检要求一样，只不过各地机场安保执行不同。

3. 首都机场安检通道有 360 度无死角的监控设备，他们在观察员工安检流程的同时，也注意旅客的情况，必要时会放大到细节。

4. 机场安检有旅客异常情况识别技术，发现异常，如紧张、哆嗦、出汗等，安保人员会通过询问进行重点安检。发现有问题的时候，安检人员会通过暗语传递信号。

一、安全检查的对象、内容和目的

安全检查是口岸检查（包括边防检查、海关检查、卫生检疫、动植物检疫和安全检查等）的内容之一，是出入境人员必须履行的检查手续，是保障旅客人身安全的重要预防措施。安全检查事关旅客人身安全，旅客都必须无一例外地经过检查后，才能登机。也就是说，安全检查没有任何特殊的免检对象。所有外交人员、政府首脑和普通旅客，不分男女、国籍和等级，都必须经过安全检查。

机场安检大致有以下四种：

第一种为证件检查：主要负责检查登机人员的身份，协助公安部门查处通缉人员。另外还负责机场控制区的通行证件检查。

第二种为人身检查：是安检工作的重点。它采用公开仪器和手工相结合的方式对旅客进行检查，阻止隐匿的危险、违禁品进入航空器。检查次序大致为由上到下，由里到外，由前到后。手工检查方法为摸、按、压三种。

第三种为物品检查：是安检的重点，主要通过 X 光机对所携带的物品进行检查。检查旅客及其行李物品中是否携带枪支、弹药、易爆、腐蚀、有毒放射性等危险物品，以确保航空器及旅客的安全。安全检查必须在旅客登机前进行，拒绝检查者不准登机，损失自负。

第四种为监护工作：监护工作分为两种，一为候机隔离区的监护，对隔离区及登机通道进行管理、检查和清理，禁止未经检查的人与已检人员接触和随意进出，防止外界人员向内传递物品，防止藏匿不法分子和危险物品，保证绝对安全。二为航空器活动区监护，主要为飞机监护，协助执行飞行任务。

根据关于制止和防范非法劫持航空器行为的国际公约的规定，凡缔约国都应根据国际法和国内法，采取一切必要和可能的措施，有效地防止危害航空安全的非法行为发生，严

厉惩罚和打击犯罪行为。所以对旅客进行安全检查，是为了保障旅客本身的安全，防止非法劫持航空器事件的发生。

二、安全检查的方法

（1）电视监测机，主要用于检查旅客的行李物品。通过检查后，工作人员在行李上贴有"××机场行李安检"的不干胶条，然后方可办理托运手续或随身携带登机。

（2）探测检查门，用于对旅客的身体检查，主要检查旅客是否携带禁带物品。

（3）磁性探测器，也叫手提式探测器，主要用于对旅客进行近身检查。

（4）人工检查，即由安检工作人员对旅客行李手工翻查和男女检查员分别进行搜身检查等。

三、安全检查的程序

（1）行李物品检查：旅客进入机场大厅时首先将行李物品放在电视检测机的传送带上，工作人员通过电视荧光屏检查后贴上"××机场行李安全检查"的不干胶条。

（2）旅客证件检查：旅客办理行李托运和登机手续后，将护照、机票、登机牌等交检查员核验并在登机牌上加盖安全检查印章。

（3）手提行李物品检查：将随身携带的手提行李物品放在电视监测机的传送带上，由检查人员通过荧光屏检查，如发现有异物，须由检查人员开包检查。

（4）旅客身体检查：旅客通过特设的探测门，进行身体检查。如发出报警声，还需用探测器再查，或重新返回，将可能发出报警声的钥匙、香烟、打火机等金属物品掏出，直到通过时不再发出报警声为止。

四、安全检查沟通技巧

安检部门是机场的窗口部门，每天需要接待大量的乘机旅客，除了要严格执行有关安检法规之外，还肩负着服务旅客的职能。如何合理地向旅客做好安检法规的解释沟通工作，在日常的安检工作中显得尤其重要。

在安检工作中常会遇到不理解、不配合检查的旅客，他们认为安检人员是在故意刁难自己，从而提出种种问题进行反驳。如为什么我从别的机场带过来可以，在这里却不行？为什么瓶中的化妆品剩余不到 100 mL 却不能带？为什么冬天要把棉袄脱下来检查？为什么要把笔记本电脑单独拿出来机器检查等。如果安检员在工作中处理不当，就会引发不必要的矛盾和冲突，影响正常的安检秩序，并且给人留下工作方法简单且不近人情的印象。因此，掌握一些沟通解释工作的方法和技巧是十分必要的。沟通技巧主要有以下几种：

（一）热情服务，耐心聆听

热情服务是安检工作的首要要求，安检员在工作中要为旅客着想，把旅客当成朋友、亲人，态度要和蔼，不能抱高高在上的心理，拒人于千里之外。要有容人的雅量，以诚相待，对旅客在安检过程中遇到的问题要耐心聆听，在不违反工作原则的基础上尽力为旅客解决问题。

针对经常有旅客询问安检人员有关乘机流程和要求等情况，须第一时间帮助旅客解决问题，提供帮助，安检站还应组织起草包括值机、安检、问询、公安、行李寄存、电瓶车使用、餐饮、交通等内容在内的"机场问询随手本"，遇有旅客问询时，不再只是将旅客引导至问询台，而是亲自帮助旅客解答问题。这不仅有效缩短了旅客的问询解答时间，同时安检人员准确明晰的解答也给旅客留下了良好的印象，提高了旅客对安检乃至机场服务的满意度。

（二）掌握安检法律规章，做到合理解答

俗话说"打铁还需自身硬"，这是进行解释工作最基本的前提之一。众所周知，安检部门具有行政执法权。安检员作为执法人员，必须熟练地掌握民航法律法规、检查规则，这样才能在旅客提出质疑时给出合理的解答，使旅客信服。如果自身都没有掌握应知的法律规章，那么解释工作就根本无从谈起。

（三）解释工作要有针对性，沟通语言要简明有力

经常有旅客因为不理解安检法规的内容，或因其他一些事情办得不顺利，到安检现场时情绪失控，不断向安检员宣泄各种怒气。此时安检员不应被旅客的失控情绪干扰，应当冷静地听完旅客的陈述，及时找出引发矛盾的主要原因后对症下药予以解决。简明有力的语言会使人产生信服感。在向旅客解释国家法规时，安检员尤其要表现出严肃、不容违反的一面，树立好严格检查的安检形象。安检人员对每位旅客严格检查既是对工作负责，也是对所有旅客生命安全负责。但是在安检时经常会听到很多旅客有这样的牢骚"说了没有，非要打开包再看看，烦不烦"。此时，安检人员要耐心地解释，态度要和蔼温和，积极向旅客说明严密安检的重要性。

（四）控制情绪，化解安检危机关系

机场安检工作人员应当学会控制好自己的情绪，无论在外遇到什么事情，在工作岗位上都不应表现出来，不把自己的不良情绪掺杂到工作之中，应始终表现出平和、有条不紊的工作态度。在遇到旅客不配合检查，甚至刁难时，安检人员不应有不良情绪，以免激化矛盾，要有高度的职业责任感，以专业的态度来对待工作，积极处理出现的安检危机。例如，可以通过改变投诉处理地点，隔离当事人或给旅客送茶水饮料，安抚旅客情绪等方式寻求旅客的理解和支持。

（五）灵活处理，与旅客建立有效沟通

机场安检工作人员要具备专业的知识和素养，在有些情况下，灵活处理能给旅客节省时间、提供便利，自然会很容易与旅客建立融洽的关系。例如：

一些旅客经常做这样的试验：过机场安检时，当被告知需将电脑拿出，旅客会请求"不拿可以吗？"结果绝大多数机场的安检员会说："必须拿出来。"但是，也有例外。在深圳宝安机场的安检员听到旅客这样的要求后笑着说，"先试试看，如果看不清楚再取出电脑"。在昆明长水机场，也没人要求取出电脑，过安检时快捷地通过了。旅客通过安检还不敢相信这是真的，后问安检人员，"你这儿为什么不用取电脑？"安检人员微笑着说："先生，我看看你的登机牌，看得清就不用取出来。"也许是新机场设备先进，也许是安检人员专业素养极佳，但这种便捷省时的安检过程却让旅客们拍手称赞。

【综合实训】分析案例，学习地勤沟通技巧。

退票引发不满

值机员张某正在柜台为旅客办理行李托运手续，此时一名旅客来到柜台，没有排队直接问张某："是这里办理手续吗？"张某问他："你是去哪里的？"旅客说去兰州，但只有HU7653是去兰州的，起飞时间为12：50，当时已经停止办理乘机手续了。但张某并没有意识到这是晚到旅客，对旅客说："您稍等一会儿。"张某办理完要客行李托运后，立即询问配载是否可以加上该旅客，配载回答来不及了，已经加不上了。此时时间为12：34，张某告诉旅客走不了了，并指引旅客到海航售票处办理退票改签手续。旅客到售票处得知需收退票费后感到不满，又到值机柜台。张某将主任叫到值机柜台，主任与某航协调免收退票费，旅客才离开。

问题与思考：

该案例中张某的服务不当之处有哪些？应该采取什么样的改进措施？

【实训】

实训项目：练习地勤沟通技巧

实训要求：熟练掌握地勤沟通技巧

实训步骤：

1）广播用语练习。

2）值机流程演练。

3）安检注意事项模拟。

第三部分

客舱沟通语言艺术

【知识目标】 1. 明确客舱服务语言的概念及分类，及其在客舱服务中的重要作用。

2. 掌握客舱服务中登机迎客、延误时登机（迎客/送客）、安全检查（起飞/着陆）、餐饮服务等环节规范用语。

3. 掌握微笑服务沟通的原则和技巧。

4. 国际航班服务，掌握涉外禁忌文化常识和沟通技巧。

【能力目标】 1. 运用所学知识灵活处理客舱服务中的各种危机事件和沟通障碍。

2. 通过客舱服务情景模拟，灵活运用服务沟通及语言表达技巧。

国航客舱服务部爱心打动外籍无人陪伴小旅客

民航资源网 2012 年 4 月 17 日消息：中国国际航空股份有限公司（简称"国航"）客舱服务部乘务组执行慕尼黑—雅典航程中，乘务员用真诚的爱心打动了无人陪伴的外籍小旅客。

此次乘务组执行的是慕尼黑—雅典航程，正逢西方的复活节，机上全家一起度假的旅客非常多。首先登机的是一位希腊小姑娘，她金黄色的头发，雪白的皮肤甚是好看。小姑娘是无人陪伴的小旅客。在与地服工作人员做好交接手续后，带班乘务长为了能更好地照顾这个无人陪伴的小姑娘，安排了非常有爱心的乘务员小朱和小王负责全程照顾她。

飞机还没有起飞，小姑娘已是满眼泪水，硕大的泪珠顺着脸颊而下。乘务员用英文与小姑娘沟通，却发现小女孩儿始终不明白乘务员要表达的意思，而且越哭越伤心。乘务员找来机上所有的玩具，如拼图、彩笔、纸张、魔方哄她，发现她对拼图和彩笔很有兴趣。乘务员先是和她玩拼图，小姑娘很快忘记了伤心，逐渐有了沟通的欲望。她用彩笔先画了一名外国女士，发音"妈妈"，指了指飞机。接着又画了一位男士，发音"爸爸"，指了指飞机下面。乘务员终于明白了是她爸爸送她上的飞机，她去雅典看她妈妈。随后，她画了一个漂亮的长发小女孩儿，指了指自己。小姑娘的画画得非常好，两位乘务员终于找到了与她沟通的最佳方式——画画！此后，乘务员画一幅，小姑娘就画一幅；乘务员再画一幅，小姑娘就再画一幅，小姑娘似乎忘记了对家人的思念。

飞机下降前，乘务员用最后一幅钟表画表达了飞机即将到达雅典的落地时间，小女孩笑了，笑得那么灿烂！她将所有的画，包括那张画满了面条、水果、酸奶的早餐画，都一一放入了她的无人陪伴资料袋中。

飞机平稳降落在雅典机场，小女孩蹦跳着与乘务组告别，一声一声喊着乘务员教给她的中国话——"再见，妈妈！"妈妈的发音永远是无国界的，乘务员知道小姑娘那声妈妈是说乘务员真的像妈妈。

问题：

1. 该案例中，中国空姐是如何照顾希腊小女孩的？

2. 国际航班客舱服务员应具备哪些能力？

第一单元 》》》》》》》》
客舱服务沟通语言

【实训】

用情动人，以礼服人

北京至珠海航班上，头等舱满客，还有5名VIP旅客。乘务组自然不敢掉以轻心。

2排D座是一位外籍旅客，入座后对乘务员还很友善，并不时地和乘务员扮鬼脸开玩笑。飞机起飞后这名外籍客人一直在睡觉，乘务员忙着为VIP客人和其他客人提供餐饮服务。两个小时后，没想到这名外籍旅客忽然怒气冲冲地走到前服务台，大发雷霆，用英语对乘务员说道："两个小时的空中旅行时间里，你们竟然不为我提供任何服务，甚至一杯水都没有。"说完就返回座位了。

旅客突如其来的愤怒使乘务员们很吃惊，头等舱乘务员很委屈地说："乘务长，他一直在睡觉，我不便打扰他呀。"说完立即端了杯水送过去，被这位旅客拒绝了；接着她又送去一盘点心，旅客仍然不予理睬。乘务长眼看着飞机快要降落了，想到不能让旅客带着怒气下飞机。于是，灵机一动，她和头等舱乘务员用水果制作了一个委屈脸型的水果盘，端到客人面前，慢慢蹲下来轻声说道："先生，我非常难过。"那位旅客看到水果拼盘制成的脸谱很吃惊，"真的，为什么难过呀？"乘务长说："其实在航程中我们一直都在关注您，飞机起飞后，您就睡着了，我们为您盖上了毛毯，关闭了通风孔，后来我发现您把毛毯拿开了，继续在闭目休息。"旅客情绪开始缓和，并微笑着说道："是的，你们如此真诚，我误解你们了，或许你们也很难意识到我是睡着了还是闭目休息，我为我的粗鲁向你们道歉，请原谅。"说完他把那个表示难过的水果盘旋转360度，水果盘成了一个开心的笑容果盘。

问题与思考：

此案例中，乘务长是如何化解旅客的不满情绪的？

【知识链接】

空中服务语言，是乘务员在客舱服务中借助一定的语音、语调，代表自己或航空公司与旅客进行交流的一种比较规范的，能反映一定文明程度的，同时又比较灵活的口头用语。

在对旅客服务满意度的调查中显示，服务语言是旅客对服务质量评价的重要标志之一，在服务过程中，语言适当得体、清晰、悦耳，就会使旅客有柔和、愉快、亲切之感，对服务员的工作留下良好的印象；反之，服务时语言不中听、生硬、唐突、刺耳，会让旅客难以接受，有可能引起旅客的不满与投诉，给航空公司的信誉带来严重影响。

一、客舱沟通基本用语

语言是乘务人员和旅客交流的工具，乘务员基本礼貌用语 10 字：您好、请、谢谢、对不起、再见。乘务员掌握并使用基本的礼貌用语，并且做到语音清晰、声音柔和、语言准确、简练清楚、面带微笑、态度和蔼亲切、垂直恭立、距离适当等礼仪要求，可以有效增进与旅客的感情以及提高自身的服务质量。

（一）常用艺术性服务语言

1. 准确亲切的称谓

对旅客的称呼要尊重他们的习俗。世界通用的称呼：男子称"先生"，女子称"女士或小姐"。口语上的称谓有"阿姨、大姐、同志、师傅、老师、大哥、大妈"等，称谓语的运用，要做到准确、亲切、灵活变通。

2. 主动热情的问候

国际惯用问候语，通常是用"您好"来问候，简单明了。近些年，航空服务追求个性化服务，一句"您好"让旅客感觉不到亲切，因此，根据节日的不同、时刻的不同，民航服务人员通常用"您好！早上好！中午好！晚上好！春节快乐！新年好！过年好！圣诞快乐！中秋快乐！国庆节快乐！"等语言向旅客问好，强化了节日气氛，也拉近了民航服务人员与旅客的心理距离。

3. 体贴温馨的征询

客舱服务中，要及时观察旅客的形体语言和需求，进行征求意见或询问。常用的征询语为：请问您有什么事吗？（我能为您做什么吗？）需要我帮您做什么吗？您还有别的事吗？您喜欢（需要、能够）……吗？请您……好吗？例如：当旅客东张西望的时候，或从座位上站起来、招手的时候，都是在用自己的肢体语言表示需要乘务人员的帮助。这时乘务人员应该立即走过去，进行询问："先生/女士，请问我能为您做点什么？""先生/女士，您有什么吩咐吗？"在完成对旅客的服务后，可以用"这样可不可以？""您还满意吗？"之类的征询语进行确定，从而使服务工作做得更加圆满。

4. 和蔼委婉的拒绝

乘务员对旅客提出的不合理要求应予以拒绝，但在使用语言时要语调和缓、措辞委婉，既要让旅客知道其要求无法得到满足，又要使其获得应有的尊重。

5. 友好耐心的提示

旅客对客舱环境、客舱设备和客舱安全规定不熟悉，乘务人员应细致耐心、条理清楚地向旅客介绍机上设备、安全要求等，让旅客易于接受、理解所介绍的内容。

6. 果断的制止

当旅客的行为影响飞机安全时，乘务员应态度坚定地予以制止。

7. 衷心的答谢

客舱服务中，在得到旅客表扬、配合或者提意见的时候，都要使用答谢语，如谢谢您的合作！谢谢您的夸奖！谢谢您的帮助！谢谢您的宝贵意见！当旅客提出一些服务方面的意见，即使意见不合理，但是作为乘务员，都要表示感谢，如"好的，谢谢您的提醒！""好的，谢谢您的意见。"

8. 真诚的道歉

道歉是乘务员在服务过程中，因工作失误或服务不周给旅客情绪带来不良影响而采取的语言弥补措施。道歉语言运用得恰当，会使旅客在旅行中感受到尊重，给旅客留下良好的印象。常用的道歉语有："先生/女士，对不起，打扰一下！对不起，让您久等了！"例如，航班延误，旅客上机后，应及时真诚地向旅客表示歉意："尊敬的女士们，先生们，非常抱歉让你们久等了！"

9. 客舱内禁止使用的服务用语

在客舱服务中，有些语言会引起旅客的不满或反感情绪，属于禁用语言。如"没办法""没了""供应完了""这是地面的事""起来，重新放你的行李""我不知道""去找我的乘务长，去吧""我忙不过来呢""等等不行吗？"等。

10. 特殊情况时服务用语

遇到突发状况和紧急情况时，客舱乘务员要起指挥作用，尽最大可能保障旅客的生命安全。这个时候，客舱乘务员需时刻保持镇定，语言需有力度且简洁明了，要使用如"跟我来/学""服从我的命令""听从指挥""坐下""跳下去""动作快一点""到这边来"类似这样的语言。

（二）客舱服务过程用语技巧

1. 登机服务用语

做好准备工作后，乘务员应提前站立在机舱门口迎接旅客登机，主动微笑并向客人问好，欢迎客人登机，态度要热情，如"您好！欢迎登机！"

遇到需要帮助的旅客，如"让我来帮您吧"，同时热情地迎上去帮助旅客放置行李。匆匆登机的旅客，乘务员应积极引导他就座，并安慰旅客"您好，请不要着急，飞机过一会

儿才起飞。"

2. 机上服务用语

旅客坐稳后，乘务员应向旅客介绍乘坐飞机时的注意事项及机上设施的使用方法（有的采用录像带讲解），注意音量适中。

当"系好安全带"的信号灯亮起时，乘务员应提醒客人系好安全带，"请您系好安全带，飞机马上就要起飞了"。并认真细致地检查每位旅客的安全带是否系好。

做好安全检查，"请您收起扣紧小桌板，飞机马上起飞（降落）了""请您把座椅调回原位，飞机马上起飞（降落）了""请坐下，系好安全带，飞机马上起飞（降落）了"。

在旅途中，乘务员应主动与旅客沟通，细心观察旅客的需求，如"您需要毛毯吗？""您要看书的话，可以打开阅读灯""现在飞机经过高山区域，气流强，颠簸厉害，请您尽快坐回座椅上，系好安全带""您喝什么饮料呢？"

3. 机上送别服务用语

乘务员要提前提醒旅客准备下机，提醒旅客携带好随身物品，并热心协助需要帮助的旅客。乘务组安排一到两名乘务员在机舱门口，向客人道别，如"欢迎您下次再乘坐××航空"，并目送旅客离去直至最后一名旅客下机。

（三）客舱乘务员服务规范用语指南

1. 登机迎客服务

①您好！早上好！中午好！晚上好！欢迎您登机，见到您很高兴！

②很乐意为您服务！

③您好，欢迎您的到来！

④您好，欢迎您选择××航空公司的班机！

⑤需要我帮您安排座位吗？

⑥您的座位号码在行李架下方有亮灯指示/您的座位号码在行李架的边缘处，请您对号入座。

⑦您的行李物品请有秩序地摆放入行李架内……谢谢！/小件物品可以放入座椅下方靠前位置……谢谢！

⑧先生/小姐：您好！请您侧身让身后旅客先过去，以避免客舱拥堵。谢谢！（适用于机舱通道堵塞时）

⑨先生/小姐：请您出示一下登机牌/可以看一下您的登机牌吗？……不好意思，您的座位在×排×座，是前面/后面的座位，您这边请……（适用于旅客坐错座位需要调整时）

⑩为确保飞行安全，保持飞机配载平衡，请您按登机牌上的号码对号入座。（适用于旅客未对号入座时）

2. 延误时登机（迎客/送客）服务

①欢迎您，让您久等了/您辛苦了。

②您慢走，感谢您的理解/支持。

3. 安全检查（起飞/着陆）

①飞机准备起飞了，请确认您的安全带已经系好。

②先生/小姐，请您收起小桌板……谢谢！

③先生/小姐，请您调直座椅靠背/您的座椅靠背还有些靠后，我再为您调整一下好吗？……谢谢！

④先生/小姐，请您关闭手机电源……谢谢。

⑤先生/小姐，请确认您的手机是否关闭。

⑥先生/小姐，请您关闭所有电子设备。

⑦先生/小姐：您好！请你协助我们打开遮光板（适用于靠窗旅客），谢谢。

⑧先生/小姐：您好！请问毛毯可以回收了吗？如果您还需要使用，请您在离机时放在座位上，谢谢。

4. 头等舱餐饮服务

（1）饮料服务

①先生/小姐：您好！我们的飞机预计在×点×分到达，现在是×点×分，请问您愿意在什么时候用餐？请问需要喝点什么？（递上饮料单）

②请问您需要加冰吗？（适用于提供冷饮）

③热饮烫口，请您小心！请小心饮用热饮！（适用于提供热饮时）

④布置餐桌

先生/小姐：您好！现在可以为您布置餐桌吗？现在为您铺上餐桌巾布，让我为您打开小桌板好吗？麻烦您打开小桌板好吗？谢谢！

（2）正餐服务

①先生/小姐：您好！这是为您准备的正餐冷荤套盘，请您慢用，稍后还会为您提供主食……

②先生/小姐：您好！今天为您准备的主食是××米饭、××面条，请问您喜欢哪一种呢？

（3）点心服务

先生/小姐：您好！这是为您准备的点心套餐冷荤套盘，请您慢用……

（4）小食品/水果服务

①先生/小姐：您好！这是为您准备的水果拼盘，请您慢用……

②先生/小姐：您好！这是为您准备的小食品，有××，请您随意选用……

（5）回收

①先生/小姐：请问可以给您收走吗？

②请问可以为您清理小桌板了吗？

（6）餐后热饮

①先生/小姐：请问您餐后需要什么热饮吗？我们有准备……

②热饮烫口，请小心饮用热饮！

5. 普通舱餐饮服务

（1）饮料服务

①先生/小姐：您好！请问您需要什么饮料？我们为您准备了……，请您选用。

②请问您需要加冰吗？（适用于提供冷饮）

③热饮烫口，请您小心！请小心饮用热饮！（适用于提供热饮）

④先生/小姐：这是您需要的××（饮料），请你慢用。

（2）放置桌板

您的小桌板放置在座椅扶手里边，需要我帮您取出来吗？（适用于普通舱第一排及出口座位旅客）

（3）正餐服务

①先生/小姐：您好！今天为您准备有××米饭、××面条，请问您喜欢哪种口味呢？

②请问需要辣椒酱（开胃菜）吗？

③请需要辣椒酱的旅客打开热食盒，我们为您送上，谢谢！

④请问需要添加热食吗？（适用于热食有富余可以添加时）

⑤先生/小姐：请您接好，请您慢用。

（4）点心服务/矿泉水/小食品服务

①先生/小姐：您好！请用点心餐。这是为您准备的点心餐，请您慢用。

②先生/小姐：您好！这是为您准备的小食品/矿泉水，请您慢用。

（5）添加服务

①请问您需要添加什么饮料吗？请问您还需要添加饮料吗？

②需要添加饮料的旅客请您将水杯递出，谢谢！

③请问您需要添加茶水、咖啡吗？

（6）回收服务

①先生/小姐：您好！请问您用好了吗？

②先生/小姐：您好！请问可以为您清理小桌板了吗？

③请将您用完的餐盒、水杯递出，我们为您清理（小桌子），谢谢！请将您需要清理的物品递出，我们为您清理（小桌子），谢谢！

（7）餐车通道进行时

餐车经过，请您小心……餐车经过，通道两边的旅客请您当心……

6. 巡视客舱、呼唤铃服务、会员卡服务

①先生、小姐：您好！请问有什么需要吗？请问有什么可以帮您的吗？

②请问需要为您打开阅读灯吗？

③请问客舱的温度您感觉还合适吗？

④请问您的小桌板需要清理吗？

⑤请问需要办理会员卡吗？

⑥请您让开过道，以便让其他旅客通过。

⑦如果您需要任何帮助，请按呼唤铃。

⑧如果您想阅读，请打开阅读灯。

⑨如果您需要休息，可以按住座椅扶手上的按钮，身体向后仰，放倒座椅靠背。

⑩这是通风孔，您可以把它向任意方向调节，或向右旋紧关掉。

7. 飞机上销售及入境咨询服务

①您买点机上免税商品吗？

②您需要买一些免税物品吗？今天航班上的物品品种繁多。

③我们的免税商品都是世界名牌，我们可以承诺这些商品都是质优价廉的。

④这种商品是中国特产，非常有名，值得一买。

⑤我们接受美元的旅行支票和主要信用卡，比如维萨卡、运通卡、万事达卡、JCB卡等。

⑥打搅一下，飞机落地前请您填写这些表格，以方便您办理海关、移民、检疫等手续。

⑦如果您在填写表格时有疑问或困难请找乘务员，我们很高兴为大家服务。

⑧根据当地政府检疫的规定，严禁旅客携带任何新鲜水果、鲜花、奶制品、肉类、植物种子等入境。

8. 飞机故障或临时状况语言服务

①由于机械故障，航班已延误，机械师们正在对飞机进行仔细检查。

②由于地面有雾，本次班机将延误约两小时。

③由于空中航路拥挤，我们要等待通行许可（才能起飞）。

④我们须等待跑道上的冰被清除。

⑤我们的飞机要装完货才能起飞。

⑥我们正在等待几位旅客办理登机手续。

⑦如果有进一步的消息，我们会立即通知您（们）的。

⑧请您回到您座位上好吗？飞机马上要起飞了。

⑨请在安全带信号消失前坐在座位上，系好安全带。

⑩飞机马上要起飞了，请不要在客舱内走动。

⑪前方有大雷雨，无法穿越。我们决定返回杭州。非常抱歉由此给您带来的不便。

⑫对不起，由于本机场天气状况不好，我们的航班将被延误。我们要等到天气条件好转才能起飞。

⑬由于地面大雾航班将被延误两小时，我们要等到雾消散才能起飞。

⑭由于能见度太低目的地机场已关闭，我们的航班将转航至备降机场并过夜。过夜的食宿安排由航空公司提供。

⑮由于目的地机场罢工，我们将飞往备降机场，预计50分钟后降落。

⑯塔台通知我们目前没有停机位，请大家在飞机上等待。

⑰机长通知我们遇到强大的顶风，飞机需要在杭州机场加油。预计到达时间要晚50分钟。

9. 送客服务

①再见，期待您的再度光临！

②谢谢您的支持！

③旅途愉快，祝您旅程顺利！

④请您走好！请慢走！

⑤请当心台阶！

二、客舱语言沟通技巧

俗话说"良言一句三冬暖，恶语伤人六月寒"，语言是连接人与人之间的纽带，纽带质量的好坏直接决定了人际关系是否和谐，进而会影响事业的发展以及人生的幸福。乘务员每天都要与形形色色的旅客打交道，服务用语是事关服务质量、服务态度的大问题，乘务员的语言魅力和说话水平可以有效树立乘务员优秀的职业形象。

（一）客舱语言沟通的原则

1. 贵在真诚原则

有诗云："功成理定何神速，速在推心置人腹。"说话不在于说得多么流畅，多么滔滔不绝，而在于是否真诚表达。真诚的语言不论对说者还是对听者来说，都至关重要。

当我们为某篇文章或某个电影情节感动的时候，多半是因为其真诚，而在与旅客沟通的时候，我们的语言也同样需要真诚。每个人都有基本的分辨能力，虚假的语言只会让人觉得不舒服，甚至会在谎言被揭穿的时候引起不必要的争吵或投诉。只有认真诚恳，才能使人相信；只有使人相信，才能达到旅客满意的效果。服务语言的真诚就是要有真实的情感和诚恳的态度，当然，这种真诚是以诚恳为基础，用一定的语言技巧，进行恰到好处的表达。

2. 区分对象原则

乘务员与旅客交流时，一定要区别对待。不同的年龄、不同的身份、对方的心情、所在的环境，同样的一句话因为这些因素的改变，也应该用不同的方式表达。比如对年长者说话的时候要注意声音洪亮，语气缓和，尽量避免使用专业术语，最重要的是有耐心，应站在对方的角度去考虑问题。有些年长者是第一次坐飞机，而乘务员几乎是每天都接触飞机，自然对客舱环境熟悉，所以不要对年长者提出这样那样的问题不耐烦。和年长者说话一定要简单直观。例如：乘务员问一位老奶奶需要喝什么饮料："阿姨，您喜欢喝点什么饮料吗？"老奶奶回答："啊，是啊，我要喝饮料。"乘务员以为自己没说清楚，又提高声音语速放慢再次询问，老奶奶很认真地又回答了一次。如此反复，最终谁也不开心，老奶奶认为乘务员不给她提供饮料，而乘务员又委屈地认为老奶奶没有提出明确的要求。其实这个很简单的案例就说明，乘务员没有站在旅客的角度去思考问题。老奶奶是想喝饮料的，可是她不知道该如何表达，乘务员如果意识到这一点，就应该将饮料瓶拿给她看并说："好的，这是苹果汁、这是橙汁，您喜欢喝哪一种呢？"老年人看到了直观的东西，自然就会明白并作出选择。所以说乘务员的服务工作并不是简单的端茶倒水，即使是一次简单的交流，也要注意语言技巧。

3. 委婉处理原则

乘务员要学会巧妙地接受和拒绝对方，不论是接受或拒绝，让对方都觉得是合理的。例如，在供餐期间，由于飞机上只有两种热食可供旅客选择，当供应到某位旅客时他所要的餐食刚好没有了，于是乘务员就将头等舱的餐食拿给旅客，说："刚好头等舱多了一份餐，我就给您送来了。"旅客很不高兴："什么意思，头等舱客人吃不了的给我吃？我也不吃。"乘务员的好心反而得到的是旅客的不理解，究其原因，还是乘务员没有掌握说话的技巧。即使要别人接受你的建议，也要让对方高兴地接受。如果换种方式说："真对不起，您要的餐食刚好没有了，我将头等舱的餐食提供给您，希望您能喜欢，在下一段航程的时候，我会首先请您选择我们的餐食品种，我将非常愿意为您服务。"如何才能让对方乐意接受，如何才能让对方理解你的拒绝，这就体现在说话的技巧上。

4. 真诚坦率的原则

（1）不轻易允诺旅客。与旅客交流时，谈天说地都可以轻松愉快。但是乘务员在为旅客服务的过程中，或者是交流到有关航空公司内容的时候，一定要慎之又慎。有些话一旦说出口，旅客无形中就会认为你说的事情你一定能办到，如果你办不到，那么就会认为你不守信用，很有可能会被投诉，并会给航空公司带来不良的影响。

（2）不轻易拒绝旅客。乘务员在为旅客服务的过程中，经常会遇到有些旅客提出这样那样的要求或条件，有些是我们马上能做到的，但有些会超出我们的能力范围，一时难以回复。为了给旅客留有余地，也为了给自己留有余地，一般不要一口回绝。这样既能够显示对对方的重视，也能争取主动。我们可以想办法尽量满足旅客的要求，或者用婉转的语言告诉旅客，虽然不能满足其要求，但可以用其他方式代替，再征询旅客的意见，看这样的解决方式是否能接受。即使你不能为旅客解决问题，他也会因为你的真诚，因为你以旅客为出发点的态度，而对你的服务给予充分的肯定，这样反而会对你留下较好的印象。

（二）客舱语言沟通技巧

客舱是封闭的，但不是静止的，来来往往的旅客，尽管借助飞机这个交通工具到达的目的地可能是一样的，但在或长或短的旅途中，每个旅客的所思所想所需不可能是完全一样的，除此以外，航班延误、机型老化、空地环节断链、乘务员工作失误等这些因素，都会让旅客对客舱服务的评定带来负面影响，而在这其中，如果因乘务员沟通不到位，给旅客带来不好的服务感受，可能更会让这些负面影响升级，甚至造成不可挽回的损失。

作为被称为"客舱主人"的乘务员，如何通过主动性的沟通化解危机、平息风波，同时在客舱里更好地尽地主之谊，与旅客建立起良好的人际关系，形成和谐的客舱氛围，沟通应变术的巧妙运用就显得十分有必要了。

1. 巧借词意，移花接木化尴尬

汉语是一门博大精深的语言，许多词语的解释在不同的语境中会有不同的含义，而且词语中包含的字也可以通过组合、移花接木沿伸出不同的诠释，乘务员可以借用这一特性，把具有消极影响的 A 词意巧妙转化成具有积极影响的 B 词意，从而化解尴尬。

某延误航班，乘务长在即将到达目的地之际，去向一位精英会员致谢，同时征求他的乘机感受和意见。这位旅客当天由于有重要的事情要处理，无奈被拖延了，所以比较生气地说了这么一句话："没办法啊，谁让这条航线只有你们公司在飞，你们是唯一的选择。"面对旅客的抱怨，乘务长却微笑着说道："唯一在汉语里有'最好'的意思，所以您唯一的选择也是最好的选择啊，而且从您的选择中我们看到了您做事的专注，这一点真值得我们向您学习，在此，也请允许我代表公司感谢您始终如一的选择，并衷心希望在您今后出行的日子里，您都能一如既往地选择我们！"旅客听后不禁笑了……

2. 巧用比较，借题发挥转注意

旅客对乘机感受的优劣评定常常是通过参照、比较，然后得出较主观的结论，而他们的参照多为曾有过的乘机经历。一般来说，机型及客舱的硬件设施最易成为旅客先入为主的评定因素，如果乘务员在沟通中能够巧用比较，借题发挥，不仅能转移旅客的注意力，可能还会达到出其不意的效果。例如：

某旅客登机后，看了看飞机的座位、内饰……立刻大声说道："这飞机可真老啊！"站在一旁的乘务员是这样回答的："先生，飞机是不会老的，只有乘务员才会老啊！"当时乘务长正好在清点人数，站在身后，接口说道："乘务员也不会老，乘务长才会老的。"旅客听后，再转头一看，立刻哈哈大笑起来，注意力也随之转移了。

关于机型老旧的话题，还有乘务员是这样回答的："俗话说，老骥伏枥，志在千里，我们的飞机不管有多老，可都是安全操纵，日行几万里呢！"这样的沟通，是直接回答了旅客还未明说的担忧，一般也会取得比较好的效果。

3. 巧搭台阶，转移方向熄战火

在客舱中，乘务员与旅客及旅客彼此大多是初次见面，对于陌生人，人们的包容和忍耐度相对会欠缺一点，常常会因一点小事而引发矛盾，如果劝阻不及时或沟通不当，甚至会蔓延成一场大冲突。乘务员由于自身工作的失误或遭遇了旅客间的摩擦时，可以运用沟通应变术，巧搭下台台阶，以此来平息风波，浇灭战火。例如：

乘务员小王刚给43C的旅客加好茶水，放在小桌板上，没想到茶水就被42C的旅客重重放下的座椅靠背碰倒了，这杯水一个侧翻直接洒在了43C的旅客的大腿上，43C的旅客的上半个裤腿都湿了，而42C的旅客还不知道身后发生的事情，依旧安然地休息着。43C的旅客十分生气，伸手就要推椅背，想和42C的旅客理论。这一幕恰好被小王尽收眼底，她及时阻挡了43C的旅客，并赶紧将手中的小毛巾递过去并帮着擦拭，同时说道："这位先生，怎么称呼您？在这里，我可要沾沾您的福气了！中国古语称水为财，您看这可是空中飞来的财啊，真是一个好兆头，看来您今年一定会发大财的！"旅客听后不禁称赞道："你可真会说话啊！"小王接着说："俗话说百年修得同船渡，咱们这一飞机的可都是有缘人啊，所以这杯水只是大水冲了龙王庙，您千万别往心里去了，还带有备份裤子吗？我引导您去卫生间更换一下吧。"这位旅客听完后，一个劲地说："我没事，没事，麻烦你啦。"42C的旅客也听到了这番对话，知道与自己有关，十分不好意思地进行了道歉。最后，43C的旅客还在意见簿上对小王的服务进行了表扬。由此可以看出，乘务员的巧语应变为无意惹出事端的旅客搭设了一个台阶，不仅将干戈化为了玉帛，而且赢得了皆大欢喜的局面。

4. 巧找突破，顺水推舟化危机

在培训中，培训师讲到沟通首先要教大家的就是破冰技巧，破冰，顾名思义就是打破人与人之间妨碍彼此沟通和交流的重重障碍，仿佛冰海行船，唯有突破一层层厚实的坚冰，才能通行无阻，顺利地到达彼岸。乘务员在面对一些冲突和危机事件时，就应具

备破冰能力，巧妙地寻找有效的突破点，并顺水推舟地将冲突与危机化解于无形之中。例如：

　　某航班出于航空管制原因，旅客已经在闷热的客舱里待了很长时间，这时，坐在紧急出口旁的一名年轻的男性旅客突然按响呼唤铃，把乘务员叫过去，并大声嚷道："再不起飞，我就把这道门打开，从这里跳下去。"当时在场的乘务员恰好是位正在带飞阶段的男学员，他很郑重地告知旅客紧急门的重要性并强调此门绝对不能打开，当他正对旅客说教时，教员赶到了他身边，轻轻拍拍他说："麻烦你先去给这位先生倒杯冰水吧，这道门的重要性，这位大哥可清楚了，因为他坐飞机的次数可能比你飞行的次数还要多得多！是吧，大哥？""大姐，您可别这样叫我，我应该比您小。"男性旅客说。教员迅速找到了突破口，微微一笑："你以为我想这样叫你呀，可我没有办法啊，因为如果你把这道门打开，我面临的就是丢掉工作，像我这个年龄再找工作，你知道有多难吗？所以为了不失业，我必须得叫你大哥。大哥，就请帮我一个忙把这道门看管好，可以吗？"其他旅客听了都哈哈大笑起来，小伙子也有些不好意思了；再经过一番对话和交流，当学员送水来时，听到的竟是小伙子拍着胸脯在说："大姐，您放心，我在，门就在；即使我不在，门一定还在！"回到服务间，学员崇拜地对教员说："师傅，您真厉害啊！"教员莞尔："这都是沟通应变术的魔力啊！"

5. 巧转主体，换位思考赢赞誉

　　现代管理之父德鲁克针对有效沟通曾说过下面这句话：一个人必须知道该说什么，一个人必须知道什么时候说，一个人必须知道对谁说，一个人必须知道怎么说。这句话涵盖了达成有效沟通的几个关键点：话题的定位、时机的掌握、沟通主体的确立及应变技巧的运用。在客舱服务中，在一些问题的处理和解决时，如果能够先确立好真正的沟通主体是谁，并能换位思考想到对方的需求点，那么在问题的处置中可能就会达到事半功倍的效果。例如：

　　乘务员在客舱巡视时，观察到一排座位坐着一家三口，旁边还有一位旅客，那名婴儿已经在母亲的怀抱里熟睡。乘务员想如果把坐在旁边的那名旅客调开，孩子就可以平躺下来，这样不仅孩子能休息得更好，母亲也不用那么劳累了。于是乘务员走上前与旁边的这位旅客客气地协商："先生，您看，这位母亲抱着孩子太辛苦了，今天航班中还有空座位，我帮您调换一下，可以吗？"没想到这个建议竟然被旅客断然拒绝："我只喜欢坐自己的座位。"乘务员愕然，悻悻地想：怎么遇到这样不知道体谅别人的旅客啊，真自私！乘务员却没想到问题是出现在自己的沟通上。同样的场景，另一个乘务员却是这样说的："先生，旁边这位母亲抱着孩子，你们坐得都比较挤，今天航班中还有空座位，我帮您调换一下，您可能会休息得更好些，您愿意吗？"这位旅客不仅欣然同意，还称赞乘务员想得真周到，而那位母亲也一个劲地向乘务员致谢。两个乘务员面对的是一样的问题，但仅仅因为其中一个乘务员在问题的处理中多了一些换位思考，将沟通的需求主体由母亲换成了旁边的这位旅客，结果就完全不一样了。

6. 巧选用字（词），提升服务创和谐

马克·吐温说过："恰当的用字极具威力，每当我们用对了字眼……我们的精神和肉体都会有很大的转变，就在电光石火之间。"在客舱服务中的确如此，乘务员的一句话、一个用字的变换可能就会给客人带来不同的感受。例如：

某延误航班，旅客在地面等了几个小时后，终于上机了，乘务员抱歉地问候道："您好，让您久等了。"旅客接口回道："好什么好，你们还知道久啊，怎么补偿我，你们必须给个解决方案！"这个问候是有问题的。第一"您好"这个词出现在上面的语境里，容易让旅客感受到乘务员的问候是没有诚意的，是置身于其外的程序化的问候，易招人反感。其次"久"字的出现又强化了旅客可能本已淡去的时间感，触动了早已蓄势待发且敏感的神经，易让旅客压抑较久的不满情绪借题发挥出来。这样的场景中，怎样的问候较适宜呢？如"十分抱歉、谢谢您的等候、您辛苦啦、感谢您的乘坐、谢谢您的理解和支持、小朋友的表现好乖哦……"这样的问候语旅客可能更能接受。尤其是一些父母，他们发脾气的原因一般是觉得自己的小孩受苦了，如果此时将用词的关注点放在孩子身上可能更好。除此之外，在回应旅客的需求时，多用含有正面信息的词语可能会让旅客在拥有好的心理感受时对服务也给予积极的认同。如将"稍等"换为"马上就来"，"有事吗"换为"我能为您做点什么"，"您要哪种饭"换为"您喜欢什么口味"……一个字词的小改动，给旅客带来的可能就是对服务感受的大提升。

总而言之，面对如今"最大的不变就是变化"的客舱服务，乘务员如果能够根据不同的场景与语境，恰到好处地巧妙运用沟通应变术，那么一定会给旅客带来更好的服务感受，为他们营造出一个温馨、和谐的"空中之家"。

三、客舱播音的要求及技巧

（一）客舱播音的内容

客舱广播大体可以概括为服务和安全两种形式：服务主要是通过广播让旅客了解此次航班的航程、时间，途经的省市和山脉、河流，还有一些服务项目等；安全主要是正常的安全检查，在飞机起飞和落地前都会广播提醒旅客特殊情况和突发事件的应对等。根据对应格式，选择或确定其可变要素（如航班号、登机口号、飞机机号、电话号码、时间、延误原因、航班性质等）与不变要素共同组成具体的广播用语。广播用语的类型应根据机场有关业务要求来划分，以播音的目的和性质来区分。

（二）客舱播音的要求

（1）播音词大体上采用短小精练的写法，内容精练、文字简洁、准确，篇幅短小，层

次清晰。

（2）播音要做到播出时层次结构清晰、条理清楚，必须从具体的服务和安全管理入手，进行深入细致的分析。

（3）客舱播音要使用普通话、英语两种以上语言，同一内容应使用汉语普通话和英语对应播音。广播内容应准确，播音应清晰、纯正、柔和、言简意赅。

（4）语调生动，表达灵活。根据需要，分出轻重缓急，分清抑扬顿挫，而且要能够根据不同内容传达出不同的思想感情。

（5）语速适当。要抓住内容特点，使节奏流利和谐，缓急结合。

（6）声音圆润、自然，吐字清晰。注意克服发音吐字方面的不良习惯，如鼻音、虚音、喉音等，做到字正腔圆，悦耳动听，清晰有节奏感。

（7）航班信息类播音是候机楼广播中最重要的部分，用语要求表达准确、逻辑严密、主题清晰。

（三）播音服务存在的问题

我国的航空播音千篇一律，中航、南航、山航、川航等航空公司的播音，都没有自己的特色，很少能让旅客记住这些航空公司。旅客在选择航班时，会以时间、价格等因素为主导，即使在同样时间、同等价格的情况下，旅客也只是随机选择航空公司，航空公司的播音既没起到企业宣传的作用，也没起到吸引旅客的作用。机上播音服务主要存在以下一些问题。

1. 播音服务特色不突出

纵观当前我国航空公司的播音，服务特色不突出是普遍问题。客舱广播的服务应该以旅客为中心，针对旅客的心理需求、旅行需求进行细微的服务。航空播音是航空旅行中航空公司与旅客沟通交流的主要渠道，但是当前不同的航空公司航空播音的内容没有重大差别，服务特色并不突出。

2. 播音内容与旅程文化脱节

大多数航空旅客都有这样的感受，当乘坐某一航空公司的航班后，并没有记住该航空公司是哪个地方的，也不知道自己这次旅行飞行了哪些地区，甚至在飞行过程中的大部分精力都放在了飞行安全上，而没有愉快地享受飞行过程中的另类文化，这一现象是当前我国航空公司播音内容与旅程文化脱节的主要表现。

3. 应急播音缺乏感染力

应急播音是航空播音的必要组成部分，但是应急播音在航空播音中的应用机会非常少，应急播音主要应用在航空旅行中出现突发事件时，突发事件包括飞机机械事故、自然天气原因、人为原因等。一旦发生突发事件必然会导致旅客恐慌。应急播音作为航空飞行安全的必要应急备案，虽然应用机会少，但是一旦有突发事件对保障旅客安全的作用非常大，所以航空公司的应急播音具有重要作用。

（四）客舱播音技巧

1. 播音与航空心理对接

航空播音与航空心理对接是航空特殊运输的核心内容，也是加强客舱广播服务建设的必要措施。首先，播音时机与旅客心理波动时机对接，飞机起飞之前在转场过程中旅客心理既激动兴奋又有些紧张，此时航空播音可以向旅客讲述飞机即将起飞的过程，并提醒旅客做好相应的安全措施。其次，在飞行过程中飞机平稳时，有的旅客心情特别放松，有的旅客会持续紧张。此时航空播音可以通过播放轻音乐或者介绍航空安全历程的一些业绩内容，从而使旅客对机长、飞机、航空公司等都建立起强大的信任。最后，在飞行过程中遇到气流使飞机颠簸时需要向旅客传递一些紧急避险知识，例如，飞机颠簸时收起前挡板并系好安全带，同时为防止高空飞行对耳膜的损害，可以提醒旅客进行咀嚼动作等。航空播音良好的时机选择，能使旅客始终感觉到贴心的服务，并且在旅客心理最需要鼓励的时候，能够获得航空播音最及时的支撑。

2. 播音与旅程文化对接

航空播音与旅程文化的对接是展示企业文化特色和航空旅行特色的主要方式，首先，航空播音能够最直接地展示独具特色的企业文化形象。旅客在乘坐飞机过程中，不能打开手机，不能收听收音机，唯一的信息来源就是航空播音，加之航空播音的单调性和枯燥性，使习惯了享受信息的旅客更加渴望从外界获取信息。因此航空播音的收听质量会非常高，旅客会静心地听取航空播音内容；同时航空公司不可能通过航空播音平台播放其他航空公司的企业信息，而是传播自己航空公司的企业文化信息，如果航空公司能够将企业文化宣传进行精心策划，那么旅客可以在完美的旅行中加深对航空公司的了解，从而使旅客在下次旅行时会优先考虑该家航空公司。其次，航空播音与航空旅行文化的对接。航空旅行文化通常包括地理区域文化和航空专业文化，地理区域文化能够传递人文知识，当旅客在空中飞过各种优秀的文化区域时，必定会增加航空旅行的另类心理享受，而航空专业知识的播放，能增加旅客对航空和客源地知识的了解。

3. 播音以动态旅客为中心

客舱播音的听众流动性大，如何抓住客户的流动特点是加强客舱广播建设的主要内容，航空播音的客户流动性大，同时也说明航空播音的潜在客户大，如果对每一批流动客户都能进行有效的航空播音，那么既能增大航空公司的知名度，又能通过流动性旅客吸引更多

的其他客户。加强流动旅客的播音建设，首先要明确流动客户的需求，流动性旅客中有大量的首次旅客，这些首次旅客对航空运输的认识是基于航空播音的，所以航空公司要抓住旅客先入为主的特点，以优质的播音服务和完善的播音内容向旅客传递航空企业价值，从而为旅客建立服务标杆，加强旅客对航空服务的价值认识和安全认识，促进旅客二次消费。其次，要明确流动客户的消费特点，航空旅客的客户大部分是高消费群体和商务群体，这些人群对航空公司的时间性和价格比较看重，如果航空播音向旅客传递准确的航空运输时间以及晚点事件发生后对旅客的各种补偿措施，必定会使旅客感受到优质服务。如果航空公司向旅客介绍会员制和错峰乘坐等优惠政策，则会更好地引导旅客选择航空交通工具。

客舱广播既是航空运输的必要安全措施，也是展现航空公司企业文化的良好平台。航空公司只有对航空播音进行创新，才能充分利用该平台吸引更多的旅客，从而建立起完善的企业品牌价值体系。

（五）常用客舱广播词播音训练

1. 正常情况

（1）登机广播。

亲爱的旅客朋友们，欢迎来到南航"空中之家"。当您进入客舱后，请留意行李架边缘的座位号码并对号入座。您的手提物品可以放在行李架内或座椅下方。请保持过道及紧急出口通畅。如果有需要帮助的旅客，我们很乐意协助您。南方航空愿伴您度过一次温馨愉快的空中之旅。谢谢！

（2）舱门关后。

亲爱的旅客朋友们：

飞机客舱门已经关闭。为了您的安全，飞行全程请关闭手提电话及遥控电子设备。飞机平飞后，手提电脑可以使用，但下降前请关闭。在本次航班上请您不要吸烟。现在请确认您的手提电话是否已关闭。谢谢您的合作！

（3）致辞。

①正常情况1（鞠躬）。

尊敬的女士们，先生们：

你们好！我是本次航班的（主任）乘务长××，首先我代表南方航空向您致以最诚挚的问候，同时感谢明珠俱乐部会员再次加入我们的航程，很高兴又与您相聚南航"空中之家"。

现在向您介绍我的组员：头等舱乘务长××，乘务员××，（公务舱乘务长××，乘务员××，）普通舱乘务长××，乘务员……我们的团队将精诚合作，为您带来一次轻松愉快的旅途！

②正常情况2。

尊敬的女士们，先生们：

你们好！我是本次航班的（主任）乘务长××，首先我代表南方航空向您致以最诚挚的问候，同时感谢明珠俱乐部会员再次加入我们的航程，很高兴又与您相聚南航"空中之家"。

我们的团队将精诚合作，为您带来轻松愉快的旅途！

③短时间延误。

尊敬的女士们，先生们：

你们好！我是本次航班的（主任）乘务长××，首先我代表南方航空向您致以最诚挚的问候。今天由于××（飞机晚到/机场天气不符合飞行标准/航路交通管制/机场跑道繁忙/飞机故障/等待旅客/装货等待/临时加餐）耽误了您的旅行时间，希望能得到您的谅解。

现在向您介绍我的组员：头等舱乘务长，乘务员××，（公务舱乘务长××，乘务员××，）普通舱乘务长××，乘务员……我们的团队将精诚合作，为您带来轻松愉快的旅途！

④长时间延误。

尊敬的女士们，先生们：

你们好！我是本次航班的（主任）乘务长××，今天由于××（飞机晚到/机场天气不符合飞行标准/航路交通管制/机场跑道繁忙/飞机故障/等待旅客/装货等待）造成了较长时间的延误，耽误了您的行程，给您带来了诸多不便，在此，我们深表歉意。我们机组全体成员愿通过加倍的努力、真诚的服务来答谢您对我们工作的支持与配合。谢谢！

⑤支线航班。

尊敬的女士们，先生们：

你们好！我是本次航班的乘务长××，今天很荣幸由我和我的组员××与您一起共度这段愉快的空中之旅，愿我们真诚的服务能为您增添一份好心情。谢谢！

（4）安全演示。

①安全演示录像。

女士们，先生们：

现在我们将为您播放安全演示录像，请注意观看。如有疑问，请随时与乘务员联系。谢谢！

②安全演示示范。

现在客舱乘务员将为您介绍机上应急设备的使用方法及紧急出口的位置。

救生衣在您座椅下面的口袋里（座椅上方），仅供水上迫降时使用。在正常情况下请不要取出。

使用时取出，经头部穿好。将带子由后向前扣好系紧。

当您离开飞机时，拉动救生衣两侧的红色充气手柄，但在客舱内请不要充气。充气不足时，请将救生衣上部的两个充气管拉出，用嘴向里充气。

夜间迫降时，救生衣上的指示灯遇水自动发亮。

氧气面罩储藏在您座椅上方。发生紧急情况时，面罩会自动脱落。

氧气面罩脱落后，请用力向下拉面罩。将面罩罩在口鼻处，把带子套在头上进行正常呼吸。在帮助别人之前，请自己先戴好。

在您座椅上有两条可以对扣的安全带。当"系好安全带"灯亮时，请系好安全带。解开时，将锁扣打开，拉出连接片。

本架飞机共有几个紧急出口，分别位于客舱的前部、中部和后部。

在紧急情况下，客舱内所有的红色出口指示灯和白色通道指示灯会自动亮起，指引您从最近的出口撤离。

在您座椅前方的口袋里备有"安全须知"，请您尽早阅读。

谢谢您的留意！

（5）起飞前安全检查。

①白天。

女士们，先生们：

我们的飞机很快就要起飞了，请您配合客舱乘务员的安全检查，系好安全带，收起小桌板，调直座椅靠背，靠窗边的旅客请您协助将遮光板拉开。

谢谢您的合作！祝您旅途愉快！

②夜间。

女士们，先生们：

我们的飞机很快就要起飞了，请您配合客舱乘务员的安全检查，系好安全带，收起小桌板，调直座椅靠背，靠窗边的旅客请您协助将遮光板拉开。同时，我们将调暗客舱灯光，如果您需要阅读，请打开阅读灯。

谢谢您的合作！祝您旅途愉快！

（6）驾驶舱发出起飞信号后。

女士们，先生们：

飞机很快就要起飞了，请您再次确认是否系好安全带。谢谢！

乘务员各就各位。

（7）起飞后广播。

①国内航班。

尊敬的女士们、先生们：

（欢迎您乘坐CZ××航班，本次航班为南方航空公司和××航空公司的代码共享航班）。

我们的飞机已经离开××前往××（中途降落），由××至××的飞行距离是××千米，飞行时间××小时××分，预计到达××机场的时间是××点××分。

沿着这条航线，我们将飞经××（省/自治区），经过的主要城市有××，我们还将飞越（海洋、山脉、河流、湖泊）。

在飞行全程中，可能会出现因气流变化引起的突然颠簸，我们特别提醒您，注意系好安全带。

旅途中，我们为您准备了（正餐/点心/小吃）及各种饮料。（为了丰富您的旅途生活，我们还将为您播放机上的娱乐节目。）如果您需要帮助，我们很乐意随时为您服务。

"心飞白云深处，爱在天上人间。"能为您提供最优质的服务，伴您度过轻松愉快的旅程，是我们全体机组成员的荣幸。谢谢！

②国际/地区航班。

尊敬的女士们、先生们：

（欢迎您乘坐CZ××航班，本次航班为南方航空公司和××航空公司的代码共享航班）。

我们的飞机已经离开××前往××（中途降落），由××至××的飞行距离是××，沿着这条航线我们将飞经××（国家、省/区、城市），经过的主要城市有××，我们还将飞越（海洋、山脉、河流、湖泊）。

在飞行全程中，可能会出现因气流变化引起的突然颠簸，我们特别提醒您，注意系好安全带。

旅途中，我们为您准备了（正餐/点心/小吃）及各种饮料。

（为了丰富您的旅途生活，我们还将为您播放机上的娱乐节目。）

在供餐之后，有免税商品（和卫星电话卡）出售，欢迎选购。

如果您需要帮助，我们很乐意随时为您服务。

"心飞白云深处，爱在天上人间。"能为您提供最优质的服务，伴您度过轻松愉快的旅程，是我们全体机组成员的荣幸。谢谢！

③短程航线。

尊敬的女士们、先生们：

（欢迎您乘坐CZ××航班，本次航班为南方航空公司和××航空公司的代码共享航班）。

我们的飞机已经离开××前往××，由××至××的飞行距离是××千米，飞行时间××小时××分，预计到达××机场的时间是××点××分。在此，我们特别提醒您，飞行全程中请系好安全带。

沿着这条航线，我们将飞经××（省/自治区），经过的主要城市有××，我们还将飞越（海洋、山脉、河流、湖泊）。

旅途中，我们为您准备了（正餐/点心/小吃）及饮料。

如果您需要帮助，我们很乐意随时为您服务。

"心飞白云深处，爱在天上人间。"能为您提供最优质的服务，伴您度过轻松愉快的旅程，是我们全体机组成员的荣幸。谢谢！

（8）电影节目。

①可选择频道的飞机。

女士们、先生们：

为了丰富您的旅途生活，我们将为您播放南航银翼天地机上娱乐节目。希望您能喜欢。

请您使用耳机，并调节座椅扶手上的音频系统，选择您所喜爱的节目。如需协助，我们十分乐意帮助您。谢谢！

②不可选择频道的飞机。

女士们、先生们：

为了丰富您的旅途生活，我们将为您播放南航银翼天地机上娱乐节目。希望您能喜欢。客舱乘务员将向您发放耳机，如需协助，我们十分乐意帮助您。谢谢！

（9）餐前广播。

女士们、先生们：

我们将为您提供餐食（点心餐）及各种饮料，希望您能喜欢。在用餐期间，请您调直座椅靠背，以方便后排的旅客。如需要帮助，我们很乐意为您服务。谢谢！

（10）旅客计划广播。

尊敬的旅客朋友们：

"真情回馈，多飞多得"，南方航空明珠俱乐部竭诚邀请您加入我们的常旅客里程奖励计划。如果您想获取申请表或了解更详细的情况，请与客舱乘务员联系。谢谢！

（11）填写入境卡。

女士们、先生们：

现在我们为您提供申报单和入境卡。（除当地公民外，所有旅客都要填写入境卡。）为了缩短您在××机场的停留时间，请您在飞机着陆前填好，落地后交予海关和移民局工作人员。

如需要帮助，请与乘务员联系，谢谢！

（12）机上免税品销售。

女士们、先生们：

我们将进行机上免税品销售，为您提供优质名牌货品，欢迎选购！各种货品均有美元价格。如果您想了解其他货币标价，请咨询乘务员。（为了方便您购物，我们可以接受美元旅行支票和国际信用卡。）在您座椅前方的口袋里备有购物指南供您查阅。谢谢！

（13）夜间飞行。

女士们、先生们：

为了您在旅途中得到良好的休息，我们将调暗客舱灯光。请保持客舱安静。如果您需要阅读，请打开阅读灯。

我们再次提醒您，在睡觉期间请系好安全带。如果需要我们的帮助，我们很乐意随时为您服务。谢谢！

（14）飞机颠簸。

①一时颠簸。

女士们、先生们：

请注意！

受航路气流影响，我们的飞机正在颠簸，请您尽快就座，系好安全带。颠簸期间，为了您的安全，洗手间将暂停使用，同时，我们也将暂停客舱服务。（正在用餐的旅客，请当心餐饮烫伤或弄脏衣物。）谢谢！

②持续颠簸。

女士们、先生们：

请注意！

我们的飞机正经过一段气流不稳定区，将有持续的颠簸，请您坐好，系好安全带。颠簸期间，为了您的安全，洗手间将暂停使用，同时，我们也将暂停客舱服务。（正在用餐的旅客，请当心餐饮烫伤或弄脏衣物。）谢谢！

（15）预报到达时间（回收毛毯、耳机）。

①国内航班。

女士们、先生们：

我们的飞机预计在××点××分到达××机场，根据现在收到的气象预报，当地的地面温度为××。（现在正在下雨/雪）。

（由于温差较大，需要更换衣物的旅客，请提前作好准备）。

飞机即将进入下降阶段，（我们将停止节目播放，谢谢您的欣赏。）请您将（耳机和）使用过的毛毯准备好，乘务员将前来收取。谢谢！

②国际航班。

女士们、先生们：

我们的飞机预计在当地时间××月××日××点××分到达××机场，当地时间比北京时间早/晚××小时。根据现在收到的气象预报，当地的地面温度为××。（现在正在下雨/雪）。

（由于温差较大，需要更换衣物的旅客，请提前做好准备）。

飞机即将进入下降阶段，（我们将停止节目播放，谢谢您的欣赏。）请您将（耳机和）

使用过的毛毯准备好，乘务员将前来收取。谢谢！

（16）各国检疫规定。

女士们、先生们：

根据××（国）检疫规定，在××入境的旅客不能随身携带新鲜水果，肉类，植物及鲜花等。如果您已带上飞机，请您在着陆前处理完，或交给乘务员处理。谢谢！

（17）喷洒药物。

女士们、先生们：

根据××政府的要求，我们将对本架飞机喷洒药物。如果您对喷洒药物有过敏反应，我们建议您在喷药时用手绢捂住口鼻。谢谢！

（18）下降时安全检查。

女士们、先生们：

现在飞机已经开始下降。请您配合我们的安全检查，系好安全带，收起小桌板，调直座椅靠背，靠窗边的旅客请协助将遮光板打开。请您关闭手提电脑及电子设备，并确认手提物品已妥善安放。同时我们还要提醒您，在飞机着陆及滑行期间，请不要开启行李架提拿行李物品。（稍后，我们将调暗客舱灯光。）谢谢！

（19）驾驶舱发出着陆信号后。

女士们、先生们：

飞机很快就要着陆了，请您再次确认是否系好安全带。谢谢您的配合！

乘务员各就各位！

（20）中途落地。

①国内航班。

女士们、先生们：

我们的飞机已经降落在本次航班的中途站××机场，外面的温度为××。

飞机还需要滑行一段时间，请保持安全带扣好，不要打开手提电话。等飞机安全停稳后，请您小心开启行李架，以免行李滑落，发生意外。

到达××的旅客，请带好您的全部手提物品（先）下飞机，您的交运行李请在到达厅领取。

（旅客下机）：继续前往××的旅客，当您下机时，请带好您的机票/登机牌，向地面工作人员领取过站登机牌，到候机厅休息等候。我们的飞机将在这里停留××分钟左右，您的手提物品可以放在飞机上，但贵重物品请您随身携带。

（旅客不下机）：继续前往××的旅客，请在飞机上休息等候。本架飞机大约在××分钟后起飞。

感谢您与我们共同度过这段美好的行程！（我们再次感谢您在航班延误时对我们工作的理解与配合。）

②国际航班（国内经停）。

女士们、先生们：

我们的飞机已经降落在本次航班的中途站××机场，外面的温度为××。

飞机还需要滑行一段时间，请保持安全带扣好，不要打开手提电话。等飞机安全停稳后，请您小心开启行李架，以免行李滑落，发生意外。

（国内段）：到达××的旅客，请带好您的全部手提物品（先）下飞机，您的交运行李请在到达厅领取。

（国际段）：到达××的旅客，请您准备好护照及全部手提物品到到达厅办理入境手续，您的交运行李请在到达厅领取。

继续前往××的旅客请注意：飞机在这里大约停留××小时。当您下机时，请向地面工作人员领取过站登机牌。请您在本站办理出（入）境及检疫手续。根据中华人民共和国海关规定，请将您的全部手提物品带下飞机，接受海关检查。对遗留在飞机上的、未经海关检查的行李物品，将由海关人员处理。（国际段：交运行李的海关手续将在××办理。）

（我们将在××更换机组。）感谢您与我们共同度过这段美好的行程！（我们再次感谢您在航班延误时对我们工作的理解与配合。）

③国际航班（国际经停）。

女士们、先生们：

飞机已经降落在××机场。（当地时间××月××日××点××分）外面的温度为××。飞机还需要滑行一段时间，请保持安全带扣好，不要打开手提电话。等飞机完全停稳后，请您小心开启行李架，以免行李滑落发生意外。

到达××的旅客，请您准备好护照及全部手提物品到候机厅办理出（入）境手续，您的交运行李请在到达厅领取。

继续前往××的旅客请注意：

飞机在这里大约停留××小时。当您下机时，请向地面工作人员领取过站登机牌。请您在本站办理出（入）境及检疫手续。根据××海关规定，请您将您的全部手提行李带下飞机，接受海关检查。对遗留在飞机上的、未经海关检查的行李物品，将由海关人员处理。交运行李的海关手续将在××办理。

（我们将在××更换机组。）感谢您与我们共同度过这段美好的旅程！（我们再次感谢您在航班延误时对我们工作的理解与配合。）

（21）终点站落地。

①国内航班。

亲爱的旅客朋友们：

欢迎您来到××！现在机舱外面的温度××。

飞机还需要滑行一段时间，请保持安全带扣好，不要打开手提电话。等飞机完全停稳后，请您小心开启行李架，以免行李滑落发生意外。

到达××的旅客，请您准备好护照及全部手提物品到候机厅办理出（入）境手续，您的交运行李请在到达厅领取。（需从本站转乘飞机去其他地方的旅客，请到候机厅中转柜台办理。）

（我们再次感谢您在航班延误时对我们工作的理解与配合。）

南方航空，伴您一路春风！感谢您选择中国南方航空公司（与××航空公司的代码共享）航班。我们期待再次与您相会，愿南航成为您永远的朋友！

②国际/地区航班。

女士们、先生们：

欢迎您来到××！当地时间是××月××日××点××分，现在机舱外面的温度××。

飞机还需要滑行一段时间，请保持安全带扣好，不要打开手提电话。等飞机完全停稳后，请您小心开启行李架，以免行李滑落发生意外。下飞机时请带好您的护照及全部手提行李物品到到达厅办理入境手续。您的交运行李请在到达厅领取。（需从本站转乘飞机去其他地方的旅客，请到候机厅中转柜台办理。）

（我们再次感谢您在航班延误时对我们工作的理解与配合。）

南方航空，伴您一路春风！感谢您选择中国南方航空公司（与××航空公司的代码共享）航班。我们期待再次与您相会，愿南航成为您永远的朋友！

第二单元 》》》》》》》》

客舱服务工作中的非语言沟通

【实训】

我们陪在您身边

"以客为尊，倾心服务"是东方航空的服务理念。每一个东航人，都时刻把它镌刻于心中。在实际工作中，他们也用实际行动履行着这个真挚的诺言。

2015年5月27日，赵聪慧乘务组（迟迪、杨柳、李钟寰、赵源）执行 MU 5515 航班（虹桥—青岛）。当旅客登机结束，舱门关闭后，乘务组接到机长通知：因上海虹桥国际机场流控，航班至少需要等待四个小时才可以推出。一方面考虑到长时间等待旅客的舒适度，另一方面考虑到机组的飞行时间要符合民航局的有关规定，机长决定让所有旅客下飞机、在候机楼休息等候，全体机组成员回酒店休息等待起飞时间。乘务组第一时间将消息告知了机上旅客。

当旅客一个个走下飞机后，一名坐在32排J座脚踝受伤的轮椅旅客焦急万分，迟迟未能下机，乘务长赵聪慧即刻上前了解情况。原来，该名旅客是东航的银卡会员何先生，他的脚踝刚刚受伤，行走困难，又是自己一人，同时，他也十分担忧航班的后续情况。首先，他行动不便，并不想下机等候，并且上下来回折腾也不利于脚伤的恢复。其次，航班的不确定因素太多，他担心航班延误乃至到最后会取消等情况，恐怕会耽误自己的事情。就在这个时候，乘务员迟迪主动帮助何先生了解乘坐高铁去青岛的班次，最终并没有发现适合何先生的。不一会儿，载机组人员去酒店休息的机组车到了，此时，何先生依然不想下飞机，且感到十分为难。乘务长赵聪慧看在了眼里，对机长说道："机长，你们去休息吧，我留下来照顾何先生。"又转身对何先生说道："您放心吧，我不下去了，就在飞机上陪着您，您就在飞机上好好休息。"话音一落，何先生揪紧的心一下子平复了许多，同时，也被乘务长真诚的话语所感动，红了眼眶。见到此情此景，乘务员们纷纷对乘务长说："姐姐，我们也留在这里，照顾何先生！"

在乘务长的带领下，乘务组放弃了去酒店休息的机会，陪伴在受伤的焦急的旅客左右。其实，她们当天也是一大早出港，并且已经完成了两段航班的任务，也很疲惫。四个多小时的等待，乘务员一直在飞机上陪伴何先生，细心照顾他，还为他准备了点心和饮料。为了让何先生忘记脚踝的疼痛，乘务员不时地陪着何先生聊天，有说有笑。何先生被乘务组的细心呵护所打动，临别时，一直不停地向乘务组表示由衷的谢意。

窥豹一斑，见微知著。无论是谁，无论何时何地，只要您乘坐的是东方航空的航班，您就绝不孤单！因为这里永远站着我们的乘务组，他们用温暖的手和真诚的心，服务您，帮助您，陪伴您。

问题与思考：

1. 此案例中，乘务长是如何践行"以客为尊，倾心服务"的服务理念的？

2. 简要概括一下东航的服务理念，你还知道其他航空公司的服务理念吗？

【知识链接】

一、微笑服务沟通

"微笑服务"是展示最美服务的艺术，一个微笑可以打破僵局，一个微笑可以化解矛盾，一个微笑可以给人温暖。"今天你微笑了吗?"微笑不花一分钱，但能给你带来巨大好处，微笑只要瞬间，但它留给人的记忆却是永远。在客舱服务工作中，难免会出现这样或那样的意外情况，难免会照顾不周，面对情绪激动的旅客、故意刁难的旅客，用微笑比语言表达效果会更好。俗话说："伸手不打笑脸人。"再固执的旅客在笑脸面前也会改变态度。一个自然的、发自内心的微笑会使人备感亲切，彼此间的距离一下子就会拉近很多。点点滴滴细节服务都关乎于情，对于飞机上的乘务员来说，客舱是最能展示服务艺术的舞台。在小小的客舱里，乘务员的一颦一笑、一言一行、一举一动，都能体现出对旅客的关爱，都能展示出对旅客的贴心服务，从而让广大旅客在旅行途中感受民航服务工作带来的愉快。

微笑是世界上最美丽的表情、最动听的语言。微笑服务是民航事业的服务理念之一，也是对员工素质的基本要求。如果让"微笑服务"成为工作的常态，并将"以服务为宗旨待旅客如亲人"的服务理念牢记心中，那么一张张笑脸必将打造出一道亮丽的民航服务风景线。

二、微笑沟通的原则

（一）主动微笑原则

作为一名成熟或训练有素的民航服务人员，在与旅客目光接触的同时，首先要对对方微笑，然后再开口说话表示欢迎或进行交谈，这样会给人彬彬有礼、热情的印象，就会创造一个友好、热情并对自己服务有利的气氛和场景，因此也会赢得对方满意的回报。在与旅客目光接触时，如对方微笑在先，民航服务人员则必须马上还以礼仪微笑。

（二）自然大方微笑原则

民航服务人员微笑时要神态自然、热情适度，最好表现为目光有神、眉开眼笑，才显得亲切、真诚、温暖、大方，使旅客有"宾至如归"的感觉。民航服务人员在服务过程中切忌表演色彩过浓、故作姿态和生硬应付。

（三）眼中含笑原则

一个人是否是开心、真诚的笑，从其眼睛中就能找到答案。例如，各种媒体上的模特、演员，他们能在瞬间让自己美丽的笑脸出现在镜头前。这些笑脸虽然很美，但可能不动人，也不让人觉得亲切，因为他们的眼睛是冷漠的。

（四）真诚微笑原则

民航服务人员对旅客的微笑应该是发自内心的。微笑的目的是欢迎客人的到来，是对自己形象礼仪的展示。因此，真诚微笑，真诚地欢迎旅客，真实地展现自己，会让旅客和自己都得到快乐。

（五）健康微笑原则

微笑应该是健康、爽朗的，自身状况不佳时，即使露出笑脸，也会给人不自然的感觉。一脸病相、倦相时，或微笑时牙齿不洁甚至嘴里有异味，则更难给人留下好印象。要利用一切机会进行体育锻炼，好的身体和形象是 1，其余的都是 0，只有 1 存在，其余的才有意义。

（六）最佳时机和维持原则

民航服务人员在与旅客目光接触的瞬间，就要目视对方展开微笑，此时民航服务人员目光应平视旅客、坦然自信，不可斜视旅客，不可左顾右盼、交头接耳，也不要有羞涩之意。微笑的最佳时间以不超过 3 秒为宜，时间太长会给人假笑或不礼貌的感觉。注意微笑的展开和收拢动作要自然，切忌突然用力启动和突然收拢，否则会吓跑旅客。

（七）一视同仁原则

旅客千差万别，各色各态，但"来的都是客"，必须一视同仁，不能凭外表的差别、主观的好感区别对待。无论是外宾、本地或外地旅客、男旅客或女旅客，都得同等对待，一律待之以微笑，切忌以貌取人。

（八）天天微笑原则

对民航服务人员来讲，微笑应是自然、习惯的表情，为此应让自己保持天天微笑的习惯，不能是今天高兴就微笑，不高兴就不微笑；要养成一到工作岗位，就能抛开一切个人烦恼、不安、不快情绪，振奋精神热情地为旅客服务的习惯。有了良好的微笑习惯，才能让微笑服务进入新的境界。

三、微笑技巧训练

如何拥有发自肺腑的笑容呢？真正的笑容是对称性的微笑，也最能打动别人。

（一）放松肌肉

放松嘴唇周围肌肉是练习微笑的第一阶段，又名"哆来咪练习"的嘴唇肌肉放松运动。这种练习是从低音哆开始，到高音哆结束，需大声地清楚地说三次每个音。也不是连着练，而是一个音节一个音节地发音，发音时需注意嘴形。

（二）给嘴唇肌肉增加弹性

形成笑容最重要的部位是嘴角。如果锻炼嘴唇周围的肌肉，能使嘴角的移动变得更干练好看，就可以有效地预防皱纹生成。

如果嘴角变得干练有生机，整个面部表情就给人有弹性的感觉，就会显得更年轻。伸直背部，坐在镜子前面，反复练习嘴角肌肉最大程度地收缩或伸张。

张大嘴——使嘴周围的肌肉最大限度地伸张。张大嘴能感到腭骨受刺激的程度，并保持这种状态 10 秒。

使嘴角紧张——闭上张开的嘴，拉紧两侧的嘴角，使嘴唇在水平上最大限度收缩，并保持 10 秒。

聚拢嘴唇——使嘴角在绷紧状态下，慢慢地聚拢嘴唇，保持 10 秒。

（三）形成微笑

在放松的状态下，根据嘴形大小练习笑容，练习的关键是使嘴角上扬一致。如果嘴角歪斜，表情就不好看。在练习各种笑容的过程中，你会发现最适合自己的微笑。

小微笑——把两边嘴角一齐往上扬。给上嘴唇上扬的紧张感。稍微露出两颗门牙，保持 10 秒，再恢复原来的状态并放松。

普通微笑——慢慢使肌肉绷紧，把两边嘴角一齐往上扬，使上嘴唇有上扬的紧张感。露出上门牙 6 颗左右，眼睛也笑一点。保持 10 秒后，恢复原来的状态并放松。

大微笑——一边拉紧肌肉，使之强烈地紧张起来，一边把嘴角两端一齐往上扬，露出 10 颗左右的上门牙，稍微露出下门牙。保持 10 秒后，恢复原来的状态并放松。

（四）保持微笑

一旦找到满意的微笑，就要进行至少维持此表情 30 秒的训练。尤其是照相时不能敞开笑而伤心的人，如果重点进行这一阶段的练习，就可以达到较好的效果。

（五）修正微笑

虽然认真地进行了微笑训练，但如果笑容还是不完美，就要寻找哪里出现了问题。如果能自信地敞开地笑，就可以把缺点转化为优点。

缺点 1：嘴角上扬时会歪——两侧嘴角不能一齐上扬的人很多。这时利用木制筷子进行训练很有效。刚开始会比较难，但若反复练习，嘴角就会在不知不觉中上扬一致，形成美丽的微笑。

缺点 2：笑时露出牙龈——笑的时候露过多牙龈的人，往往缺乏自信。自然的笑容可以弥补露出牙龈的缺点。但由于本人太在意笑容的效果，所以很难露出自然亮丽的笑。

挑选满意的微笑——从各种微笑中挑选出最满意的笑容，然后确认能看见多少牙龈，如能看见 2 mm 以内的牙龈，这种微笑就很好看。

反复练习满意的微笑——对着镜子，试着笑出前面所选最满意的微笑。在稍微露出牙龈的程度上，反复练习美丽的微笑。

拉上嘴唇——如果希望在大微笑时，不露出很多牙龈，就要给上嘴唇稍微加力，拉下上嘴唇，保持这一状态 10 秒。

（六）咬筷子训练微笑

（1）用上下两颗门牙轻轻咬住筷子，看看自己的嘴角是否已经高于筷子。

（2）继续咬着筷子，嘴角最大限度地上扬。也可以用双手手指按住嘴角向上推，嘴角上扬到最大限度。

（3）保持上一步的状态，拿下筷子。这时的嘴角就是你微笑的基本表情。能够看到上排 8 颗牙齿就可以了。

（4）再次轻轻咬住筷子，发出"YI"的声音，同时嘴角向上向下反复运动，持续30 秒。

（5）拿掉筷子，察看自己微笑时的基本表情。双手托住两颊从下向上推，并要发出声音反复数次。

（6）放下双手，同上一个步骤一样数"1、2、3、4"，也要发出声音，重复 30 秒结束。

四、其他非语言沟通

要想有效把握国际旅客的客舱服务需求，乘务员必须能够与旅客进行有效沟通。沟通交流主要由言语交际和非言语交际两大部分组成。

客舱非言语交际中应注意服务细节。乘务员在客舱服务中的一言一行都会向旅客发出某种信号，从而影响旅客的情绪，引起旅客的猜测。因此，客舱乘务员在客舱进行非言语交际时应注意每个动作的细节，避免因文化定式而产生误会，引起冲突。

做好客舱的个性化服务是为了进一步贴近旅客的需求，用心去服务，要做好个性化服务就必须聚焦于旅客的个性化需求，正如天合联盟提出的"Caring more about you"。旅客由于国籍、民族、性别、年龄、文化修养、心理素质、社会阅历、嗜好、习俗等的不同，甚至是场合和情绪的不同，需求往往是多样的，有的是对餐食、毛巾、毛毯等的物质需求，有的是对航班、地理信息的需求，有时甚至是一种情绪理解的需求，旅客的需求有时会用语言表达出来，因浅显易懂，乘务员很快就能领会并给予满足，但有时旅客的需求可能是一个眼神、一个动作，甚至旅客自己可能都没有想到。如果我们乘务员能够及时发现并满足，就能极大地提高旅客的满意度。所以，对于乘务员来说，应当不断提升自己的沟通技巧，有效识别旅客需求，用自己学到的知识和信息储备来更好地满足旅客个性化的物质和精神需求。

【案例】

万米高空洗手间罢工之后……

CA985航班16：40从北京起飞前往旧金山。18：40，主任乘务长接到报告，称客舱中有部分洗手间马桶出现故障，21：30，处于停止工作状态的洗手间越来越多，部分污物溢出。

事态紧急：仅12个人的服务团队，还有近6个小时的航程，256名旅客的内急需求，突发故障带来的后果对旅客的影响不言而喻。

主任乘务长马上将该故障情况详细报告机长，并立即召集区域乘务长到位开会，对事态的严重性和存在的危机性做评估。乘务长们商讨后一致决定：所有乘务员全程中止轮休，全员到位，听从统一安排；所有区域洗手间派专人专职来负责管理，落实"一客一提示，一客一清洁"的要求；在洗手间醒目位置放置自制的旅客使用提示卡；为避免进一步堵塞，将所有洗手间内擦手厚纸取出，两舱洗漱篮中的毛巾取出。全面开放头等舱洗手间，以减轻其他区域压力；上舱要重点保障机组的正常使用；抽调两名头等舱乘务员直接加入普通舱服务，填补因管理洗手间造成的号位空缺；做好旅客的沟通工作，避免焦躁情绪出现，维护客舱正常的工作秩序，确保客舱安全；由主任乘务长负责全面信息的汇总及协调，保持和驾驶舱的联系。

所有人员按计划有条不紊地分头做好自己的工作，同时将区域情况作及时沟通协调。宋阳，上舱的乘务长，在得知故障信息的第一时间就出谋划策；常丽、肖燕雯，普通舱的两位年轻乘务长，沉着冷静，将区域管理和服务旅客有效结合起来；柏晓渝，本次航班最年长的"大姐"，充分发挥经验丰富、善于沟通的优势；常琬琼，文静秀丽的外表下埋藏着一颗朴实的心，在与外籍客人沟通不畅时，毫无怨言地清理他们丢弃在马桶内的废纸，耐心地向他们解释；梁晨、程春晓，始终保持着微笑，体现着服务的本质；李奇娜，克服病痛坚持工作；还有徐雅葳，这个瘦弱的四川女孩，主动承担了清理普通舱后部洗手间马桶内污物的工作，她戴上手套，用容器将污物一点一点掏出来，然后再将干净的塑料垃圾袋套好，以供旅客应急小解使用，面对客人复杂而钦佩的目光，她微笑着坦然地一次又一次推开那扇门……

23：30，客人们大部分已经醒来走动，在普通舱开始供餐之前，主任乘务长代表机组向全体客人通报故障信息、采取的措施告知旅客并致歉。广播之后，客舱里有人在询问，有人在走动，有人在看书，但是没有人愤怒指责，也没有喧哗投诉，大部分客人都出奇地镇定。慢慢地，有人在担心乘务员长时间没有休息能不能熬得住……还有人在说：一会儿少喝点儿饮料，别让乘务员那么累……还有人说：我们和你们一起坚持……突如其来的困难将乘务组和236位客人紧紧联系在了一起。

飞机于03：40平安抵达旧金山。落地时，主任乘务长再次代表全体机组成员对所有旅客的理解和支持表示最诚挚的感谢！

11小时30分钟的飞行结束了，旅客告别时，或双手合十，回报以善意，或微笑，或致谢，道一声辛苦，其实他们早已经心意相通。当乘务员真诚微笑着说出感谢与再见时，尽管累了，困了，眼睛熬红了，可是此时此刻，那份欣慰，那份自豪，一切，已尽在不言中……

案例解读： 乘务员清理旅客丢弃在马桶内的废纸，清理普通舱后部洗手间马桶内污物的工作，戴着手套，用容器将污物一点一点掏出来，然后再将干净的塑料垃圾袋套好，以供旅客应急小解使用，面对客人复杂而钦佩的目光，她们微笑着坦然地一次又一次推开那扇门。

【案例】

空姐趴在地上为旅客找丢失的戒指

空姐趴在地上为旅客找丢失的戒指，感动旅客。旅客一有什么事情，就会按亮服务灯，让乘务员过来帮忙。南航空姐刘旺记得，有一次夜间飞行时，一名男旅客的结婚戒指掉了，急得不行，"刚刚结婚半年，戒指里还镶嵌着妻子的名字"。刘旺只能和另一名男乘务员各自拿着一支手电筒，趴在地板上，从飞机的一头一尾相向寻找，"很多人问我们在找什么，但我们也不能声张，只说帮忙找个东西"。最后，刘旺在那个男旅客的前一排座椅下，找到了这枚戒指。空姐用自己的行动诠释了对旅客的个性化服务。

案例解读： 南航空姐趴在地板上、拿手电筒的行为动作诠释了对旅客的个性化服务和关爱。

【案例】

海航"最美空姐"跪地为失助老人喂饭

2015 年 12 月 15 日，南海网记者就此事再次采访了当事空姐樊雪松。

樊雪松介绍，当天她执行由郑州至海口的 HU7302 航班，这是一架 B737-700 型飞机，乘务员座位和旅客是相对的。飞机正点起飞时间是 15：05。那天她像往常一样准备好开始迎客，而特殊服务旅客往往是最先登机的。

樊雪松回忆，这时一名轮椅旅客由地面人员推到舱门口，她立即迎上去搀扶老人，接过老人的登机牌查看后发现他和老伴的座位是 35H、35J，扶起老人时发现他的腿行走不便，她马上查询了旅客信息网，确定 31H 没人坐，于是安排大爷坐在前面的 31H，"我当时考虑坐在前舱既方便老人使用洗手间，又可以随时照顾他。"她说。

扶老人坐好后樊雪松给老人腿上轻轻地盖上了毛毯，并且介绍了呼唤铃以及洗手间的位置。此时她发现老人说话模糊不清，不能准确地表达自己的想法，只能靠手势让其他人理解，这让她对老人的关注度更加提高了。

飞机平飞后正常为旅客提供餐饮服务时，老人坐在第一排，樊雪松看他手不方便主动帮忙打开了刀叉包，并且打开了餐盒。老人刚开始要了一盒米饭，他的右侧身体半身不遂，只能靠左手进食，看到他颤颤巍巍地努力想抬起左手将米饭尽力送入口，却非常艰难。樊雪松询问："大爷，米饭是不是太硬了，我给您换一份面条好吗？"老人用含糊不清的话语说："好。"樊雪松立刻重新拿来一份面条，还问大爷："我喂您吃吧？"此时老人愣了几秒，眼里有些泪光闪烁，随后点了点头。

于是樊雪松蹲在老人身边喂他用餐，没想到刚喂了大爷两口面，大爷突然像孩子一样嘴里还含着面，号啕大哭。哭声引起了周围旅客的关注，樊雪松说："大爷，您别哭，

您怎么了?"老人用肢体语言加上含糊不清地说:"我原来是一名医学教授,由于患了脑梗死,右侧瘫痪。"樊雪松记得,此时旁边的女士说:"那您还是我的前辈呢,您为别人服务了一辈子,自己却得了这病,乘务员还能这么悉心地照顾你,是不是特别感动?"

老人哭得更厉害了,一直哭着。"我立即拿了毛巾帮老人擦鼻涕擦眼泪,我一边给老人擦泪,一边自己也湿了眼眶。接着我喂老人吃完了一盒面条。当得知老人有老伴同行后,这位女士也主动换了座位,让老人夫妻俩坐在一起,并且对我的服务提出了赞扬。后续我们继续关注老人的状态,直至飞机落地后为老人安排轮椅送下飞机。"樊雪松回忆说。

案例解读: 樊雪松面对半身不遂的老人,通过搀扶、跪下来、轻轻地盖上毛毯、打开餐盒、蹲在老人身边喂他用餐、帮老人擦鼻涕、擦眼泪等肢体动作诠释了乘务员对患病老人的大爱。

第三单元 》》》》》》》》》
国际航班沟通技巧

【实训】

空姐想飞国际航线　严过考核"五关"

民航资源网 2014 年 10 月 31 日消息:伴随南航开通兰州—乌鲁木齐—迪拜航线,南航新疆分公司的国际航线通航点已经达到 17 个。南航新疆分公司培训部根据增开航线,及时增加更新国际中短程课程内容。2014 年第 4 期国际航线培训班的 26 名乘务员经过 3 天的理论学习和实操练习,迎来了今天的"过关考核"。

第 1 关　全英文航前协作会

航前协作会由乘务长组织召开,乘务长针对所抽航线进行航前布置,用全英文展示协作内容。小组需根据所抽考核航线进行航前协作会的准备,要求必须结合航线特点、旅客群体特点、过夜要求、安全及服务要点。

第 2 关　向旅客展示个性化服务流程

考核密切结合南航推出的特殊餐食服务,要求为旅客进行特殊餐食的个性化服务流程展示,必须突出南航个性化服务。特殊餐食是南航今年国际航线服务的一大亮点,主要分为宗教餐、健康餐及儿童婴儿餐三大类,以满足不同航线对餐食有禁忌和要求的旅客。从航食研发制作到购票预订再到机上确认，南航设计了特殊餐食的配送流程，特别要求乘务员在配送时进行类别和数量的确认，并在旅客登机时进行座位的确认及提供优先的服务。

第3关　全英文展示葡萄酒的产地和口感

葡萄酒是南航国际经济舱服务一个亮点内容。在餐前和餐中，来自新世界葡萄酒国家的红白葡萄酒常常成为国际旅客的首选。因此，学员在这一环节的考核中，尝试了优雅的葡萄酒推荐及服务的技巧。

第4关　协助旅客填写入境卡

在实操考核中，对国际精英旅客的关注与中转信息的服务，更是让学员深入理解了公司国际化的枢纽建设和服务保障。为做好联程旅客的服务，要求乘务员在飞机下降前帮助旅客填写入境卡，提示当地的 CIQ 规定，还要将到达时间、地面温度、当地时差、下一航班的起飞时间、地面中转柜台与休息室、行李等信息用英文全面地告知旅客。

第5关　向旅客介绍免税品，使用 Pose 机进行销售

空中免税品销售是南航国际航班服务的一项标志性内容。Pose 机实操考核，使学员们在掌握销售流程和 Pose 机基本操作之余，还得学习产品推荐和销售技巧。

全英文协作、特殊餐食服务、免税品销售等考核内容将理论与实践切实地结合起来，在实操考核中英文的服务流程让学员的自身能力有了显著的提高，使学员在今后能更快地融入工作。这对进一步提升旅客满意度和服务质量有很大的帮助，也是对培训部不断创新培训模式，取得成效的最好印证。不断更新的课程内容也标志着乌鲁木齐的西部门户枢纽正在不断地前行。

问题与思考：

1. 国际航班乘务员需要具备哪些能力？
2. 国际航班个性化服务包含哪些内容？

【知识链接】

对于民航服务员来说，和旅客的交流与沟通是民航服务的主要内容之一。而对于国际航班的民航服务来说，旅客来自不同的国家或地区，其自身的语言、文化、习俗等与乘务人员差别很大，这就需要乘务员具备不同文化之间沟通交流的能力。尤其是当前我国航空运输业正在不断开放，国外具有竞争实力的航空公司已经走进了中国市场参与竞争，而服务质量的优劣将直接影响顾客的满意程度，影响顾客是否再次消费，与航空公司参与市场竞争都有直接的关系。乘务员不同文化间沟通交流的能力的提高，对为国际旅客提供更优质的服务具有重要作用。

一、涉外禁忌文化常识

1. 数字忌讳

许多西方国家特别是天主教徒认为"13"是凶险数字，应当尽量避开它。有些人甚至对每个月的"13"日这一天也感到惴惴不安，他们认为星期五也是不吉利的。所以西方人在"13"日（特别是星期五）一般不举行活动，甚至门牌号码、旅馆房号、楼层号、宴会桌号、车队汽车的编号等都不用"13"这个数字，宴会也不安排在"13"日举行，更忌讳"13"人同席共餐。如果"13"日和星期五碰巧在同一天，这一天就被西方人称为"黑色星期五"。

西方人因对战争死亡的恐怖，还忌讳数字"3"，特别是在点烟点到第三个人时，他们往往会面呈难色，有的人甚至会婉拒。

非洲大多数国家认为奇数带有消极色彩；而在日本奇数则是吉祥福星的数字，他们对偶数却不感兴趣。在日本尽量避免"4"和"9"两个数字，因为在日语中"4"与"死"同音，所以日本医院都没有 4 号病房和病床，谁也不愿意躺在"死"号病床上等死。而"9"的发音与"苦"相似，所以也不受人欢迎。海外华侨和港澳同胞中的广东籍人，也忌用"4"做标志，遇到非说"4"不可时，就用"两双"或"两个二"来代替。

2. 食品忌讳

比如，伊斯兰国家和地区的居民不吃猪肉和无鳞鱼；日本人不吃羊肉；东欧一些国家的人不爱吃海味，忌吃各种动物的内脏；叙利亚、埃及、伊拉克、黎巴嫩、约旦、也门、苏丹等国的人，除忌食猪肉外，还不吃海味及各种动物内脏；等等。

3. 颜色忌讳

日本人认为绿色是不吉利的象征，所以忌用绿色；巴西人认为棕黄色为凶丧之色；欧美许多国家把黑色作为丧礼的颜色，表示对死者的悼念和尊敬；埃塞俄比亚人则以穿淡黄色的服装表示对死者的深切哀悼；叙利亚人将黄色视为死亡之色；巴基斯坦人忌黄色，认为黄色是僧侣的专用服色；而委内瑞拉人却用黄色作医务标志；蓝色在埃及人眼里是恶魔的象征；比利时人也忌讳蓝色，如遇有不吉利的事，都穿蓝色衣服；土耳其人则认为花色是凶兆，因此在布置房间、客厅时禁用花色，好用素色。

4. 花卉忌讳

鲜花美丽、健康而又有魅力，使人感受到蓬勃的生机和向上的朝气，在世界范围内都是受欢迎的礼品。但在不同的国度对某些花的含义在理解上也有所区别。如郁金香在土耳其被看作爱情的象征，但德国人却认为它是没有感情的花。对罗马人来说，百合花是美与希望的象征，而对波斯人来说它是纯真和贞洁的表示。荷花在中国、印度、泰国、孟加拉国、埃及等国评价很高，但在日本却被视为象征祭奠的不祥之物。菊花是日本王室的专用花卉，人们对它非常尊重。菊花在西班牙、意大利和拉美各国被认为是"妖花"，只能用于墓地和灵前。在法国，黄色的花朵被视为不忠诚，还忌送菊花、杜鹃花、纸花以及黄颜色的花朵，送花要奇数（13除外），忌偶数。给加拿大人送鲜花不要送百合花。

在国际交际场合忌用菊花、杜鹃花、石竹花、黄色的花献给客人，这已成为惯例。因此，需要特别注意，以免引起不良后果。

5. 图案禁忌

在英国忌用大象、孔雀图案，认为它们是蠢笨的象征。孔雀在我国是喜庆的标志，但是在英国却被看作淫鸟、祸鸟，连孔雀开屏也被视为自我炫耀吹嘘的表现。蝙蝠在我国被看作"福"的象征，但在美国人眼里，它是凶神煞。仙鹤在我国和日本被看作长寿的象征，而在法国却作为蠢汉和淫妇的代称。日本人对饰有狐狸和獾图案的物品很反感，认为它们是贪婪、狡诈的象征。西方人普遍忌讳黑猫。北非一些国家普遍忌用狗作商标，但欧美等西方国家却视狗为神圣的动物、忠诚的伴侣，还常常把它们作为家庭成员向客人介绍。在伊斯兰教盛行的国家和地区，忌用猪作图案，也不用猪皮制品；我国的熊猫，因其外形似猪，也在图案禁忌之列。法国人忌用黑桃图案（认为它不吉利）。德国人的服饰、商品忌用"卐"字图案或类似符号，因为那是纳粹的象征符号。

6. 行为动作忌讳

在使用筷子进食的国家，不可用筷子垂直插在米饭中。佛教国家不能随便摸小孩的头，尤其在泰国，他们认为人的头是神圣不可侵犯的，头部被人触摸是一种极大的侮辱。脚被认为是低下的，忌用脚示意东西给人看，或把脚伸到别人跟前，更不能把东西踢给别人，这些均是失礼的行为。欧洲国家，新娘在婚礼前是不试穿结婚用的礼服的，因为害怕幸福婚姻破裂。还有些西方人将打破镜子视作运气变坏的预兆。另外西方人不会随便用手折断柳枝，他们认为这是要承受失恋的痛苦。在匈牙利，打破玻璃器皿，就会被认为是厄运的预兆。中东人不用左手递东西给别人，认为这是不礼貌的。英美两国人认为在大庭广众中节哀是知礼，而印度人则相反，丧礼中如不大哭，就是有悖礼仪。

二、客舱乘务员跨文化交际中存在的问题

（一）语种及方言多样性带来交际困难

国际民航组织把英语定为民用航空的专门用语，指民用航空的一切文件、通话用语、交际语言等都必须把英语视为第一语言。任何航空公司客舱乘务员的服务用语都应包括英语服务。把英语视为外语的中国乘务员尽管在上机前进行过一些专门的英语语言训练，但

大多数乘务员英语基础较差，英语应用能力，尤其是英语的听说能力不强，有的乘务员根本无法用英语进行口语交际，这严重影响了乘务员与旅客的交际效果。再加上旅客来自不同的国家或地区，有的旅客的母语不是英语，而是法语、西班牙语、德语等语种。语言的多样性对以汉语为母语的中国乘务员来讲，更增加了乘务员与旅客之间的交际难度，有时甚至无法交流。除语际之间的交际难度外，由于中国幅员辽阔，民族较多，不同地区的人带有不同方言，语言交际也时有障碍。

（二）非言语交流不畅

客舱乘务员每时每刻都在进行跨文化交际，处处都需要与旅客进行非言语交际。由于旅客来自不同的国家或地区，他们拥有不同的文化背景、风俗习惯、信仰等，因此他们有着不同的非言语交际方式和行为。即使某些相同的非言语交际行为，它们在不同的文化里也有不同甚至相反的含义。非言语交际方式的不同使原本因语言交际都有一定困难的客舱乘务员与旅客间的交流又多了一道障碍。某些非言语行为的差异，有时还会引起误会，甚至导致冲突，起反作用。

（三）民族文化保护情结

民族中心主义就是按照本民族文化的观念和标准去理解和衡量他民族文化中的一切，包括人们的行为举止、交际方式、社会习俗、价值观念等。每个民族大都习惯按照自己民族的眼光去观察、理解和对待其他民族的文化。民族中心主义在跨文化交际最大的危害就是直接产生交际距离。

（四）交际心理障碍

在客舱交际过程中，尤其是与其他文化旅客进行跨文化交际时，由于客舱乘务员心理上的压力、语言能力的局限、非言语障碍的制约，有的乘务员会高度紧张，进而出现脑胀、言语表达不清、手脚、肢体颤抖等现象。这就在原有的障碍上雪上加霜，交际更难进行。部分乘务员为了避开这种跨文化交际，不敢面对此类情况，干脆选择逃避，请其他乘务员帮助应对。

（五）航空知识缺乏障碍

人们的世俗观念认为乘务员只是在空中提供服务，与地面服务没多大差别，对乘务员的知识要求不需太高。在校学习的民航服务学生对航空知识不感兴趣，认为乘务员只要脸蛋漂亮就行了，对航空理论知识不愿下功夫学习，不注重全面提高自己的综合素质。再者，目前民航服务办学市场混乱，各校办学水平良莠不齐，有的学校没有航空相关学科的师资，根本不具备办民航服务专业的条件，从这些学校出来的学生其航空知识可想而知。出于以上原因，大部分乘务员尽管从事民航业，但相关航空知识了解不多，对旅客提出的航空知识的问题无法解答，进而会在一定程度上影响航空安全。

三、国际航班沟通技巧

（一）提高英语听说表达能力

随着我国民航事业的不断发展，越来越多的国际旅客来到中国，使各航空公司对乘务人员的英语水平要求日益提高，特别是乘务人员的英语听说能力。地道的发音、清楚的表达，以及如何对旅客的要求做出语言上适当的回应，是民航服务英语能力方面的重点内容。空中乘务这一服务职业的特点，要求从事这一职业的人员具有与不同人群良好交流的能力，而英语作为在世界范围内应用最广泛的语言，成为民航服务人员必须熟练掌握的工作语言之一。因此，要想提高与国际旅客的沟通交流效果，准确把握国际旅客服务需求，空中乘务员必须提高英语听力能力和口语表达能力。

（二）注重把握国际旅客客舱服务中的非言语沟通问题

飞机上的旅客来自不同的地区，他们都有不同的文化背景。在不同文化背景下非言语交际方式既有相同性也有差异性。了解不同文化背景下相同非言语交际方式的差异对避免文化冲突，提高跨文化交际能力具有重大意义。

了解不同文化背景下表达相同意义的不同表达方式。不同文化背景下的人们出于宗教信仰、民族习惯等原因，在进行非言语交际的时候即使表达相同意思，其表达方式也各有不同。例如：东方人相互交谈时一般不直视对方，还会因交际双方年龄、地位、性别等因素有所差异，而西方人则希望对方目视自己以示尊敬；在中国文化中点头表示肯定，而在有些国家的文化中点头表示"NO"等。

客舱服务的对象千变万化，乘务员应根据不同服务对象适时调整非言语交际方式，让不同文化背景下的旅客都能体验到温馨的服务，并正确掌握国际旅客通过非言语交际所想表达的意愿。

（三）用旅客本国语言问候拉近距离

用旅客的母语将旅客的姓名、职务称呼出来，这是旅客最开心的事情。对客服务的第一句问候语有特别的意义，对任何国家的客人都用"你好！"来问候，通是能通，但是客人的亲切感和满意度不会太好。如果初次的问候是旅客的母语，那么旅客会感到意外和感激。所以，多学几种语言的问候语十分必要，哪怕只是只言片语，有点差错且显得笨拙也没有关系。如，某年圣诞节期间，值机员为一位德国旅客办理乘机手续，他的姓氏长达18个英文字母，当值机员试着称呼该旅客时，他开始很惊讶，继而非常高兴地说道："很少有人能把我的姓读准，你做到了，很好，国航小姐非常棒！"除此之外，能用旅客母语说"谢谢！"和"再见！"就更理想了。

（四）国际航班旅客服务注意事项

1. 耐心

耐心倾听旅客的抱怨，不轻易打断旅客的叙述，而且不批评旅客的不足。鼓励旅客进行批评，耐心听完他们的倾诉和抱怨。

2. 态度好

旅客有抱怨或投诉说明他们对企业的产品或服务不满，要积极友好地处理，否则会使他们情绪受到影响，恶化乘务员和旅客关系，态度诚恳能够降低旅客的抵触情绪。

3. 动作快

面对旅客提出的需要，乘务员应该立刻予以解决，手脚应麻利，不丢三落四，争取最短时间内达到最佳效果。

4. 语言得体

旅客在反映问题时，有时会言语过激，乘务员在解释时，措辞要注意合情合理，考虑旅客的国情风俗、文化特点，委婉地与旅客沟通。

5. 办法多一点

在处理旅客投诉和抱怨时，除了积极解决问题外，还可以进行慰问、道歉或者补偿、赠送国际小礼品等。

（五）对不同国家旅客的服务技巧

1. 美国旅客

美国旅客性格大多活泼、开朗、健谈，他们对于机上服务要求不是特别挑剔，易于沟通。乘务员可以与美国旅客分享见闻等共同话题，会赢得旅客的极高赞誉。美国旅客在飞机上喜欢喝酒或者拿出笔记本电脑继续工作，因此，乘务员在酒水服务时，应主动询问旅客需要什么样的酒水，提供及时服务。在旅客工作期间，应轻声细语，以免打扰旅客。

2. 法国旅客

法国人谈吐文雅，热情幽默，他们有耸肩膀表示高兴的习惯。他们在同人交谈时，喜欢相互站得近一些，认为这样显得亲切。谈话过程中经常用手势来表达某种意思，但有的手势和我们的习惯不同。法国人特别爱侃，并善侃。但从不涉及粗俗话题，对庸俗下流的举止极为鄙视。

3. 日本旅客

日本人非常讲究礼节礼貌，在飞机上，日本旅客正戴着耳机看书或者处理文件时，如发现快服务到他的时候，就会早早摘下耳机等乘务员，即使没看到乘务员，只要乘务员轻轻说一声"Excuse me"，他就会迅速摘下耳机，点头致歉之后，立刻送来大大的一个微笑，等着乘务员和他讲话。日本旅客喜欢在飞机上给美食拍照，分享其中的乐趣。

4. 韩国旅客

韩国人非常懂礼貌，在飞机上，如果需要目的地的地址，他们希望乘务员写在纸条上，好让 TAXI 载他去目的地。韩国人爱喝果汁，尤其是那些颜色漂亮的。他们还会问你有没有小点心。若与长辈同桌就餐时不许先动筷子，在用餐完毕后要将筷子整齐地放在餐桌的桌面上。韩国人认为，吃饭的时候不宜边吃边谈，高谈阔论。吃东西时，嘴里发出响声，也是非常丢人的。

5. 英国旅客

英国人不喜欢表露自己的感情。如果你坐飞机，旁边是美国人，他在几个小时里面可能把自己祖宗十八代的事情都告诉你，而如果是一个英国人，你听到的都是彬彬有礼的客套话，最多问问你天气如何，喜怒哀乐不是他们的表达方式。英国人一般不同陌生人说话，情感不外露，也很少激动。

6. 阿拉伯旅客

有一句谚语，说的是"犹太人的脑、中国人的手、俄罗斯人的胆、阿拉伯人的舌头"，说明了阿拉伯人"舌头"的魅力。阿拉伯民族是喜欢社交的民族，总是喜欢聚在一起喝茶聊天，高谈阔论，舌头灵活。阿拉伯人坐飞机，从飞机起飞直到降落，一般没有一刻停歇的聊天，他们享受聊天的快乐。

【综合实训】　涉外服务与礼仪规范

国际航班上的经济舱服务生

到今年，闫小燕已在天上飞了 24 年，她最得意的事，是"这个职业让我一见到旅客，就像充满了电，没有塌肩驼背的那一天"。

若是搁到别的乘务组，像闫小燕这样级别的主任乘务长，上了飞机后，主要负责为头等舱和商务舱的客人服务，但闫小燕从来不这样做。在人手有限的情况下，她坚持在挤挤挨挨、推车都很难行进的经济舱服务，她的理由是"空间越窄，旅客心理上越可能生出芒刺，越需要高水平的安抚。我的经验能够帮到他们"。

闫小燕特别关照她手下的年轻空姐，教会她们要懂得迎客上机的那一刻就察言观色，明白进来的旅客情绪怎么样。在国际航班上，头等舱和商务舱的客人基本上是级别很高的商务人士，出国飞行对他们来说，就像星期一开车上班一样平常；但对经济舱的客人而言，这可能是他第一次度过那么漫长劳累的飞行时间，表情纠结是常态。正在为下榻地的选择各不相让的中年夫妇，旅途才刚刚开始，满脸就是冷战的阴云。14 岁第一次出国修学的中学生，带着单反准备狂拍外面的云朵，完全不理会旁边女客要求他将遮光板放下来。带着

轮椅进来的残障人士，正为上厕所犯愁。一群60多岁的农村老太太，喜获儿女的赞助，要出国看看西洋景。她们一上来就自来熟地给邻座分发吃食，西装革履的邻座谢绝了她的酥烧饼，大娘就一脸惶惑。闫小燕赶紧过去跟她说："烧饼可以等一会儿再分，您放心，这里有很多人会英文，您不用担心入境英文表格没有人都您填。"

闫小燕回头就叮嘱手下空姐："待会儿分发口香糖和鱼片干时，D区戴红帽子的那组老太太，多发点给她们。第一次坐飞机，不习惯，耳鼓会胀得难受，一定要劝她们多多咀嚼，平衡耳膜两侧的压力。要跟她们解释清楚。"

紧张的服务一拨跟着一拨，演示安全须知，分发饮料，回收饮料杯；分发午餐，回收午餐托盘；做跨越大洋的地理与风情介绍；再次分发饮料，调暗灯光，安排一部分客人休息，而另一部分客人观看电影；乘务员补妆，准备为旅客表演一个半小时的节目，闫小燕率先戴上了鸡蛋花串就的花环，换上一双大半号的鞋子……经过数小时的站立和行动，几乎没有机会坐下休息的她，已经感到鞋子发紧，勒得脚背生疼。虽然已经十分疲惫，但一走出准备间，闫小燕马上如一名精神焕发的夏威夷导游一样，欢快地击掌调动旅客的情绪，一面唱歌，一面惟妙惟肖地跳起草裙舞。

因为突来的雷雨云，让闫小燕她们的表演中断了20分钟。此刻，驾驶室里传来机长的传呼，闫小燕迅速要求站起来观摩表演的旅客赶紧坐回去，面不改色地让他们系好安全带，在飞机避过雷雨云之前，不能随意走动。尽管闫小燕的声音波澜不惊，她还是在一位临窗拍照的旅客脸上瞄到了恐慌，便迅速来到她面前："没关系，你看到的闪电在飞行中很常见。机长正在研究如何避过雷雨带，你很快就能看到晴天和棉花糖一样的白云。"

旅客问："你们以前爬出雷雨带，最顺利时花了多长时间？"

"七分半。"

闫小燕听到周围窸窸窣窣的不安安定了下来，热烘烘的空气中有了一丝幽凉。辅导旅客填写入境表格很顺利，因为这是飞往美国夏威夷的航班。就在一周前，闫小燕还被调去飞往欧洲的航班服务，遇见一位孤身离家的老人，一句德文也不会，只是凭着一腔母爱，在79岁的年纪要到德国去探望她生病的女儿。就在临行前，老人刚买了一本德文大辞典，一路都在担心这些绕舌头的单词怎么念，为了让她安心，闫小燕利用零零星星的休息时间，替她制作了20多张日常会话卡片，包括怎样转机、怎样叫出租、怎样找厕所和怎样点菜，在德文注释的旁边，闫小燕用滑稽的中文注上了德文发音。

问题与思考：

1. 闫小燕是如何坚守岗位24年的？

2. 作为一名国际航民航服务员，闫小燕是如何做到规范礼仪的？

3. 涉外服务中，乘务员需要做到哪些方面？

4. 如果你是一名涉外乘务员，你觉得你应该具备哪些方面的能力？

第四部分

客舱旅客沟通技巧

【知识目标】 1. 了解头等舱、公务舱、经济舱不同旅客的
特点，有针对性地运用服务技巧。

2. 掌握客舱服务中乘务员与旅客沟通的注意
事项。

3. 掌握客舱旅客沟通技巧。

4. 灵活运用有效处理投诉的沟通技巧。

【能力目标】 1. 运用所学知识灵活处理客舱服务中的各种
投诉事件。

2. 通过客舱服务情景模拟，灵活运用服务沟
通技巧。

【案例导入】

感动客舱　用心服务

2016年2月13日的一场大雪，使烟台机场关闭，所有飞机备降济南、青岛，旅客焦急等待，航班大面积延误。作为民航人，我们更是心急如焚，从早上等到凌晨，一遍遍地刷新着航班动态，期待天气能有所好转，航班可以正常飞行，但最终还是因为天气条件恶劣航班取消。

2016年2月14日，我接到通知，执行烟台飞虹桥的任务。我早早准备好飞行物品，在山航大厦等待开准备会，却又接到飞机延误的通知……在延误了两个多小时后，我们终于接到了可以进场的通知。此时，又出现了新的问题，其中一位组员的时间超时，不能跟我们一起执行飞行任务。我们只有乘务长丛楚云带领的刘思颉、衣涛、赵玉雪一共四名组员，但需面对一百四十多位旅客，其中还包含四位头等舱旅客、四位金卡旅客以及抱婴儿的旅客。并且航程中需要发轻正餐，这更是给我们的飞行出了一道棘手的难题。这对于飞行还不足一百小时的我来说确实是个挑战。

面对这种情况，乘务长丛楚云虽然心急如焚，但没有丝毫的慌乱，她立即与客舱值班的人员沟通，积极做出各种应对措施。最终因为人数不够，只能四人飞行。乘务长丛楚云立即做出任务安排，并强调："即使我们的旅客人数多，也不能松懈，一定要服务到位，安全为主，负起自己的工作职责。在地面等待一天一夜的旅客已经焦躁不安，工作更要细致真诚。"

旅客很快登机，由于人数太多，客舱内的乘务员明显有些吃力。乘务员眼睛盯住应急出口没有丝毫松懈的同时，又要分出精力疏通过道、整理行李。这边行李刚整理出空位置，那边应急出口又坐下了一位旅客，乘务员穿越人海，以最快的速度来到应急出口，向旅客仔细介绍出口的注意事项。

"哎，给我一个枕头！"

"哎，我也要。"

"给我拿两条毛毯，小朋友冷……"

"你给我接杯热水……"

此时旅客还在陆续登机，安全出口、疏通过道的工作还没有完成。我拿出便利贴记下了每位旅客的座位号，一一向每位旅客作出解释。旅客登机结束，每位组员已经是满头大汗，却坚持在客舱内发着毛毯、枕头。我把毛毯递给一位年龄较大的奶奶，说："奶奶，您好，您的毛毯，我给您盖一下吧，这个靠枕给您靠一下。"奶奶握着我的手说："丫头，看你这一头的汗，累吧？"虽然当时是真的很累，但我依旧微笑着说："不累不累，谢谢您，您有什么需要再叫我。"听了奶奶的话，当时心里特别温暖。组员的努力、旅客的理解，都让这次飞行的我无比感动。此时，与老人同行的先生不断地说着："谢谢，谢谢。辛苦了！"周围的旅客看在眼里，也不断地说："辛苦辛苦，山航的服务态度一直很好！"起飞后的航路天气状况不好，一直在颠簸中，虽只有一个半小时的航程，但是要发轻正餐的，机上有一百四十多位旅客，后舱却只有我们两名组员。这一航程可以说是充满重重困难。头等舱的组员服务头等乘客和金卡乘客，忙得不可开交。此时乘务长来到我们后舱帮助我们一起发餐、发水。我们每人一辆餐车，发餐、发水、收餐、收水，在规定的时间内完成了全部工作。

送客时，我看到之前的那位奶奶拉住乘务长的手不断地说："谢谢，辛苦了，辛苦了。"劳累、委屈都随着这句话烟消云散了。厚道山航，用心服务，以"真情、真挚、真诚"的理念温暖客舱。

问题：

1. 该案例中，山东航民航服务长丛楚云和同事是如何服务航班延误旅客的？
2. 客舱沟通技巧应体现在哪些方面？

第一单元 》》》》》》》》》
客舱旅客沟通技巧

【实训】

2015年9月某日执行 MU 5634（乌鲁木齐—上海）航班，在乘务组全部工作结束后大概在21:10巡视客舱,24 F 的一名旅客问正在巡视客舱的男乘务员："现在飞到哪儿了？"乘务员回答："我也不知道。"旅客对乘务员的回答非常不满，于是张口说："你是、是……啥饭的！"乘务员因为没听清就回头问，旅客当时正看着窗户外面没有理会乘务员。于是乘务员就拉了一下旅客的袖子，继续询问旅客："先生，您刚才说什么，有什么事吗？"于是旅客就说："你是……饭的？你白干这工作的吗？"乘务员听后有些生气，没有很好地控制情绪与旅客发生了争执，最后该旅客要意见卡投诉乘务员，经乘务长努力调节但旅客仍表示不接受道歉。

问题与思考：

1. 此案例中，乘务员在客舱服务时哪些地方做得不对？
2. 客舱服务时，如果乘务员与旅客发生争执，该如何处理？

【知识链接】

一、客舱服务沟通对象

（一）客舱类型

经济舱、公务舱和头等舱在机票价格、限制条件、机舱位置、服务标准、餐食、登机顺序、行李额上都有区别。公务舱介于两者之间。多数航空公司会设有头等舱和公务舱的专用休息室和特殊通道。国内航班上公务舱的客票价格是经济舱的1.3倍，头等舱客票价格是经济舱的1.5倍。头等舱和公务舱行李相对较多，优先上机，餐食也比经济舱丰盛。但是各家航空公司并非所有机型都设置有这三种舱位。

1. 头等舱

头等舱一般设在客舱的前部，座椅本身的尺寸和前后的间距都比较大，长航线甚至会采用平躺式座椅，相对舒适，其价格比经济舱贵，一般多由一些公务人士或商务人士选择乘坐。头等舱的座位宽敞，旅客可以在座位之间处理简单公务或进行小型的休闲娱乐项目。鸡尾酒是免费的，食品更加精美，如果旅客有需求，还可以供应香槟。1 名乘务员只需照顾 10 到 15 位旅客，所以旅客的每项要求都能立即得到满足。

头等舱的优待服务：

（1）办登机手续不用排队，有专用柜台。

（2）有 40 千克的免费行李额（经济舱是 20 千克）。

（3）候机室里有专用休息间、免费饮料等。如果是远机位的话，还有专用的小车接送。

（4）优先登机，优先下机。

（5）在飞机上的座椅更宽，前后的间隔也更大。

（6）饮食比经济舱好。

（7）行李优先卸机提取。

2. 公务舱（商务舱）

一般民用航班提供给旅客的座位分为头等舱、公务舱、经济舱（南航在某些国际航线上还有豪华经济舱）。公务舱的价格是经济舱全价的 130%。

（1）地面上，在机场享受优先办理乘机手续和托运行李（免费 30 千克）。

（2）免费使用公务舱候机室和优先登机。

（3）飞机上，公务舱的座椅要比经济舱的宽大，座位间距也宽敞，乘坐比经济舱舒适。

（4）提供的餐食和饮品也比经济舱好一些。

（5）常旅客会员里程是按照里程的 130% 累计。

3. 经济舱

经济舱是旅行时座位等级较低的一个舱等。经济舱的座位设在从机身中间到机尾的地方，占机身四分之三的空间或更多，座位安排得比较紧密，座位尺寸相对较小，空间有限，但因为价格比较便宜，受到很多旅客的欢迎。

由于旅客购买舱位不同，期望得到的服务质量也不一样，因此客舱服务中，对于每一位乘务人员来说，要针对不同客舱旅客的特点，因人而异，提供个性化服务和特色服务，尽量使每一位旅客满意。

（二）不同机舱服务特点

1. 头等舱

从心理需求角度讲，头等舱旅客在心理上对客舱服务和被尊重的渴望会强烈一些。

因此，为头等舱旅客服务，乘务员需要提供个性化服务，做好细节服务。在旅客登机服务时要积极提供姓氏服务，准确称呼旅客姓氏。在机舱门口迎客的乘务员应根据旅客登机牌上的姓名显示，主动为旅客提供姓氏服务，如"张先生""李女士"等，先引导旅客进入客舱，同时进行自我介绍，为旅客挂衣物，并依次递上消毒热毛巾、迎宾饮料、报纸和拖鞋。预订餐饮、首次餐饮服务和欢送旅客中都要注意使用姓氏服务，让旅客时刻感觉到受尊重。

除此之外，要积极运用沟通技巧，使头等舱服务精益求精，以得到旅客的认可和高度评价。如：放低自己的姿态，用"微笑+崇敬"的目光与旅客交流；积极提供个性化服务，用"殷勤+到位"的服务态度对待；对待头等舱旅客时，不要试图挑战他们的权威，要善于用"赞叹+谦卑"的态度进行沟通交流。

例如，日本航空在头等舱所提供的服务可谓精益求精。无论从座椅的舒适度、客舱配色、餐食的摆放装饰，到每一位民航服务人员的素质，几乎无可挑剔。日航头等舱的餐食标准之高、摆盘之精美、选择之丰富，都是其他航空公司学习的榜样。每次航班中，每一位民航服务人员都带着发自内心的亲切微笑。航班全程，民航服务人员一直坚持定期巡视客舱，并且能够注意到每位旅客的细节需求，英语水平也明显比日本其他航空公司高，服务精神可圈可点。特别是飞机起飞前，所有头等舱民航服务员都会一一向旅客作自我介绍，这一举动带有一丝西式服务的个性化色彩。

2. 公务舱

在公务舱服务，乘务员直接会知道旅客姓名，通常会叫旅客 Ms/Mrs/Mr××。乘务员会笑着问旅客是否会用座椅，如果旅客不会她会耐心地教旅客使用。商务舱的座椅可以调成各种角度，脚下面也有一块可以升起来的板子，可以调成一张床的样子。饮食服务上，乘务员会先提供热毛巾给旅客擦手，然后按顺序上饮料/酒、干果，然后是正餐。乘务员会再问旅客吃什么，旅客可以按照菜单点餐，套餐包含开胃菜、汤、正餐、饮料、甜点。

公务舱服务中，乘务员要始终保持微笑服务，呈现尊重旅客得体的姿势，提供适度和快捷的服务，在与旅客沟通时，多用赞美之词，但需不卑不亢。

3. 经济舱

在经济舱服务，一位乘务员通常要服务35名旅客。经济舱空间狭窄，常会出现拥挤现象，并且经济舱旅客多，需求不一样，常会碰到初次乘机的旅客，各种突发状况特别多。作为经济舱服务人员，在心理上更要关心旅客，因空间越窄，旅客心理上就越可能生出芒刺，越需要高水平的安抚。

除此之外，坐经济舱的客人，旅途劳累，乘务员可以提供更丰富多样的休闲方式。例如，马耳他航空公司为飞行伦敦与马耳他的指定航班的经济舱旅客提供免费的头部和足部按摩服务，堪称史上最豪华的经济舱服务。每个航班上都配备了两位专业的按摩师，他们不仅为旅客提供多样的按摩服务，而且提供个性化的头部、颈部及足部按摩服务。客人还可以在按摩过程中戴上耳机享受令人放松的音乐。

此外，航空公司在确保安全的前提下，可以根据旅客的体型特点设置更宽的经济舱座位间距，偏瘦的旅客可以选择间距稍小但价格更低的舱位，偏高、偏胖的旅客也可以多花点钱坐更宽敞些的经济舱座位。

二、客舱沟通语言规范

语言是乘务员与旅客进行交流、沟通的一座桥梁。旅客对航空公司的评价，很大程度上取决于客舱的服务水平。掌握良好的语言表达技巧能很好地提高服务质量。

（一）客舱服务规范用语100句

①欢迎您乘坐南航/东航×××班机。

②请出示您的登机牌。

③我来为您引座。

④请随我来。

⑤我帮您拿行李好吗？

⑥为了使飞机在起飞时保持配载平衡，请您按指定的座位入座。

⑦这是呼叫铃，如果需要我们帮忙，请按一下。

⑧请将您的椅背调直。

⑨让您感到舒适是我们的职责。

⑩请把您的箱子放在行李架内。

⑪基于安全原因过道不能堵塞，您不能把行李放在这儿。

⑫由于机械故障，航班已延误，机械师们正在对飞机进行仔细检查。

⑬由于地面有雾，本次班机将延误约两小时。

⑭由于空中航路拥挤，我们要等待通行许可（才能起飞）。

⑮我们须等待跑道上的冰被清除。

⑯我们的飞机要装完货才能起飞。

⑰我们正在等待几位旅客办理登机手续。

⑱如果有进一步的消息，我们会立即通知你（们）的。

⑲请您回到您座位上，好吗？飞机马上要起飞了。

⑳请在安全带信号消失前坐在座位上，并系好安全带。

㉑飞机马上要起飞了，请不要在客舱内走动。

㉒头等舱旅客的盥洗室/厕所位于前舱，其他旅客的位于后面。

㉓盥洗室/厕所有人。

㉔盥洗室/厕所没人。

㉕您可放下遮阳板，关掉阅读灯，系好安全带，这样您能好好休息一下。

㉖为确保飞行和通信系统的正常操作，请您不要使用手提电话/激光唱机/调频收音机。

㉗我们前方有大雷雨，无法穿越。我们决定返回××。非常抱歉由此给您带来的不便。

㉘我们马上要供应饮料了。请放下您的小桌板。

㉙先生，您想要杯香槟吗？

㉚您想来点热/冷饮料吗？

㉛您是要淡茶还是浓茶？

㉜咖啡还未冲好，来杯热茶好吗？

㉝您想在饮料里放点冰块吗？

㉞小心烫手！

㉟您喜欢直接喝威士忌还是加冰块？

㊱您准备现在用午餐吗？

㊲我们马上给您提供正餐，这是菜单。

㊳您想要吃什么？烤牛肉还是熏火腿？

㊴我们机上配备的餐食既有中式口味也有西式口味。

㊵我们有多种菜肴供您选择。

㊶先生，您还要点别的什么吗？

㊷您要什么样的牛排？嫩点的、适中的，还是老点的？

㊸对不起，鱼没有了。您能换一道菜吗？我们有鸡……您想来点吗？

㊹这是您的小菜，这是您的牛排，请慢用。

㊺对不起，让您久等了。

㊻您能喜欢这道菜我非常高兴。再来点吗？

㊼您对这顿饭还满意吧？

㊽您介意我把这些东西拿走吗？

㊾您可以就如何提高机上质量给我们提些建议吗？

㊿这是本次航班的纪念品，希望您能喜欢它。

(51)您买点机上免税商品吗？

(52)请您让开过道好吗？以便让其他旅客通过。

(53)如果您需要任何帮助，请按呼唤铃；如果您想阅读，请打开阅读灯；如果您需要休息，可以按住座椅扶手上的按钮，身体向后仰，放倒座椅靠背。这是通风孔，您可以把它向任意方向调节，或向右旋紧关闭。

(54)我理解您，我替您去看看是否有空座位，请您暂时坐在这个座位上。

(55)根据最新规定您可以升舱，不过要付差价。

(56)请您配合一下，不要把行李放在紧急出口旁边。您可以把它放在座位下面。

(57)对不起，请回到座位上，飞机马上起飞，厕所暂时停用。

(58)请您把孩子抱在安全带外面，孩子会舒服些。我们有加长的安全带。

(59)对不起，请你们几位谈话声音小些，以免影响其他客人休息。

(60)起飞后您可以使用手提电脑，但飞机下降时请关闭。

(61)几分钟之后我们将提供饮料（快餐、餐食），请放下您前面的桌板。

(62)您想喝点什么饮料吗？我们有矿泉水、橙汁、可口可乐、雪碧等，您喜欢哪一种？

(63)您喜欢淡茶还是绿茶？

(64)对不起，我们服务时您睡着了，没有叫醒您，现在您想喝些什么？

(65)您预订的牛排烤几成熟？嫩些、中等，还是老些？

(66)我们可以为您提供素食，飞机上备有素食。但您在订票时提出申请会更有帮助。

(67)哪位旅客预订了犹太餐（素食、儿童餐）？

(68)您需要多少牛奶？您觉得牛奶热吗？

(69)是的，我们飞机上有摇篮，但您要换到前客舱就座。

(70)当安全带信号灯亮起来的时候，比如飞机颠簸时，您应该把孩子从摇篮中抱起，抱在怀里，系好安全带。

(71)您需要给孩子换尿布的话，请到洗手间，里面有一个小桌板。如果您需要帮助的话，请告诉我们。

(72)您需要买一些免税物品吗？今天航班上的物品品种繁多。

(73)我们的免税商品都是世界名牌，我们可以承诺这些商品都是质优价廉的。

(74)这种商品是中国特产，非常有名，值得一买。

(75)我们接受美元的旅行支票和主要信用卡，比如维萨卡、运通卡、万事达卡、JCB卡等。

(76)打搅一下，落地前请您填写这些表格，以方便您办理海关、移民、检疫等手续。

(77)如果您在填写表格时有疑问或困难请找乘务员，我们很高兴为大家服务。

(78)根据当地政府检疫的规定，严禁旅客携带任何新鲜水果、鲜花、奶制品、肉类、植物种子等入境。

(79)别太紧张，咱们去清洗一下伤口，放松。我去取急救药箱。请用纱布按住伤口，我来调节座位。躺下，休息一会儿。

(80)很遗憾，飞机上没有医生。不过机长已经决定在附近的备降机场着陆。停机坪上有救护车等候，希望您尽快痊愈。

(81)留神脚下，外面在下雪（下雨），当心滑倒。

(82)北京比东京晚一小时，在同一天。

(83)纽约比北京早12小时，但晚一天。

(84)对不起，由于本机场天气状况不好，我们的航班将被延误。我们要等到天气条件好转才能起飞。

(85)由于地面大雾航班将被延误两小时，我们要等到雾消散才能起飞。

(86)由于能见度太低目的地机场已关闭，我们的航班将转航至备降机场并过夜。过夜的食宿安排由航空公司提供。

(87)由于目的地机场罢工，我们将飞往备降机场，预计 50 分钟后降落。

(88)塔台通知我们目前没有停机位，请大家在飞机上等待。

(89)机长通知由于我们遇到强大的顶风，飞机需要在杭州机场加油，预计到达时间将要晚 50 分钟。

(90)有 3 名无人陪伴儿童，年龄分别是 7 岁、5 岁和 4 岁，请你来照料他们。头等舱/经济舱有一名 CIP/VIP/遣返人员，两名旅客订素食/穆斯林餐/犹太餐。

(91)舷梯已经放好。现在您可以拿着行李下飞机了。

(92)对不起，先生，可以让这位老先生/老太太先走吗?

(93)感谢您乘坐我们的班机，希望有幸能再次和您见面。

(94)如果您现在暂不需用餐，我们将在您需要时提供，到时请您按一下呼唤铃，我们将随时为您服务。

(95)对不起，牛肉饭已经没有了，但在下餐开始时，我们会请您优先选择餐食品种。

(96)对不起，您需要的饮料供应完了，但您可不可以品尝一下××饮料，这种饮料味道也不错。

(97)对不起，热食每位旅客仅配一盒，您看给您提供些面包可以吗?

(98)很抱歉，航班由于天气不好延误了，我们会及时为您提供最新消息。

(99)谢谢您给我们提的宝贵意见，我一定会向领导如实反映。

(100)虽然这不属于我的职责范围，但我很愿意为您代劳。

（二）乘务员与旅客沟通的注意事项

①说话不东张西望，看着对方的“三角区”，即鼻子和双眼之间。

②音量适度，不能大声喧哗，语惊四座，也不要凑到旅客身边小声嘀咕。

③注意必须面向旅客，笑容可掬。

④要垂手恭立，距离适当（一般以 1 米左右为宜），不要倚靠其他物品。

⑤举止温文尔雅，态度和蔼可亲。

⑥能用语言讲清楚的，尽量不用手势，若必须用手势，动作幅度不要太大，更不要用手指指人。

⑦要进退有序，事毕要先退一步，然后再转身离开，不要扭头就走。

⑧讲话吐字清楚，声音悦耳。

⑨不议论时政，不随便谈论宗教问题或其他社会敏感问题。

⑩察言观色，若对方已流露出倦意，要尽快结束谈话。

⑪谈话时若遇到急事需要离开或及时处理，应向对方打招呼表示歉意。

⑫不要轻易打断别人谈话，自己说话时也不要滔滔不绝，旁若无人，要给旅客发表意见的机会。

⑬与旅客谈话时要专心倾听，不要表现出不耐烦的样子，或东张西望、似听非听、答非所问，或出现伸懒腰、打哈欠、看手表、玩东西等漫不经心的动作。

⑭称赞对方不要过分，谦虚也要适度。

⑮不能在背后指手画脚，议论旅客。

⑯如果与旅客有不同意见，不要固执己见，蔑视旅客，而要保持协商的口吻与其沟通。

⑰当旅客谈话时，不要旁听，不要随意插话。如果有事要与其中某位旅客谈话，应等对方结束谈话。

⑱因为自己有事想早点结束谈话，但旅客谈兴正浓，这时不要贸然打断旅客谈话，而要抓住客人谈话的空隙，立即接过话茬，表示这个问题留在以后再谈，然后起身告辞，自然地结束谈话。

⑲如果要和旅客谈话，要先打招呼，如恰好遇到旅客和别人谈话时，不要凑上去旁听。如果有急事需要立即与旅客谈话时，应趋前说一声："对不起，打扰一下可以吗？我有急事要告知这位先生。"如果旅客点头答应，应表示感谢。如不想别人知道谈话内容，可以到一边谈，不要靠近旅客耳边窃窃私语，更不能一边对某位旅客私语，一边还不时用眼睛张望其他旅客。

⑳与旅客谈话时，必须集中精力，表情自然大方。尤其运用手势语时必须注意规范和适度，避免给人以手舞足蹈的不良感觉。

㉑谈话时，不要完全正面对着旅客站立，以免互相遮蔽视线，或因上下打量而给旅客一种压抑感和紧迫感。

㉒与旅客谈话时注意自己的身份，不要忘乎所以，谈话内容不要涉及个人隐私，即使谈论工作，也要掌握分寸，不要无休止地一味恭维旅客。

㉓与旅客谈话时，不要对别人进行人身攻击，也不要对他人轻易作出评价。

㉔不要随便解释某种现象，轻率下结论以显示自己内行。

㉕当旅客对某些话题不感兴趣时，应选择恰当时机转移话题，不要突然变换话题，使旅客感到莫名其妙。

㉖谈话时应保持情绪平稳，语气语言要有节制，不要喋喋不休，唾沫四溅。

㉗不要抢旅客的话头，或频繁打断旅客的话语。

㉘在服务中，无论是哪一种服务，乘务员都要注意相互协调，特别是餐饮服务，避免漏送，或将饮料打翻在旅客身上。

㉙旅客下飞机以后乘务员进行最后一次客舱检查，确认旅客没有丢下任何物品，如发现任何遗失物品，请转交地面服务员或失物招领处。

㉚总之，机组成员之间良好的协作是每次航班顺利运作的核心。

三、客舱旅客沟通技巧

（一）有声语言沟通技巧

著名影星奥黛丽·赫本曾说过："如有优美的嘴唇，就要讲亲切的话。"语言美是我们内在素质的体现，也会为我们美丽的外表加分，让旅客产生更加美好的印象。空中服务语言，是指在服务过程中，乘务员借助一定的语音、语调，代表自己或航空公司与旅客进行交流的一种比较规范的，能反映一定文明程度的，同时又比较灵活的口头用语。在对旅客服务满意度的调查中显示，服务语言是旅客对服务质量评价的重要标志之一。在服务过程中，语言适当得体、清晰、悦耳，就会使旅客有柔和、愉快、亲切之感，对服务工作留下良好的印象；反之，服务语言的不中听、生硬、唐突、刺耳，会让旅客难以接受，有可能引起旅客的不满或投诉，给航空公司的信誉带来严重影响。对刚入行的新乘务员来说，要快速掌握空中服务用语并非难事，只要多用心，注意方式方法，很快就会掌握语言技巧。

中国是礼仪之邦，乘务员时常穿梭在各个国家和城市，自己的一言一行不仅代表着自己的形象，更代表了公司形象甚至国家形象。一个连"请、谢谢、对不起"都吝啬说出口的人，是不会得到别人的尊重的，又怎会用服务去打动他人呢？"请"是一种礼貌，是对他人的尊敬；而"谢谢"则是对他人帮助的一种肯定和赞美，是文明的表现；"对不起"则是站在他人的角度考虑问题，是一种对自我正确的认知，是理性大度的表现。这些都是对我们在服务过程中的基本要求。

1. 语音语调

根据统计，语音语调占一个人总体语言的38%，其重要性可见一斑。如果用错语音语调，就有可能改变说话者的初衷。因此，在服务过程中，要注意语音、语调、停顿的技巧，避免歧义的产生。如，在客舱经常会遭遇旅客换位置的情况，此时，一个乘务员顺口问了句："你想怎么换？"乘务员因用错了语音语调，这句话就变成，"你想（第二声）怎么换（第四声）"。显然，这样的语气让旅客觉得乘务员的态度很不友善，后果严重者还会引起旅客的投诉。事实上，乘务员只是想征询旅客的意见，却因用错了语音语调，造成了不必要的误会。这样的例子在实际工作中确有发生。因此，乘务员在服务过程中应尽量少用祈使句。同时，在最后一个字少用"抑"的语调，否则会给人不尊重、不友善和不耐烦的感觉。比较稳妥的做法：乘务员可以在一句话的末字上，尽可能地使用一些"扬"的语调，给人以尊重，同时带有征求旅客意见的感觉，使双方有回旋的余地。由此可见，合理地应用语音语调，配合乘务员毕恭毕敬的态度，至少可以避免不必要的误会，给旅客带来听觉上的享受。同时，体现了乘务员对旅客的尊重。又如在某航班头等舱，一位经常坐飞机的旅客按了呼唤铃，乘务员以为是旅客按错了，马上进入客舱，说话不仅嗓门有点高，而且语气也不耐烦，问："您是有事吗？"再加上后续服务细节不到位，菜汁滴到了旅客身上。以致后来旅客写投诉信道："我是一个经常坐你们飞机的头等舱客人，会不知道使用呼唤铃吗？需要乘务员像教育孩子一样教育我吗？"其实乘务员这句话本身没什么问题，在服务中是经常被使用的，但是与之搭配的语音和语气不合适，以至于旅客认为乘务员的态度不好。可见，控制语音语调在民航服务中很有必要。

2. 多用礼貌用语、称呼用语

首先是礼貌用语。礼貌用语是增进民航服务人员与旅客之间沟通的基石，也是赢得旅客第一印象的关键。在服务过程中，多使用"谢谢"和"请"。"谢谢"并非客套话，而是个很有魅力的词语。正确运用这两个字能使你的语言充满魅力。说"谢谢"必须是真诚的，你确实有感谢对方的愿望时再去说，并赋予它真挚的情感。在旅客道谢时要有回复，回复旅客道谢时的措辞有以下几种："没什么，别客气""这是我应该做的""我很乐意为您服务"；对于"请"字，几乎在任何需要麻烦他人的时候，"请"都是必要的礼貌语，比如"请问""请原谅""请稍候"。在敬语中使用频率最高的也是"请"字。这些用语中的"请"字并非是多余的，有了这个"请"字，话语会变得委婉而礼貌。客舱服务是建立在飞行安全基础上的，在客舱中当我们要告诉旅客影响飞行安全而不允许做的一些事情时，命令性口吻中运用"请"字，就表明你没有凌驾他人之上的意思，而且还会让你显得有素养，使对方非常愿意配合你的工作。如"请您将手机等通信设备调至关断状态。""请您不要抽烟。""请您系好安全带。""请"字的运用体现了你对旅客的尊重。在服务过程中，多说几次"请""谢谢"，旅客不但不会觉得你啰唆，反而会心情愉快，高度评价你的说话水平和服务质量。由于民航的服务工作受到时间和空间的限制，所以基本礼貌用语要简洁、明了。如"您好！""欢迎您乘坐本次航班。""您走好，下次再会。"这些简短的语言，对于旅客而言是充分的尊重，对公司来说影响久远。

其次是称谓，也就是对旅客的称呼。一个得体的称呼，会令旅客如沐春风，既能体现民航服务人员的个人礼貌修养，又能体现其对待旅客的态度，为后面的交流打下良好的基础。在称呼用语中我们可以根据年龄、性别称其为"同志""先生"或"女士"。对男士可称为"先生"，对女性通常称为"女士"。也可根据其年龄差距、性别等具体情况进行分析，然后使用亲属称谓，如"阿姨""老爷爷"。对头等舱的旅客要注意姓氏服务，如王先生、李女士。这样会使他们有受到重视和礼遇的感觉，并能使他们对你的服务给予认可。另外，重要的旅客应在姓氏服务的基础上加上其职务，如王市长、张院长。在称呼对方时要加重语气（认真、清楚、缓慢），称呼完了停顿一下，显出对对方的尊重。这样既能吸引

旅客的注意力，也会使旅客认真地听你说下去。

3. 巧妙语言化解旅客分歧

当我们遇到与乘客有分歧时，一定要注意我们的目的是平息"风波"，而不是解决分歧。一般情况下，不要随便评论双方，即使是某一方讲了一些偏激之词，也不要刻意地帮助另一方，多用劝导式的语言。最合适的方法是只劝停，不评论，进行"模糊处理"。

4. 掌握好说话的速度

乘务员在客舱服务与旅客交流时要注意语速，碰到年纪较大的旅客，其语速比较缓慢，也有可能听力不好，所以乘务员就要配合旅客的语速进行交流。同时，说话应"疾得有利，徐得有力"，意思是，在说话过程中，乘务员的语调要避免平铺直叙，说重要词语时语速要放慢，让旅客能够及时消化乘务员所表达的意思。

5. 沟通过程中使用语气助词应恰当

如旅客提出要求乘务员为他解决问题，乘务员有以下三种回答：A. 回答"那好吧！"B. 回答"好吧！"C. 回答"好！"试想哪一种回答更好呢？A 的回答给旅客的感觉是乘务员比上刀山还难，明显有推诿的意思。B 的回答给旅客的感觉是乘务员不够诚恳，不热心，是在敷衍。C 的回答给旅客的感觉是非常亲切、舒服，即使通过努力乘务员没能解决问题，但旅客也会对乘务员的服务给予充分肯定。

6. 多运用委婉的词语

在客舱服务中，乘务员要多使用委婉的词语。因为要表达同样的意思，稍微转个弯，说得委婉一些，往往就能让旅客很容易接受。旅客最不愿意听到乘务员说"这是航空公司的规定，我也没有办法！"委婉地表达，不仅给旅客留有面子，而且还能避免尴尬事件的发生。如旅客需要一份《新民晚报》，但在航班中已全部发完。此时，可以委婉地告知："对不起，先生。今天的《新民晚报》已经发完，这份《环球时报》也不错，您先看看怎么样？等其他旅客看完，我会协调一下。您看这样行吗？"这类旅客其实不是一定要看某一份报纸，乘务员在婉言拒绝的同时，提供了另一项接近的服务，使旅客感到乘务员并没有忽视他、不尊重他，此时，他能谅解。反之，若乘务员在不考虑旅客需求的情况下，拒绝旅客，则旅客一定觉得乘务员忽视其感受，不给面子，后果不可小觑。

7. 与旅客沟通时要"因人而异"

乘坐飞机的旅客千差万别，使服务的层次和需求也不尽相同。乘务员面对的是不同肤色、不同年龄、不同性别、不同职业、不同性格的旅客，规范化、标准化的服务语言能吸引旅客和打动旅客。乘务员还应学会讲"因人而异"的话，也就是见什么人说什么话。

俗话说：三百六十行，行行需口才。将语言的艺术渗透工作、生活的方方面面，无论事情的大小，得体的语言往往可以化干戈为玉帛。对以语言表达方式为主要服务内容的空中乘务人员来说，服务用语是事关服务质量、服务态度的大问题，认真掌握服务语言是提高服务质量的一大关键。所以，我们不仅要提高自己的说话水平，增强个人的语言魅力，还要让语言为我们树立优秀的职业形象。

8. 学会察言观色

语言是人类表达思想的工具。一个人可以通过语言窥测别人的心理世界，通过语言不仅能把握对方思想的脉搏，而且语言还是有效沟通的关键。乘务员要懂得聆听旅客的语言，从而了解其内心世界的真实想法以解决问题。同时，也要"观色"，观察旅客的举止神态，有时捕捉到的行为举止往往比其语言更能说明旅客的心理需求及问题所在。学会读懂旅客的行为是"观色"的主旨所在。学会"观色"，可以更进一步了解旅客内心的真实想法和需求。在客舱服务中，乘务人员应该积极主动地多次询问旅客的需求，以提供精致的服务，尽量做到不等旅客提出要求就能主动上前为旅客提供帮助。

（二）无声语言沟通技巧

无声语言主要指说和写（语言）之外的信息传递，包括手势、身体姿态、音调（副语言）、身体空间距离和表情等。非言语沟通与言语沟通往往在效果上是互相补充的。有人认为，在人所获得的信息总量中，语言信息占7%，声音信息占38%，而来自身体的语言，主要是面部语言的信息大约占了55%。人们通过表情来表达自己的情感、态度，也通过表情理解和判断他人的情感和态度，这些表情随着人类的进化不断发展、衍变，成为非言语沟通的重要手段。

1. 首语

首语是通过头部活动所传递的信息，包括点头、摇头、低头、仰头、扭头等。大多数国家和地区都有用头部表情达意的习惯。民航乘务人员准确了解和运用首语是非常必要的。如在中国和其他部分国家都是点头表示同意、赞赏，摇头表示否定和遗憾。而在印度、巴基斯坦等国，点头是否定，摇头是肯定。此外，头左右微微摇动表示怀疑或不忍心；扭头常表示怀疑和关切；仰头通常表示勇敢或高傲；后仰通常表示失望或软弱；低头通常表示郁闷、忧伤或顺服。

2. 眼神

在面部表情中，最生动、最复杂、最微妙、也最富有表现力的莫过于眼神了。眼神又称目光语，是运用眼的神态和神采来表达感情、传递信息的无声语言。在形态语言中，眼睛最能倾诉感情、沟通心灵。眼神千变万化，表露了人们丰富多彩的内心世界。不同的眼神可以表达不同的思想感情。

3. 微笑

在所有笑容中，微笑是最坦荡和最有吸引力的。它是诚恳态度的体现，是促进与旅客交流的添加剂。美国"旅馆大王"希尔顿将"微笑服务"作为一项经营策略，每天他对服务员的第一句话是"你对顾客微笑了没有？"他要求每个员工不论如何辛苦，都要对顾客报以微笑，即使在旅店业务受到经济萧条严重影响的时候，他也经常提醒职工记住："万万不可把我们心里的愁云摆在脸上，无论旅馆本身遭受的困难如何，希尔顿旅馆的服务员脸上的微笑永远是属于旅客的阳光。"同样的，在客舱服务中，微笑是乘务员的基本面部表情，是与旅客沟通的制胜法宝。乘务员的微笑不仅代表着一种亲切的态度，也会让旅客对航班的安全和服务保障增添信心。

微笑可以缩短人与人之间的距离，消除心灵上的隔阂，化"冰凉"为"火热"，化"干戈为玉帛"，改变紧张关系，使旅客产生"宾至如归"之感。对于初次乘机的旅客来说，微笑可以消除他们心中的陌生感、恐惧感；对于生病的旅客来说，微笑能缓解他们身体上的不适；对于老年人和小孩来说，微笑可以让他们觉得你是和蔼可亲的，就像邻家女孩；而对于那些怒气冲冲的旅客来讲，你适当的、善解人意的微笑就像一剂镇定剂，能够平息他们心中的怒火。

4. 服饰语

服饰语是通过服装和饰品传递的信息。它能显示人的气质、爱好、精神状态、文化修养、社会职业、生活习惯及民族风俗等。空中乘务人员的着装为制服，制服是一种很特殊的服装，通过一件制服可以看出一个人的职业形象，展现其精神风貌。制服的美不在于单纯的服装款式和质地，而是源于整体的穿着及与之相适的配饰、发型、表情和举止。因此，民航乘务员的服饰代表着自身、航空公司乃至国家的形象，展示着人格、国格和航空公司的信誉和尊严，同时还体现着社会的文明程度、道德水平，反映着民族和时代的风貌。民航乘务员在服饰语方面必须讲究规范、整洁、挺括、协调、适度。既能够让人赏心悦目，又不失端庄和稳重。两人以上的民航乘务员在行走时应自然成队，左肩背包，右手拉箱，不可勾肩搭背地聊天。

5. 发型

男民航服务人员的发型要求比较简单：轮廓分明，样式保守整洁，修剪得体，两侧鬓角不得长于耳垂底部，背面不超过衬衣领底线，前面不遮盖眼部。女民航服务人员长发会按照规定的式样盘好发髻。短发也应打理得干练而精神，额前的刘海不应长过眉毛，后面的头发也不能长过衣领线，头发的颜色不要有夸张的染色和挑染。

6. 仪态语

仪态语是以身体在某场合中，以静态姿势所传达的信息，能够反映乘务员的心理状态和修养。在客舱服务中，主要有站姿、坐姿、蹲姿、行姿。

（1）站姿。要求身体正直，目光平视，将下颌微微收回，表情自然，挺胸收腹。站姿大致有四种：侧放式、前腹式、后背式和丁字步。一般来说男民航服务人员可以采取双腿分开与肩同宽的姿势，双手置于身体两侧，或相握于身后（一只手握住另一只手的手腕）；而女民航服务人员则可以双脚呈丁字步站立，双手交叉轻握悬垂于身前。无论男士还是女士，应尽量避免含胸低头或高昂着头。应注意，两只手插在裤口袋里，身体倚靠墙壁、柱子或桌子会给人懈怠懒散的感觉。

（2）坐姿。要求上体正直，头部端正，双目平视，两肩齐平，下颚微收，双手自然搭放。男民航服务人员坐下时，要挺直脊背让身体重心下垂，两腿与肩部同宽，双手可以自然地放在双腿上。但在与人交谈或做发言时，不要坐满整个椅部，让臀部与椅背略有空隙，大腿和小腿成90度，以表现出男性的练达和自信。女民航服务人员则是膝盖并拢、腰脊挺直，双手自然相叠放在一条腿上，背部直立不能完全倚靠在椅背上，坐满椅子的2/3即可。坐姿有几点是应该注意的：任何时候都不能抖腿、大幅度跷二郎腿、用一只脚在地上打拍子或者双腿分开太大；不要在别人面前就座时出现仰头、低头、歪头、扭头等情况。

（3）蹲姿。主要有高低式、半蹲式等。要求两腿靠紧，臀部向下，使头、胸、膝盖不在同个角度上，以塑造典雅、平稳、优美的蹲姿。

（4）行姿。要求头正颈直，挺胸收腹，两臂自然下垂前后摆动，身体要保持平稳，步态优美，步伐稳健，动作协调，走成直线。走动时，男民航服务人员应表现出内心的自信和阳刚之美，不要把双手背在身后，这样看上去很傲慢。女民航服务人员则应该动作稳健而轻盈，以表现出女性的优雅。出脚和落脚时，脚尖都应指向正前方，千万不要有内八字或外八字的毛病，因为正确的走路姿势还有助于健美。

7. 手势语

手势语是通过手及手指所传递的信息，包括握手、招手和手指动作等。它的主要作用是增强口语表情达意的情感色彩。手势语在客舱服务中的运用：

（1）引导客人入座。如客人登机后，按照登机牌显示的座位位置，引导客人入座。正确的行进引导应五指并拢、手心微斜、指出方向，要先于客人一两步。由于机舱过道空间有限，行走时应与客人步调保持一致，时时注意后面。行至拐角处定要先停下来，转过身说"请这边走"，然后继续行走。

（2）表达乘务人员的情感，使口头语言形象化。如飞机遇到气流在高空盘旋，为了安抚旅客，乘务员在说"请大家不要担心，我们保证飞机能安全到达目的地"时，双手握拳，可以加重保证的语气程度。

（3）用来指不具体对象。如"各位旅客，您的氧气面罩在座椅的上方"，边说边用手进行方向指示。

（4）人们双手各五个手指的屈伸，都能表达某种特定的含义，而在各个国家或地区含义往往不同，用错了会闹笑话，甚至可能导致误会和麻烦。民航服务人员应准确掌握不同手指在各个国家的不同含义。例如，大拇指伸出，在中国表示胜利、佩服，第一、首领等；在日本表示男人、父亲；在美国、荷兰、澳大利亚、新西兰等国家表示幸运；在印度、德国则表示想搭车。拇指向下，在中国一般都表示品德不好、坏或不成功，而在英国和美国，拇指向下表示不同意；在法国表示死了；在印度尼西亚、缅甸等国家则表示失败。应当注意的是：手势不宜过多，动作不宜过大，切忌伸一根手指指人、指路、指物。

第二单元 》》》》》》》》》》
处理投诉沟通技巧

【实训】

国航刘嫚乘务组用真诚致歉化解投诉旅客

2015 年 9 月 22 日，CA1436 航班，重庆到北京。乘务员在服务方法上的瑕疵导致一位陈姓旅客坚决要求投诉。当班乘务长刘嫚先后四次与旅客沟通并致歉，最终得到了旅客的谅解，旅客在下机时主动和乘务组告别并提出以后会继续选乘国航的航班。

第一次道歉：旅客拒绝交流

CA1436 航班的正常起飞时间为 21：00，但出于天气原因和流控，航班延误了 1 小时 40 分钟，在 22：40 才从重庆起飞。由于航班起飞时间很晚，很多旅客改签了其他航班，航班上的旅客不多。在起飞前，坐在 12 排 J、L 座位上的陈姓旅客和严姓旅客自己换到了 11 排 J、L 座位，正在进行客舱安全检查的乘务员立即走上前去要求旅客坐回原位，她提出的理由是"为了保持配载的平衡和客舱安全需要"，当时两位旅客带着不满坐回了原位。这时另一位 19 排的旅客突然自行坐到了 11 排的 B 座。这位乘务员也同样对这位旅客提出了坐回原位的要求，但在旅客飞机起飞前就回去的承诺下，她默许了旅客可以暂坐。当时她怕陈姓和严姓旅客有意见，主动走到他们面前进行解释。不料陈姓旅客情绪非常激动，觉得乘务员在客舱管理上没有一视同仁，高声提出要投诉乘务员，让才参加工作一年的年轻乘务员手足无措。乘务员道歉无果后，报告给了前舱的乘务长刘嫚，刘嫚立即赶过去给旅客道歉，可是也被旅客拒绝了。

第二次道歉：旅客同意相互沟通

飞机平飞后，牵挂此事的刘嫚，亲手做了两杯头等舱的红茶，端到了12排，并请严姓旅客帮忙另换个座位，刘嫚在陈姓旅客身边坐下，把红茶递给他："今天让您旅途不开心了，真的非常抱歉。"陈姓旅客这时不再拒绝交流了，他带着很大的怒气说："你们知不知道我为什么要坐到稍微宽敞点的11排，你们都不肯关注旅客的需求。"原来，这位陈姓旅客患有腰椎间盘突出，又在重庆开了一天的会，再加上航班延误带来的疲惫，他很想能稍微舒服点坐回北京。听到这里，刘嫚心里想：的确是我们的乘务员缺乏服务的技巧和经验，没有看到旅客的状态，也没有细心询问旅客的需求，只是按照规定进行了要求，所以激怒了陈姓旅客。"一定要把服务的欠缺补救回来，让旅客尽量满意"。刘嫚说，"我当时的想法只有这个。"于是，她和陈旅客开始了各种互动和沟通，耐心地倾听了陈姓旅客乘坐航班的故事，原来，陈姓旅客经常乘机，亲自感受了其他航空公司的人性化服务，他觉得乘务员服务工作过于教条、死板，缺乏针对性和人性化，没有站在旅客的角度上考虑问题。刘嫚也用自己多年的服务故事和旅客分享，并在分享中达成了对服务的共识：只有旅客满意的服务才是最好的服务。

第三次道歉：旅客感受乘务组的诚意

由于和陈姓旅客的沟通气氛逐渐融洽，刘嫚再一次把当事乘务员带到陈姓旅客面前进行致歉。（这之前，刘嫚已经先做通了乘务员的思想工作，乘务组的其他组员也用自己的服务经验和当事乘务员分享）这时，陈姓旅客面对道歉的当事乘务员说：你以后要注意服务的方法。刘嫚看到陈姓旅客已逐渐释怀，再次和陈姓旅客进行了交流，希望陈姓旅客能给年轻的乘务员一次服务补救的机会，减少他们工作之初的挫败感，让他们在吸取教训的同时也能有改正的机会。陈姓旅客默不作声，没有当即同意刘嫚的请求。无奈的刘嫚只有暂时放弃了这个想法，后来刘嫚说："其实这件事还有一种做法，也是航班中大多数的乘务长都会采取的做法，那就是，乘务员并没有明显的差错，乘务组会请周边的旅客作证，然后将投诉带回来进行处理。"刘嫚不赞同这个做法，她说："我想做一次尝试，希望能给年轻的乘务员面对问题和解决问题的机会，让他们在服务的实践中锻炼和成长，让他们学到如何关注旅客的需求，而不是死板的流程服务。"

第四次道歉：旅客被乘务长彻底感动

航班到达北京前30分钟，刘嫚再次来到了陈姓旅客的面前，第四次对陈姓旅客进行道歉。这一次，刘嫚没有再提让旅客不再投诉的事情。她说："不管事情解决得如何，作为当班乘务长，我还是有管理责任的，没有及时关注到乘务员在客舱中的表现，也为给旅客带来不愉快的旅途深表歉意。"

接连四次的道歉，让陈姓旅客看到了乘务长和乘务员的诚心，看到了他们想带给旅客真诚服务的耐心。这一次，陈姓旅客主动提出了不再考虑投诉。当陈姓旅客下机的时候，主动和乘务组告别，甚至还提出以后会再次选乘国航的航班。

CA1436航班四次致歉的服务故事，在带给旅客真诚服务的同时，也让年轻的乘务员获得了宝贵的补救服务瑕疵的经验。

问题与思考：

1. 此案例中，乘务长刘嫚是如何处理旅客投诉的？

2. 客舱服务中，遇到旅客投诉应该如何妥善处理？

【知识链接】

旅客投诉管理，又称售后服务投诉管理，是一项集灵活性和技巧性于一身的敏感性话题，在当前各航空公司的发展进程中，处理投诉往往比较棘手，各航空公司也有各自的特色。

为了做好旅客投诉工作，化解旅客的不满情绪，使处理投诉的工作者在旅客投诉处理工作中，减轻劳累、减少失误，提高技巧，提高处理投诉的灵活性和艺术性，增进旅客的理解和信任，使航空公司和旅客之间都能建立成为相互信任的亲朋好友的关系。因此遇到客舱旅客投诉，要积极进行沟通，及时处理问题。

一、旅客投诉的原因

航空运输服务投诉是航空运输消费者对航空运输服务质量的反映，虽然在庞大的航空客货运输量面前投诉量显得微不足道，但是它会对航空运输企业和民航业带来不可小视的消极影响。因此，需要对航空运输服务投诉所产生的原因进行研究。

1. 航空运输服务的业务因素导致服务投诉

所谓航空运输服务的业务因素，是指航空运输服务提供者在提供服务时，因对业务流程和标准不熟或不按业务规则进行操作，导致其服务质量与消费者的期望出现严重背离的情形。因航空运输服务提供者的业务因素而产生的投诉是构成服务投诉的重要原因之一。例如，在航空运输服务提供过程中，航空公司及机场服务差错、丢失旅客行李，机票销售时违规收取手续费和违规不退票等问题。航空运输服务的服务链比较长、服务环节较多，某一环节处理不当都可能导致服务投诉的出现。

2. 服务补救不当导致服务投诉

与其他服务行业相比，航空运输业具有高风险的特点。因此，为了确保航班安全，航空服务往往受到很多因素的制约。例如，雨雪雷电天气、空域流量控制等往往会造成航空运输服务出现延迟或取消，会使航空运输服务质量大大降低，这时就需要航空公司和机场积极进行服务补救。但在实践中，当发生不正常航班时，航空公司或机场的服务补救往往不能满足消费者的需求，成为航空消费者进行服务投诉的重要原因。实际上，在大多数情况下，航空运输消费者能够对不可抗力而导致不正常航班表示理解，但是不能够理解的是服务补救懈怠和补救失当等行为。

3. 航空运输消费者的航空知识欠缺和错误认知导致服务投诉

航空运输业属于服务性行业，但是与其他一般的服务业相比它又具有显著的特点。例如，高风险属性所导致的人们对安全的重视。因此，为了做到安全、舒适、快速、便捷的飞行，行业规则和航空运输企业往往会对旅客做出种种限制。如果旅客对航空运输规则缺乏充分准确的认识和知识储备，很可能会对航空运输企业和机场的某些措施表示不解。在此情况下，就会导致服务投诉的发生。

4. 航空运输消费者权利意识的觉醒

随着中国法制建设进程的不断推进，人们的法律权利意识逐渐增强。当航空运输消费者在付出相应的代价接受航空运输服务，却得不到预期的服务质量时，就会采取投诉等手段来开展维权活动，以争取自己应有的权益。因此，旅客权利意识的觉醒，也是服务投诉的一个重要原因。

当然，航空运输消费者的个性特征、服务顾客不满的程度、旅客对投诉行为的认知、顾客的文化背景、个人消费水平、政府管制等因素也会对服务投诉产生一定的影响。

二、处理投诉的原则

客舱服务中，会面临旅客的各种各样的问题，严重的还会引起投诉。因此对旅客投诉的处理并没有一成不变的解决方法，但面对旅客投诉把握好以下五个原则，往往能够达到很好的效果。

1. 旅客至上的原则

接到旅客投诉，首先要站在旅客的立场上考虑问题，积极检查客舱服务工作中的不足，作为乘务员要相信，旅客的投诉总是有他的理由，顾客是上帝。有了这种观念，乘务员才能用平和的心态处理旅客的抱怨，并且会对旅客的投诉行为给予肯定和感谢。旅客至上的原则，要求乘务员对投诉旅客施以最高的礼遇，而不能有丝毫的怠慢和无礼。

2. 尊重旅客的原则

乘务员对客服务，首先要做到尊重旅客，不管是头等舱、公务舱还是经济舱旅客，都要一视同仁，不能有偏见，对每一位旅客都要礼貌服务，对旅客提出的要求要及时尽量地满足，多观察、多沟通，让旅客在短暂的航空旅行中感受到家的温馨。

3. 隔离当事人的原则

隔离当事人原则，是指一旦遇到旅客投诉，要尽快做到"两个隔离"，一是将投诉旅客与身边的其他旅客隔离，以免旅客之间相互影响；二是乘务长将乘务员与当事人双方隔离，

避免事态进一步恶化。一方面体现对旅客的尊重，另一方面也能平和旅客的情绪。乘务长要向双方了解情况，以便更好地处理问题。

4. 承担责任的原则

很多乘务员面对旅客的投诉的第一反应是："我是不是真的错了，""如果旅客向上投诉，我应该怎么解释。"一旦有了这种想法和解决问题的习惯，乘务员在接到旅客投诉时会把自己放在旅客的对立面。往往第一句话就会说："如果真是我的错，我一定改正并帮助您解决。"看似很有礼貌，但这却是一个十分糟糕的开头，因为这种说法将自己的角色定位在第三者，而不是代表当事人，同时也不利于缓和旅客激动的情绪。乘务员必须清楚地认识到：旅客既然来投诉根本没有想到自己错了，而是想从你那里得到心理安慰，让你重视他的投诉。

面对旅客的投诉和不满情绪，乘务员应首先向旅客道歉并表示愿意承担责任，表明了态度，旅客的气就已经消了一半了。

5. 息事宁人的原则

息事宁人的原则，是要求在处理旅客投诉的时候放弃自己的观点，避免将事情闹大的原则。换句话说，息事宁人的实质是自我利益的牺牲和退让，是较高的道德修养和心理素质的一种表现。它有利于缓和紧张状态，是避免激化矛盾的基本原则之一。但是，这种妥协并非是无原则的，而是在先安抚旅客情绪基础上再积极解决问题。

旅客在接受服务过程中的心理状态和需求是不一样的，这就要求我们在工作实践中不断总结和创新。在处理旅客投诉、建议的过程中因人、因时、因境制宜，采取不同的策略与技巧，从而不断提高服务质量，提升旅客满意度。

三、有效处理投诉的沟通策略

客舱乘务员每天都要与不同类型的旅客打交道，要想做到旅客都满意真的很难，往往乘务员的一个表情、一个动作就可以遭旅客投诉，尤其商务旅客对乘务员的服务要求更高。面对不同要求、语言尖刻甚至挑剔的旅客，乘务员要积极运用高效的沟通技巧，耐心认真、沉着冷静，主动地妥善解决旅客的各种问题和矛盾。

（一）快速受理

旅客乘坐飞机是为了方便。在客舱服务时，一旦出现旅客的投诉事件，乘务员要及时受理，密切关注投诉旅客产生纠纷的原因，如遇到飞机晚点，来到客舱中不住抱怨的旅客，乘务员要首先说明情况，口头致歉。"人受一句话，佛受一炷香"，诚恳道歉首先会得到旅客的谅解。如遇到确实对旅客造成很大损失的情况，只有口头致歉显然是不够的，要积极将意见反馈给航空公司，并做好备案工作，以便妥善处理。面对旅客投诉，乘务员应积极受理，代表的是航空公司对旅客的重视程度，迟钝的反应只会加重旅客的不满，增加后续工作处理的难度。

（二）处理方式的选择

不同的投诉处理方式会产生不同的效果。首先，客舱部针对以往投诉案例，诊断、把脉、查找原因，总结出了应对旅客不满"五要五不要"规避投诉原则，在全体乘务员中进行推广，落实到每一位乘务员。什么是"五要五不要"？即：一要观察发现，不要忽略漠视——发现问题；二要倾听询问，不要冒失仓促——搞清症结；三要道歉弥补，不要讲规争辩——处理问题第一步：虚心接受、致歉，切忌同旅客讲公司的规定；四要关注演绎，不要忽视左右——处理问题第二步：有反馈、有动作、有努力过程；五要联系方式，不要侥幸企盼——方便事后跟踪和处理。

（三）处理投诉的技巧

1. 给予互惠减少旅客意见

互惠原理即受人恩惠就要回报，这在所有的社会组织中都是不可缺少的元素，它可以让人们答应一些在没有负债心理时一定会拒绝的请求。随着飞机等待流控时间的延长，客舱出现骚动，各种不满情绪一触即发，这是乘务员经常会遇到的情况。经验丰富的乘务员通过察言观色大概能预测到旅客不满情绪爆发的临界点。与其在旅客开始抱怨骚动时才进行事后安抚，不如防患于未然。比如可以在有多余配备的情况下，先为旅客送上额外的饮料拼果盘或小食品；对于 VIP 旅客，先为其赠送允许范围内的免费里程等。当旅客接受恩惠时，就削弱了其自身的选择能力，产生了予以回报的负债心理，主动权自然转移到施予恩惠的乘务员手里。当乘务员再次广播因流控仍需旅客配合，耐心等待一段时间时，大多数旅客必定会接受。

2. 运用权威效应化解危机

权威效应，又称权威暗示效应，指一个有地位、有威信、受人敬重的人，他的所说所做易引起重视或得到认同，即"人贵言重"。乘务员在飞机起飞前劝说旅客关闭手机电源的确是一件苦差事。有些顽固旅客"誓死不从"，甚至以各种"歪理邪说"予以辩论。在劝说无效的情况下，大可搬出各种权威调查数据、专家言论、典型事例等，以毋庸置疑的口吻告知旅客不关手机，可能导致的安全隐患和严重后果。一方面让处于非权威方的旅客无法否认你的观点，产生一定的信任和恐惧心理；另一方面让其迫于周围旅客对安全的需要而乖乖就范，关闭手机。

3. 急中生智解决短缺现象

物以稀为贵，这便是心理学上的短缺原理。往往"机会越少，价值就越高"，对于你并不感兴趣的东西，一旦变得稀少或缺乏，你会立即产生浓厚的兴趣，这就是短缺原理能够

发挥作用的原因所在。

投影到客舱服务中，乘务员通常遇到的棘手问题是发餐时，二选一餐食的其中之一。数量有限，需要跟旅客逐一解释。遇到较真的旅客，会固执地拒绝其他选择，并引发投诉。这时乘务员巧妙运用短缺原理，会大大缓解服务的不便和尴尬。例如，牛肉饭数量少，而鸡肉饭数量充足。发餐时，乘务员可故意制造鸡肉饭供应紧张的短缺假象，让数量充足的鸡肉饭成为短缺品："不好意思，我们今天的鸡肉饭供应数量有限，请大家尽量选择其他品种。"结果原本打算选择牛肉饭的旅客因鸡肉饭的短缺而产生兴趣选择了鸡肉饭。鸡肉饭的需求大大增加，牛肉饭实际短缺的难题也就迎刃而解了。

4. 移情效应感动投诉旅客

把对特定对象的情感迁移到与该对象相关的人或事物上的现象称为"移情效应"。"移情效应"又包括"人情效应""物情效应"和"事情效应"，通过关心对方最亲近的人来打动对方的心即"人情效应"。

客舱服务中，乘务员一丁点差错就会被一些固执的旅客抓住不放，怎么道歉都无济于事，唯恐不把事情影响扩大。如果掌握了移情效应的心理，乘务员就不必再多费口舌说服这些固执的旅客，而直接从他身边的亲人或朋友"下手"，为他们提供格外殷勤周到的服务，或略施小恩惠，以情感打动他们。当旅客固执己见的时候，他身旁的亲人朋友自然会因不好意思而加以劝阻或说服其放弃投诉。

5. 积极进行有效补救

当对方的失误使自己蒙受某种程度的损失时，人人都希望从失误者那里听到或得到与损失程度相当的道歉或赔偿。如果遭受损失者对道歉或赔偿所期望的心理预期为五分，实际却得到了十分，他便会意外之余欣然领受道歉者的诚意，不仅冰释前嫌，甚至还能得到喜出望外的满意度。

客舱服务中难免会出现一些主观或客观的服务瑕疵，关键在于如何补救。补救及时得当，反而能提升旅客的心理预期，提高满意度。例如，旅客购票时点了素食，但因信息传递不到位，机上并没有配备素食。旅客不满并坚持进行投诉是无可厚非的。一再的道歉或解释都于事无补。怎样消除旅客对公司不负责任的看法，并弥补旅客心中跌至谷底的满意度呢？明智的乘务员会通过后续服务来强力补救。为旅客送上机组水果餐、小食品、点心等可以提供的所有素食；随时重点关注该旅客的需要，及时予以满足；在条件允许范围内为其免费升舱或提供头等舱服务；送上公司小礼品或提供优惠条件；在每次提供服务时微笑着请求旅客的原谅。当旅客从非同一般的殷勤服务中体会到乘务员对此差错的重视，并尽其所能用实际行动加以弥补时，心理满意度也会超过对补救的心理预期，从而给旅客留下公司负责、勇于承担责任的良好印象。

6. 迎合从众心理瓦解危机

心理学上，从众就是随大流，指个人的观念与行为由于群体的引导或压力，向与多数人一致的方向变化的现象。人人都有从众心理，并且个人观点、看法会因从众心理而严重动摇。掌握了这种心理，即可人为制造从众的状态，让人跟从。

例如，航班严重延误，旅客情绪激动，集体不下飞机。能否在不激化旅客与公司矛盾、不动用机场警力的情况下，让此棘手问题得到和平解决呢？这就需要从旅客队伍内部入手。具体步骤是先通过观察，辨识出易说服、易动摇、易拉拢的旅客，单独对其进行心理说服、利弊分析并列出合理补偿条件。一旦其接受规劝，同意下机，其余立场不够坚定的旅客会因从众心理而受其影响，纷纷下机。剩下情绪激动、顽固不化的领头者因势单力薄，自然不成气候，此时再对其进行劝说也就并非难事了。

7. 简明扼要做好提醒工作

心理学中的"超限效应"——刺激过多过强和作用时间过久使刺激效果为零，甚至为负。也就是没完没了地说服会让人产生反感以及口是心非的逆反心理。言简意赅比喋喋不休更具说服力，也更易让人接受或引起反思。

例如：常坐飞机的人可能都有这种体验：乘务员再三重复请大家系好安全带；广播里一遍一遍传出飞机遇到气流而颠簸，请系上安全带的提示。这种单一信息的屡次重复能对你产生有效的刺激作用吗？还是你对此已充耳不闻，完全不予理睬？很明显，大部分旅客已麻木不仁，因此这种信息无疑是无效信息，无丝毫警示作用。不妨试着彬彬有礼地对经屡次提醒仍不系安全带的旅客说："是否对您自身的安全和您的家人负责，完全取决于您！"或者"安全带的作用与救生圈对于溺水者的作用是一样的！"

8. 无理要求坚决不让

欺软怕硬是普遍存在的心理现象。和睦友好的前提是对方也渴望和平、理智讲理。若对方粗俗无礼、欺软怕硬，而你一再忍气退缩、低声下气，只能让对方傲气冲天、得寸进尺。因此，坚持立场、寸步不让，是使对方自挫锐气、不攻自破的法宝。

对那些霸道旅客的无理要求，乘务员若一味退让、卑躬屈膝，只会让对方更加有恃无恐，以欺软怕硬的心理逼迫你做出更多的让步。而客舱安全等问题属于原则性问题，不能丝毫让步。当旅客对类似问题提出无理要求时，乘务员应在保持得当礼仪的前提下，显示坚定的立场及寸步不让的硬气，目光坚定不移、口气不容置疑，这样才能达到坚决否定对方要求的目的。

9. 维护旅客利益

站在旅客角度，维护旅客的利益，让对方占据从孤立到有援的心理优势，是缓解双方冲突、消除对方怒气的最好办法，同时对方易将你视为"自己人"。一旦"自己人"心理

形成后，你会更具说服力，并能得到对方信任。

例如：一个新乘务员在机上出现了服务差错导致旅客勃然大怒，旅客正在气头上，要找乘务长理论。当班乘务长应该怎么做才能尽快平息旅客怒气，避免在周围旅客中造成对公司的不良影响呢？通常的做法是乘务长站在旅客面前一个劲儿赔不是，为犯错的乘务员说好话，但收效甚微。不妨作如下尝试：乘务长径直走到旅客身边，以严厉的语气指责犯错的乘务员，以感同身受的样子夸大旅客受到的损失，替旅客抱不平，并扬言一定上报公司，严厉惩处犯错的乘务员。这种情况下，旅客反而会产生"害他人受罚"的负罪心理，觉得过意不去而偃旗息鼓。

【综合实训】 如何有效处理客舱投诉

航企处理投诉的大学问："对不起"远远不够

对于旅客的投诉，航企应力求对旅客予以亲切友好并有互动性的回复。航企应诚恳道歉，提供更多信息来解释情况，并给予旅客赔偿。

应该没有其他行业会像航空运输业这样频繁地直接面对客户的投诉，并给予答复。航空公司每天要应对无数旅客的抱怨，赔礼道歉对他们来说，已经成为家常便饭。

不管是航空公司，还是美国交通部，抑或是双方同时收到的投诉，几乎都是围绕着航班延误或取消这类问题。航空公司会主动向长时间延误或者受航班取消困扰的旅客赔礼道歉，打消他们回家后投诉的念头。但也有承运人因为没有给消费者实质性答复，而被美国交通部罚款。例如美国西南航空公司去年就因为电脑故障，无法及时处理大批旅客投诉，而被美国交通部罚款 15 万美元。

设立专业团队，分门别类管理。

美国西南航空公司现有 200 名客服专员专门处理旅客投诉。这份入门级基础工作让大学毕业生来做绰绰有余，于是他们雇用了一批英语专业背景为主的毕业生作文字校对修改员。此外，该公司还运用软件来评估不满的客户，对他们进行分级归类。电脑通过检索分析投诉信中的关键词，将投诉人群大致分为四类：感受者、驱使者、表演者、思考者。客户关系代表再根据分类结果，针对不同类型的投诉群体作相应答复。

美国西南航空公司的客户关系负责人韦恩·肖对此解释道："这四类人群的需求各异。例如，驱使者对回复的排版有一定要求，并且以结果为导向。他们希望客服能将情况和理由有条理地一一罗列阐述，而感受者更需要得到心理上的安抚。对公司而言，虽然不同人群的处理手段和方法各有针对性，但在投诉结果上可谓殊途同归。"

美国联合航空公司过去 3 年的投诉率，高居美国交通部对全美主要航空公司统计数据的榜首。该公司共有 450 位客服专员处理一般投诉以及退款。另外，还有 400 名员工负责常旅客业务，100 名员工专门负责答复旅客行李相关方面的信件以及电子邮件。该公司发言人拉圣·约翰逊表示他们的致歉答复会尽量言简意赅，"通常我们对旅客遭遇到不愉快经历致歉的时候，既表达遗憾与同情，又要显得态度诚恳不做作"。

达美航空公司在亚特兰大以及明尼阿波利斯有150名客服专员专门回复旅客邮件，化解旅客的怨气。他们中许多人接受过专门的信件写作培训，并且曾经担任过机场代理，有直接应对旅客的丰富经验。

航空公司会根据复杂性和客户价值分门别类地处理旅客的投诉，像顶级常旅客以及消费大户的投诉能得到优先处理。以航班取消赔偿为例：高级别的客人在投诉后能得到10000英里里程，而级别略低的客户只能获得3000英里里程。

避免千篇一律，彰显道歉诚意。

英国诺丁汉大学经济学院2009年的一项研究报告显示，相对于赔偿，客户更加重视真诚的道歉态度。德国易趣网站曾向600多位对交易产品发表中评或差评的客户表示道歉，并做出7美元以下的赔偿，希望他们撤销自己的网上评价。近45%收到道歉信的客户撤销了自己的中评或差评，而仅有21%收到赔偿金的客户这样做。研究结果显示："公司之所以道歉，是因为道歉的确能影响客户的行为。"

罗森博格女士是来自纽约市的医疗销售主管。她在上个月乘坐达美航班的时候，头部重重地撞到了座椅上方突出的标牌上。她描述称："我当场眼冒金星。"一位民航服务人员给她送来冰块，并称：这种事情屡见不鲜，并非第一次发生。机长还鼓励她去官网投诉。她采纳了建议，并在投诉里特别附上突出座位标牌的照片，期待航空公司能够解决这一安全隐患。然而，达美的客户代表却这么答复她"您本应在我们的航班上有一段美妙的飞行体验，但非常不幸事与愿违。尽管我们的民航服务人员第一时间给你送上冰块，处理您撞到座位标牌受伤后的肿块，但我们仍然感到非常难过。我们将努力维护飞机的清洁、现代化和运营。"

事情发生后一周，罗森博格女士额头被磕伤的肿块仍旧很大。她怒气未消地表示："客服的答复生搬硬套，字里行间显得幼稚可笑，我觉得这根本就不是专门答复我的，而是照抄模板。至于那3500点达美里程积分的赔偿，就像是在打发叫花子一样糊弄我。"实际上，如果道歉方解释的事由与投诉方认定的错误风马牛不相及，那么道歉反而会使问题变得更加复杂，使投诉人旧伤未愈，又添新痛。

在收到罗森博格女士对致歉信的上述反馈后，达美方面又再次出面给了她10000点里程，并愿意提供就医帮助。由于这是首例关于座位标牌伤人的投诉，达美方面表示，会吸取经验教训，进一步研究事发经过，分析潜在的危害。

达美发言人拉塞尔·卡森表示："和过去相比，如今的投诉回复必须更加个性化，有针对性。我们让客服人员参加语言运用方面的培训，增强他们遣词造句的能力，让他们善于辞令，不再使用千篇一律的统一格式回复投诉。同时，允许客户代表们有一定自由发挥的空间，加强他们与旅客的交流互动。今后还将继续努力改进与旅客沟通的语气措辞。"

建立档案库，提高道歉水平。

南俄勒冈大学的英语教授埃德温·巴蒂斯特拉认为，公司道歉答复的通病就是避重就轻，闪烁其词，规避责任。相信不少人都有同感，那就是航空公司的答复就像在糊弄小孩。

他认为，在罗森博格女士的投诉案例中，达美的道歉信与其说是道歉，不如说是在为自己的过失找借口。虽然他们对其受伤表示难过，但根本感受不到公司对自己的行为有任何的歉意，他们不是在了解情况、解决问题，而是试图掌握局面。

他认为，一份好的道歉信涉及三个因素：认错、悔恨和担当责任。不能绕圈子，顾左右而言他，而应该直截了当地承认错误、承担责任，承诺今后对工作的改进，或者给予一定的赔偿。

一方面监管机构有明文规定，关于致残伤害类的投诉须在30天内给予答复，其他事宜须在60天内回复；另一方面航空公司也不得不承认处理旅客投诉是公司运营中至关重要的一环。好的道歉甚至能将愤怒的客人转为公司的忠实顾客。但糟糕的道歉无疑会雪上加霜，让事情恶化。

美国航空公司经过多年的经验积累，建立了答复旅客投诉的图书馆，方便那些客户代表检索并因人而异地给予答复。美国航空公司负责服务补救业务的常务董事约翰·罗曼蒂克表示"我们这样做完全规避制式化的答复，体现个性化的同情与关怀"。同时又能确保规范，并实现答复口径的一致性和正确性。

客户代表们对客户投诉的事宜展开调查，核实情况，并向旅客解释缘由。所有的投诉都记录留档，有迹可循，这样航空公司就能识别出那些打着额外里程数或机票折扣的主意而频繁投诉的旅客。工作人员会把客户的反馈汇编成册，汇报给公司高管，也会把投诉信或者表扬信一并转发给公司管理层和员工。

航空公司应力求给旅客亲切友好并有互动性的回复。他们希望通过诚恳道歉，承认过失，调查研究，提供更多事发时的信息来解释情况，并给予旅客赔偿，比如常旅客里程数等，还可以通过寄给旅客有员工署名的道歉信等一系列举措，来显示诚意，博取旅客的好感和化解他们的怒气。

问题与思考：

1. 美国西南航空公司是如何处理旅客投诉的？

2. 一份好的道歉信涉及哪三个因素？谈谈你的观点。

3. 我国的航空公司应该采取哪些措施，来降低投诉事件的比例。

第五部分

特殊旅客沟通技巧

【知识目标】1. 了解特殊旅客的概念，掌握民航特殊旅客的类型。

2. 根据特殊旅客的不同心理需求，为特殊旅客提供针对性服务。

3. 熟悉服务人员在为特殊旅客服务过程中不同的角色定位。

4. 在服务过程中，能够根据特殊旅客的某些"突发状况"快速作出反应。

【能力目标】1. 能够独立接待特殊旅客。

2. 能够知道不同特殊旅客需求。

3. 能够为特殊旅客提供针对性服务。

4. 能够与不同特殊旅客融洽沟通。

【案例导入】

智障儿子被赶下飞机　王×含泪指控航空公司歧视

新华网报道：久未露面的演员王×日前和某航空公司打官司。王×向媒体诉称，某航空公司洛杉矶飞北京的 CA904 航班机长以安全为由将其 70 多岁老母亲和智力有缺陷的儿子赶下飞机，她认为航空公司此举是对弱势群体的歧视。航空公司发表公开信称：当时王×的孩子情绪不稳定，机组成员已无法控制，为了旅客安全才作出决定，机长的处置是有法律依据的。

王×目前正在北京拍摄电视剧，接受媒体采访时，含泪讲起了自己 70 多岁老母亲和智力有缺陷的儿子被国航机长以安全为由"赶"下飞机的事情。王×称，当日，她 13 岁的智障儿子在外婆的陪同下，凌晨登上从洛杉矶飞往北京的国航 CA904 航班，她给孩子买的是商务舱的票，登机后只是没有立刻坐在位置上，并跑去拉商务舱的隔帘，就被认定为"不安全因素"，要求立即下机，否则就会叫警察。经王×的母亲苦苦恳求后，机长同意他们继续待在飞机上，但必须被罚降舱，即从商务舱转到普通舱，随后又改变说法，仍旧将一老一少赶下飞机。王×说，她曾经带着孩子多次搭乘飞机，一直都很顺利，从未发生过问题，所以她认为这次机长的行为是对弱势群体的歧视。不过，王×也在采访中提到，自己的孩子"从小就怕坐飞机，一坐在飞机上就全身紧张，绷得紧紧的……不敢动。每次都要连哄带骗地让他一上飞机就好好睡觉。"

航空公司则称：孩子登机以后，情绪不稳定，在客舱内来回跑动。孩子年迈的姥姥和机组人员均无法使孩子安静下来。直到 233 名旅客登机完毕，孩子始终都处于高度紧张状态，不能入座，并在楼梯上来回跳动。这样，航班始终无法关闭舱门进入起飞程序。当时的情况已经影响到飞行安全、正点，特别是起飞后，长距离飞行可能危及孩子的自身安全。事实上，当天航班也因此耽误了起飞。根据有关法律规定，机长对航空器与所载人员和财产的安全负责，并有权对影响航空器内秩序以及危及飞行安全的行为和旅客采取必要的措施。鉴于上述情况，当天所采取的行动不仅是对孩子安全负责，也是对其他旅客负责，当时的决定是有法律依据的，请大家理解。

当天，中国智力残疾人及亲友协会表示，王×向他们反映了儿子遭航空公司拒载一事。智残协会认为机长采取驱逐手段是反应过度的表现。他们希望航班机长认真检讨并向当事人公开道歉。王×本人也坚持要求航空公司道歉，并提出两点要求：第一，航空公司澄清当时并不是由于她儿子，而是飞机本身故障造成误点；第二，智障儿童并不是精神病患者，他也有作为旅客的权利，不能把他与其他旅客分离开来，希望国航能承认这一点。

而航空公司在开会研究王×提出的要求后，得出的结果仍是：机长当时"拒载"的决定并没有错，坚持不道歉。王×表示，她将保留上诉的权利，虽然"这一定是件很困难的事"。

第一单元 〉〉〉〉〉〉〉〉〉〉
特殊旅客服务

【实训】

东航就等候轮椅延误事件，登门向桑兰致歉

桑兰遇上了烦心事——2008年11月1日，桑兰乘坐东航MU5181航班从福建返京，落地后因为自己的轮椅没有及时到位，桑兰在飞机上等了半个小时，使乘机前往福州的旅客延长了等候时间。随后有网友将这一过程发布在网上，指责桑兰在飞机上"耍大牌"。桑兰为此连续两天在自己的博客里做出了解释，并向被延误的旅客表示道歉。

事件：等轮椅被指"耍大牌"

11月3日，桑兰在博客中发表了《当轮椅遇上飞机》一文，详细讲述了11月1日自己在首都机场的遭遇。桑兰称，自己一行三人乘东航MU5181航班从福建返京，登机前她就已经向相关人员表示，下飞机时需要乘坐自己的轮椅。没想到飞机落地后，她的轮椅并未如约而至。

"我和我随行一起的三个人傻傻地在飞机上等，经历了清洁队、补充餐食……等来的轮椅却是机场的简易轮椅。"桑兰对自己没有坐这辆轮椅的解释是，"机场的轮椅无法乘坐的原因就是没有保护带（安全带）……轮椅坐垫是软的，靠背也是软的，对于受伤位置高的人来说一旦身体痉挛（腿会因为抽筋而变得僵硬和绷直，这是无法控制的），就容易从轮椅上掉下来，不是我拒绝坐机场的轮椅，而是太危险。"

桑兰称，在等轮椅的过程中，她完全不知道外面发生的情况。"但就在等的过程中外面一个航班（北京飞福州）的人在盼着早点飞福州，我在飞机上却什么都不知道。"等她坐着自己的轮椅下飞机时，看到的却是在登机口情绪激动的旅客们，有人甚至破口大骂。第二天，就有网友发帖指责桑兰"耍大牌"，故意赖在飞机上不走，浪费了上百名旅客的时间。

解释：自己的轮椅更安全

面对旅客的指责，桑兰在博客里满腹委屈地解释说："因为我受伤的程度不是一般的截瘫，位置高，腰腹等部位都完全没有知觉，而对于高位截瘫的人要想坐下来是很难的……我能够好好地坐在轮椅上，感觉受伤不是很严重是因为我的轮椅，这个特制的轮椅可以给

我更好的支撑，让我安全地坐在轮椅上，舒适而且安稳，不用考虑在轮椅上会发生危险。"为了解释得更清楚，桑兰还在博客中用图解的方式向大家说明自己轮椅的特殊构造。

桑兰表示，自己最不愿意坐飞机，因为她觉得大多数国内机场似乎都和轮椅"过不去"，"我曾经在长沙、珠海、南京、沈阳……机场登机、落地出现不顺利，甚至也曾经遭到过白眼"。而她在国外乘坐航班从来没有碰到过这样的困扰，国外机组人员会主动询问轮椅如何安置，要是需要使用自己的轮椅，登机时服务人员会将她抱到座位上，轮椅被安置在飞机货舱，到达目的地后服务人员会第一时间将轮椅拿到机舱门口，再将她抱上轮椅。

桑兰在博客里还提到，其实这次航班从福州飞到北京时已经晚点了，时间并不都是因她而耽误的。但在最后，桑兰仍向被延误的旅客表示了歉意："尊敬的 MU 5182 次航班的旅客朋友们，因为轮椅没有及时送到舱门口的事情，我向你们表示道歉。让大家在那里等待很长时间，我并不是有意想拖延大家登机的时间，因为无法顺利下机给你们的旅程造成了延误，我向大家表示歉意，希望大家给予谅解。"

桑兰在博客中称："有网友在评论中说我有特权。什么叫特权？难道一个人伤残是为了拿到所谓的特权吗？"桑兰特别提到，在飞机上等待轮椅期间，她眼睁睁地看着自己的轮椅被装上行李车拉走了，而地面的工作人员答复机组说，首都机场没有从货舱帮旅客拿轮椅到舱门口的服务，桑兰气愤地表示："我就奇怪了，难道我这一年中有这么多次到首都机场，把我自己的轮椅拿上来是航空公司的施舍？"

桑兰的文章发表后，引起了网友的广泛关注。昨晚，发帖指责桑兰"耍大牌"的那位网友在网上表示，他没有想到自己的帖子竟然引起这么大的风波，他已向桑兰表达了歉意，也希望事情就此结束。

其实，绝大部分网友对桑兰的解释表示理解。网友 Cliusn 认为，事件主要原因还是航空公司的服务做得不够好，国内公共设施对残疾人的关注程度还不够，"真希望能加强这方面的关怀设施，更关爱残疾人"。

说法：航空服务仍需改善

一位业内人士告诉记者，按照规定轮椅只能作为行李进行托运，无法带上飞机，需要轮椅服务的旅客要提前告知航空公司，桑兰的情况属于特例，因身体情况无法使用一般的轮椅，等候轮椅的时间较长才导致下一班飞机延误。中国民航局为方便残疾人乘坐飞机和抵离机场，出台了《北京奥运会（残奥会）残疾人航空运输政策》，在轮椅服务等无障碍方面做了相应的改进；但这位业内人士也坦言，国内航空服务仍需继续改善。

问题与思考：

1. 试分析残障旅客的心理。

2. 如何为残障旅客提供周到、细致的服务？

一、特殊旅客类型

（一）特殊旅客定义

特殊旅客是指在接受旅客运输和旅客在运输过程中，需要给予特别礼遇，或出于年龄、身体状况、精神状况等原因，在旅途中需要特别礼遇和特殊照料的旅客，或在一定条件下才能运输的旅客，不同于一般旅客群体。

（二）特殊旅客类型

就客舱服务的范围而言，特殊旅客包括重要旅客、婴儿及有成人陪伴的儿童、无人陪伴儿童、老年旅客、孕妇、病伤旅客、残障旅客、酒醉旅客、犯人。特殊旅客的服务，需要乘务员掌握不同的心理状态，根据每个人的特点进行服务和沟通；需要乘务员有敏锐的观察力和应变能力，通过细致耐心的服务来满足各种旅客的需求。

1. 重要旅客

重要旅客是指具有一定的身份、职务或社会知名度的旅客，航空公司对其从购票到乘机的整个过程都将给予特别礼遇和关照。重要旅客又分为最重要旅客（VVIP——Very Very Important Person）、重要旅客（VIP——Very Important Person）和工商企业界重要旅客（CIP——Commercially Important Person）。

为重要旅客服务要秉承"尊贵、舒适、方便、快捷"的高端服务品牌精神，为航班不正常情况下的要客提供温馨周到、便捷诚信、细心周全、真诚贴心、快速响应的服务。

【案例】

高端旅客的客舱服务不在多，在于要恰到好处

（凤凰资讯网）民航资源网 2010 年 12 月 1 日消息：在小小的客舱里，我们乘务员要面对面地向旅客提供服务，其中的高端旅客，更是我们乘务员关注的服务人群。高端旅客的服务，目前存在着一些误区，服务不应该仅仅是简单地完成程序化的劳动，更重要的是提供旅客真正需要的服务，这样我们才能得到旅客的认可。

高端服务要避免程序化、呆板的模式

"我正在读报，一位空姐从我身边走过，帮我打开了阅读灯，而我觉得当时的自然光已经足够了，就关闭了它；没想到另一位空姐经过时，又将它打开，我又关闭了；后来每一位空姐走到我这里时，总是热心地帮我打开阅读灯，却没有人问我：帮您打开阅读灯，您需要吗？"CIP（高级商务精英客人）旅客于先生抱怨道。

南航金卡会员李先生无奈地说道："我曾在航班上点过一次牛肉饭。'噩梦'随之而来。近 3 个月的乘机旅行中再未品尝过其他空中美食，除了牛肉饭。"

程序化、呆板的服务模式禁锢了我们的思维，这样的思维已不适应高端客人的服务。

服务就是把规定的动作一丝不苟地做完吗？好的服务就是熟练且有效地执行一切"规定动作"吗？——规定动作只能算作服务的基础，以人为本、个性化服务才是为高端旅客服务的灵魂与内涵。服务可分为功能性服务和心理服务。一般而言，功能性服务是满足客户的物质需求，而心理服务则是满足客户的精神需求，两者有时是不可分割的。

通过观察服饰、语言、行为了解高端旅客的诉求

上中学时老师讲过一个小故事：有一天大雪，秀才、宰相、地主和农民躲到一座庙里避雪，看到这漫天飞雪，秀才就脱口而出："大雪纷纷落地"；宰相想到瑞雪兆丰年，国泰民安，感叹道："全是皇家福气！"地主想到大雪把庄稼地里的虫害都冻死了，来年又能收到很多粮食，大赚一笔，就乐滋滋地嘟囔："明年又是好收成。"农民一听就非常气愤，因为种地的庄稼汉，即使粮食大丰收，仍然要上交繁重的苛捐杂税，到最后还是食不果腹，所以就大骂："放你的狗臭屁！"作文老师讲这个故事，意在告诉学生，写文章要想反映人物性格特征，就需要分析人物的生活背景、身份地位和思想活动，再用适当的语言描写使人物形象丰满、立体，跃然于纸上。

这与我们高端旅客服务有关联吗？我们试想一下，假如时光飞越若干年后，秀才成了教育界的权威；宰相成了要员；地主是金融界有影响的精英人士；农民中了大奖，成了我们的银卡会员。四人同乘一班飞机，那么我们的乘务组该如何开展服务呢？这就需要逆向思考，我们要善于通过观察他们的形象服饰、语言表达、行为动作来了解这些高端旅客的诉求，并一一满足他们。

我们在珠海经常会遇到在澳门博彩回来乘飞机的旅客。按照服务规定，旅客就座后，应为其做自我介绍并提供热毛巾、迎宾饮料、报纸、拖鞋、订餐服务。但是，换位思考一下，作为这类旅客，一般都经过通宵"奋战"，精神高度紧张，眼带血丝，非常疲惫，此时最需要的显然不是按部就班的程序化服务。"请给我一双拖鞋，让我能放松双脚，然后再给我一个安静的环境，零打扰的服务。"几个小时的航程结束，落地后再给其一条热毛巾擦擦脸，送上一瓶小矿泉水或一杯热茶，往往让客人感到很暖心，有宾至如归之感。

服务不在于多而在于恰到好处，以客为本，使之感受到尊重、关照与呵护。较高品质的服务能让客人在享受服务的过程中有满足感和被尊重感，最后产生对这种服务的依恋。

将对服务的理解不断延伸

一次执行航班任务因为在外站长时间地被延误，很多随机物品发放完毕后又没有及时补充，发生了以下的事情：头等舱的一名外籍人士向乘务员索要拖鞋，回答"没有了"；接着又提出"有没有扑克牌？"因发放完了，乘务员只能委婉地笑着回答说"没有了"；旅客十分无奈地又问有没有英文报，因没及时补充……连续回答了3次"没有"之后，乘务长都有些不好意思，毕竟因为这是头等舱应该享受到的服务项目。最后旅客有些愠怒地问道："那你们可以为我提供什么？"乘务长一时也感到头脑发蒙，可又不忍心再拒绝这位旅客，只能硬着头皮，微笑着说："我们尽全力为您提供一份小纪念品，好吗？"真是巧妇难为无米之炊，回到服务台，乘务组一起合计怎么样能给旅客带来惊喜，想到机组餐食中有一个造型别致的巧克力，又考虑到外籍旅客一般喜欢吃甜食，于是把巧克力送给了旅客，果然旅客很高兴，随即美滋滋地吃了起来，同时乘务组自制了一张简单而精美的明信片，再在纸片上用英文写道："虽然今天我们的航班上没能为您提供拖鞋、扑克牌、英文报纸，但请您将我们真诚的笑容带回家。祝您旅途愉快，一生平安！"当乘务组将卡片作为礼物呈送给旅客时，旅客一怔然后惊异："What a supprise! I will keep it forever!"（太惊讶了，我将永远保存！）然后，将卡片放在衬衣的贴身口袋里。——即使是身为服务人员，也被旅客惊喜的表情和满意的笑容深深感染和打动了。

服务不仅是简单地完成程序化的劳动和技能，它还要提供一种情绪和文化，因此，服务是体力加脑力加情绪的高品质的劳动，是一种文化。

随着社会物质文明程度的不断提高，旅客对精神需求也越来越多，对心理服务的需求比重随之攀升，因此，我们对服务概念的理解，还应延伸为"服务即保护客户的自尊并给足客户面子""服务即把正确永远留给客户，只要我们正确对待客户"。个性化的特色服务犹如清风白云般春风拂面，体贴入微的关怀，犹如缕缕阳光，温暖客人的心田。

2. 婴儿及有成人陪伴的儿童

婴儿旅客通常指出生后 14 天—2 周岁由成人怀抱的婴儿；儿童的年龄范围是 2 周岁以上，12 周岁以内。

3. 无人陪伴儿童

航空运输可接受的无成人陪伴儿童是指年龄在 5—12 周岁的无亲属陪同、单独乘机的儿童。

4. 老年旅客

老年旅客指年迈体弱，虽然身体并未患病，但是在航空旅行中显然需要他人帮助的旅客。年龄超过 70 岁，身体虚弱，需要由轮椅代步的老年旅客，应视同病残旅客给予适当的照料。

5. 孕妇

孕妇多指怀孕 32 周以下的旅客。航空公司通常对孕妇乘机制定了一些运输规定，只有符合运输规定的孕妇，承运人方可接受其乘机，怀孕超过 9 个月的孕妇不接受运输。

6. 病伤旅客

身体处于病态，在航空旅行中，不能自行照料自己的旅途生活，需要他人帮助照料的旅客，称为病伤旅客。病伤旅客一般包括担架旅客和轮椅旅客。

7. 残障旅客

由于精神或身体的缺陷（或病态）而无自理能力，其行动需他人照料的人，称为残障旅客，包括精神病患者、肢体伤残、失明旅客、聋哑旅客等。

8. 酒醉旅客

依照《中华人民共和国民用航空法》和《公共航空旅客运输飞行中安全保卫条例》（193 号令）、为保证旅客的生命安全和飞行安全，旅客酗酒或者显示明显醉态，会被拒绝办理登机手续，取消乘机资格。

9. 遣返及在押旅客

遣返旅客是指因不能提供入境国所需有效的相关证件、证明或被入境国拒绝入境所在国责令随即返回出发地的旅客；在押旅客是指被公安部门依法做出拘留、逮捕和收押决定的犯罪嫌疑人，被押解送往异地的过程中乘坐交通工具地的特殊身份人员。

二、特殊旅客客舱服务原则

1. 重要旅客的服务原则

重要旅客购票后，售票单位应及时（最迟在航班飞行日前一天下午 4 时前）将重要旅客的姓名、职务、级别、随员人数、乘坐航班、日期、到达站、特殊服务等情况，通知始发站、中途站和到达站及重要旅客乘坐飞机所属公司的要客服务部门。

重要旅客信息安全保密，尽量缩小知密范围；重要旅客实行专人服务，各级值班领导到现场指挥保障；重要旅客优先于其他旅客；重要旅客服务零投诉；重要旅客服务保障情况留底存档；VVIP 乘坐的航班严禁载送押送犯罪嫌疑人、精神病患者，不得载运危险物品。

由形象气质好、服务意识强、业务技能精通的优秀服务人员为要客提供优质服务，他们应有较强的中、英文交流能力和应急协调能力；热忱、主动服务，站立迎送旅客，手势标准得体，真诚问候，微笑服务；对旅客使用敬语；全程提供姓氏尊称服务，服务姿势优雅；遇航班不正常或其他特殊及突发情况，由地面服务保障部门科室值班领导（至少应是班长以上工作人员）为旅客进行处理，及时报上级领导，并由高端客服经理进行全程跟进。

专用区域内服务人员应全程保持良好的专业形象、饱满的精神状态；室内服务做到"三轻"：说话轻、动作轻、走路轻。巡视时需脚步轻缓；工作时保持轻声细语，动作轻盈，配有无声使用设备；服务员在服务过程中应细心观察，预知客人需求，主动、及时服务，推行循环式不间断服务，实行零呼唤管理；与旅客进行较长时间沟通时，应采取半蹲姿势，确保旅客有舒适的视线角度；为客人服务或沟通结束后，离开时应自然地后退两步再转身离开，以示尊重；对休息室内音量过大或行为不雅旅客进行必要的提醒或有效干预；服务按照先宾后主、先女后男、先身份高后身份低的先后顺序操作。

重要旅客的行李要贴挂"重要旅客（VIP）"标志牌。装卸时，要逐件核对，防止错运、丢失或损坏。始发站和经停站在装卸行李、货物时，要将贴挂"重要旅客（VIP）"标志牌的行李放置在靠近舱门口的位置，以便到达站优先卸机和交付。

2. 婴儿及有成人陪伴的儿童的服务原则

婴儿指旅行开始之日未满两周岁的旅客。婴儿不单独占座位，票价按成人公布普通票价的 10% 计收，但每一个成人只能附带一个婴儿享受这种票价，超过限额的婴儿应按相应的儿童票价计收，可单独占一座位。

儿童指旅行开始之日已年满两周岁但未满十二周岁的旅客，票价按相应的儿童票价计收，可以单独占一座位。

儿童和婴儿的年龄指开始旅行时的实际年龄，如儿童在开始旅行时未满规定的年龄，而在旅行途中超过规定的年龄，不另补收票款。

为了保证旅客的安全，出生没超过 14 天的婴儿不接受乘机。

3. 无成人陪伴儿童的服务原则

无成人陪伴儿童符合下列条件者，方能接受运输：

①无成人陪伴儿童应由儿童的父母或监护人陪送到乘机地点并在儿童的下机地点安排人给予迎接和照料。

②无成人陪伴儿童的承运必须在运输的始发站预先向航空公司的售票部门提出，其座位必须根据航空公司相关承运规定得到确认。

③每一航班最多承担 2 名无成人陪伴儿童。

4. 老年旅客的服务原则

老年旅客是指年迈体弱，虽然身体并未患病，但在航空旅行中显然需要他人帮助的旅客。注：一般超过 70 岁（含）的旅客，为保证旅客安全，提高服务质量，均作为老年旅客运输，给予旅行中的照顾。

如身体虚弱、无自理能力、需要轮椅代步的老年旅客，应视为病残旅客。此类旅客提出乘机申请时，应提供"诊断证明书"和填写"特殊旅客（病残）乘机申请书"。

患有冠心病、高血压、糖尿病、心脑血管病、哮喘等病症及其他不适于乘机病症的老年旅客，一般不适于航空旅行，如提出乘机申请时，应提供适于乘机的"诊断证明书"和填写"特殊旅客（病残）乘机申请书"，否则，航空公司可以拒绝承运。患有上述疾病的老年旅客，如果乘机过程隐瞒病情所造成的后果，航空公司将不负责任（此类旅客运输受严格限制）。

5. 孕妇的服务原则

由于在高空飞行中，空气中氧气成分相对减少、气压降低，因此孕妇运输需要有一定的限制条件，承运方需了解孕妇的妊娠期是否符合乘机规定。

怀孕 32 周或不足 32 周的孕妇乘机，除医生诊断不适宜乘机者外，可按一般旅客运输。

怀孕超过 32 ~ 36 周的孕妇乘机，应提供包括旅客姓名、年龄、怀孕时间、旅行的航程和日期、是否适宜乘机、在机上是否需要提供其他特殊照顾等内容的医生诊断证明。

医生诊断证明书，应在旅客乘机前 72 小时内填开，并经县级（含）以上的医院盖章和该院医生签字方能生效。

预产期在 4 周以内即怀孕超过 36 周的孕妇，或预产期不确定但已知为多胎分娩或预计有分娩并发症者，不予接受运输；产后不足 7 天的女性，原则上不予承运。

6. 病伤旅客的服务原则

患重病的旅客购票应提供医疗单位出具的适于乘机的诊断证明，要确定患病旅客是否适于乘机或对其他旅客有无不良影响，方可确定是否售票。需购联程票时，应取得联程站的同意后，才能售票。

病伤旅客需多占座位时，按实际占用座位数售票，若旅客在飞行途中，临时因病需多占座位，如有空位，可以提供，不另补票。

担架旅客的票价为担架旅客个人票价+担架附加费，除了儿童按 50% 的票价购买外，成人不得使用折扣票价和特种票价。提价附加费：头等舱为一个成人单程全票价，经济舱为两个成人单程全票价。担架旅客需在离班机起飞 72 小时以前订座；每一航班的每一航段限载一名担架旅客；至少有一名医生或护理人员同行；若医生证明不需医务护理，也应由家属或监护人同行。

7. 残障旅客的服务原则

肢体残疾旅客因生理缺陷、身体残疾等因素，有很强的自尊感，同时又有很深的自卑感，往往情绪变化较大，服务上要始终保持耐心、细致，避免引起其情绪波动。

盲人旅客是指双目失明的旅客，每一航班的每一航段上，只限载运两名无成人陪伴或无导盲犬引路的盲人旅客，由座位控制部门负责管理和限制盲人旅客的接收人数。

有人陪伴同行的盲人旅客，只限以成人旅客陪伴同行。该盲人旅客按普通旅客接受运输。

有导盲犬引路的盲人旅客可携带导盲犬乘机，但是具备乘机条件的盲人旅客应向相关部门提供服务犬的身份证明和检疫证明，服务犬和旅客一样，也必须接受安全检查。

8. 酒醉旅客的服务原则

承运人可自行判断，明显给其他旅客带来不快的，不予承运；飞行途中，不适应旅行或影响其他旅客时，机长可令其在下一个经停点下机；上述旅客被拒绝乘机，退票时，按非自愿退票处理。

9. 罪犯的服务原则

运输罪犯旅客时，必须由我国公安部门以及通过外交途径与有关国家外交部门取得密切联系和合作。运输罪犯，必须由运输始发地最高一级运输业务部门审核批准，如需要通过外交途径与有关国家外交部门取得联系和配合时，必须事先请求总局，遵照总局指示办理，且只限在始发地办理订座手续；运输罪犯的全航程，有关部门必须至少有两人监送，监送人员在运输的全航程中，对所监送的罪犯负全部责任。

除了相关的申请外，为了保证每位旅客都能得到悉心的照顾，对每班运送特殊旅客还有数量限制：每个航班对载运轮椅、担架等需要特殊服务旅客的数量有限制，如盲人旅客（包括有导盲犬引路的盲人旅客和无成人陪伴的盲人旅客）或聋哑旅客每班限两位；担架旅客每班仅限一位；对于可以上下客梯，也可以自己进出客舱座位，但远距离前往或离开飞机时，如穿越停机坪、站台或前往移动式休息室，需要轮椅的旅客接收人数不限，其他轮椅旅客每班限两位。

特殊旅客服务应遵循"针对所需，因人而异；彰显平等，保护自尊；体谅体贴，耐心细致；至诚服务，人性关怀"的服务原则。

【实训】

人物：乘务员小李、盲人旅客张先生

地点：北京至青岛的 CA1569 航班

时间：2015 年 6 月 20 日上午 10 时 35 分

道具：餐车、凉茶、雪碧、橙汁、可乐、热茶等饮品、纸杯

事件：无人陪伴的盲人旅客服务

乘务员小李早早地站在舱门处，准备迎接今天的特殊旅客——盲人旅客张先生。张先生在机场服务人员的陪同下，登上了飞机。"您好！张先生，欢迎登机！我是本次航班的乘务员小李！"小李微笑着问候，并轻轻扶着张先生的胳膊，将他引领到座位上。

小李：张先生，我们的服务台就在您座位的旁边，您有什么需要可以随时叫我。

张先生：好的，谢谢你呀！

小李：不用客气，这是我们乘务人员应该做的。

小李：张先生，您需要喝什么饮料？我们这里有凉茶、雪碧、橙汁、可乐，还有热茶，您需要哪一种？

张先生：来杯热茶吧。

小李：好的，您请稍等，我先帮您把小桌板放下来。

（为防止热茶烫手，小王特地使用了两个纸杯）

小李：张先生，您的热茶（细心的小王将热茶递到了张先生的手上）。

张先生：哦，好的，谢谢。

小李：不用客气，张先生，您慢慢喝，过一会儿我再过来给您添加茶水。

实训要求：

将班级学生分组，每组抽取 2 名学生，准备 5 分钟后模拟表演；表演过程可自行创作；表演结束后，由教师组织同学讨论，并作出正确的分析讲评。

民航服务沟通技巧

【案例】

海航关怀无微不至，重病老人中秋节倍感温情

（民航资源网）　2014 年 10 月 10 日消息：近日，海南航空股份有限公司（Hainan Airlines Company Limited，以下简称"海航"）收到了一封满怀深情的感谢信，字里行间表达了一位肺癌晚期重症患者及其亲人对海航的感激之情。

感谢信的作者是一位姓段的肺癌晚期重症患者和其老伴。9 月 14 日，两位老人乘坐海航 HU7363 航班从广州飞往乌鲁木齐。航班晚上 20∶00 起飞，凌晨 1 点多到港。5 个多小时的夜间旅行加上凌晨时间的到达，对于身体健康的人来说都会很疲惫，更何况对于一位年近 70 的癌症晚期重症患者。

"由于是肺癌晚期，行动和呼吸都很困难，该航班飞行时间又长，我们非常担心途中旅程出现不良现象，"两位老人在信中说，"但是，海航机组人员的优质服务让我们愉快地度过了这次漫长的旅程。"

信中说到，当机长王经生、乘务长朱倩及其他乘务员知道他们的情况后，对他们备加关注。本来两位老人的座位是经济舱座位，但是看到老人身体虚弱，刚好头等舱又有空位，为了能更好地照顾他们，机组把他们安排在了头等舱。乘务员们担心病人夜间寒冷，给他们送来被子、温水，每隔一段时间就来看看是否有什么需求，询问是否有什么不舒服。特别是机长，抽出时间几次去看望他们。

当天是中秋节，正是家人团聚的日子。机组人员每人都发了月饼。乘务长卢倩特意拿出了自己的那份，给两位老人送上。考虑到老人岁数大了，卢倩细致地把月饼切成小块，送给老人。在飞机上，老人感受了亲人般的中秋情。

飞机在凌晨到达乌鲁木齐，全体机组人员为他们送别。考虑到时间已经很晚，加上旅客身体虚弱，机长王经生和乘务长朱倩反复询问他们是否有人接，得知他们已经自己安排好后，机组人员还是不放心，便专门安排了轮椅，特意送到站外，看他们安全上车后才放心地离开。

两位旅客在信中说："该航班机组人员的服务精神充分表达了海航的服务宗旨，证明海航对员工的培养是一流的，真正做到了服务第一，一切为了旅客，特别是精心照顾老人、病人等弱势群体的诚心，再次让我们感受到了海航机组人员的品质和敬业精神。"

海航相关乘务人员说，在远离地面的万里高空，旅客就是他们的亲人。即使是健康的旅客，很多人出于紧张等原因在飞机上都会或多或少感到身体不适，更何况是病人，照顾好他们，给他们一个安全、温馨、愉快的旅程是海航所有机组人员义不容辞的责任。

【案例】

山航圆满完成暑运期间"鲁雁宝贝"服务保障

（民航资源网）　2015 年 9 月 30 日消息：山航于 2015 年 7 月 10 日正式推出了针对儿童旅客的服务品牌"鲁雁宝贝快乐行"（简称"鲁雁宝贝"）——无成人陪伴儿童特色服务，以更好地在暑运期间服务无成人陪伴儿童旅客。自 2015 年 7 月 10 日正式推出至 9 月上旬，山航共顺利保障 1 375 名"鲁雁宝贝"无人陪儿童出行，受到旅客广泛好评。

"鲁雁宝贝"特色服务是山航在整合现有资源的基础上，充分收集旅客意见，采用

"互联网+服务"的模式，通过个性化的短信和照片，满足旅客家长及时获知儿童搭乘航班过程动态信息的需求，并为家长提供儿童独自旅行过程的精彩照片，记录儿童成长过程。

据悉，"鲁雁宝贝"特色服务是山航服务部门紧跟市场多元化需求而推出的特色产品。该服务产品主要突出了"全程陪护、专业看护、贴心呵护、可视旅行、珍藏记忆"5个特点。全程陪护包括地面专人陪护乘机，空中专人照顾；专业看护服务主要是为独自旅行的儿童建立专属旅行资料，提供全程乘机记录，让家长掌握儿童单独旅行的过程；贴心呵护方面，儿童旅行过程中可获得儿童读物、玩具、饮料等贴心关爱；可视旅行则为家长提供航班起飞及到达的短信通知并为无陪儿童拍摄独自旅行照片；珍藏记忆服务则在儿童旅行结束后为家长提供无陪儿童旅行照片，满足家长通过图像记录孩子成长的需要。

后续，山航还将不断创新，陆续突出"鲁雁"品牌产品，继续秉承"真情、真诚、真挚"的服务理念，厚道待客，做"仁与礼的使者"，努力打造"顾客首选"的航空公司。

三、特殊旅客服务的其他原则

特殊旅客必须符合一定条件方可乘机旅行。对特殊旅客的服务应该在不影响航班正常的情况下有序地进行，并遵守以下原则：

1. 优先办理

销售部门和机场服务部门应设置专柜或采取其他措施，保证特殊旅客能够优先办理相关手续。

2. 优先成行

任何原因造成部分订妥座位的旅客不能成行时，应优先保证特殊旅客的运输。

3. 优先座位

优先为特殊旅客安排适宜的座位。

4. 优先存放和运输

保证旅客所属的随身携带的辅助设备获得优先存放区域；托运的辅助设备得到优先运输。

第二单元 》》》》》》》》》》
特殊旅客的沟通技巧

【实训】

某航班，25D座的小旅客要喝一杯热水，乘务员把热水送到小旅客桌子上时，看到小旅客桌子上放满了动画书、汉堡、饮料杯等物品，正想帮他清理出放热水的地方时，小旅客伸手来拿热水杯，不小心碰翻了乘务员手里的热水杯，热水洒在小旅客和乘务员的手上及腿上。乘务组立即按烫伤急救程序处理，乘务长在请示机长后，联系了目的地地面急救医务人员为其诊断，结论为轻度烫伤。

实训要求：

将班级学生分组，每组4～5人，抽取2组学生，准备5分钟后模拟案例表演。表演结束后，由教师组织同学讨论，并作出正确的分析讲评。

【知识链接】

一、重要旅客沟通技巧

1. 重要旅客心理特点

一般而言，重要旅客有着一定的身份和地位，应针对他们的心理需求采用相应的服务。这类旅客比较典型的心理特点是自尊心、自我意识强烈，希望得到与他们地位相对应的礼遇。与普通旅客相比，他们更注重环境的舒适和接受服务时心理上的感觉；乘务员应本着"不打扰、适时、适度、细微"的服务原则为重要旅客提供服务

2. 重要旅客沟通技巧

项目	标准	语言范例
姓氏尊称介绍	全程提供姓氏尊称服务，若知道旅客职务，则"姓氏+职务"称呼优先使用。 有领导同行接待，与要客不熟悉，先向要客介绍领导	"王总，您好！/早上/中午/晚上好！" "王总，您好！这位是中国南方航空公司××总经理！"

续表

项目	标准	语言范例
姓氏尊称介绍	自我介绍，阐述清楚身份	"王总，您好！我是南方航空公司服务人员×××，很荣幸为您服务！" 中转/到达站—"王总，您好！欢迎来到××。我是南方航空公司服务人员×××，很荣幸为您服务！"
信息告知	引导过程中，耐心、准确回答旅客的询问。首次见面时应主动告知航班动态	"王总，您好！您乘坐的航班/衔接的中转航班，目前正点。"
中途离开	如应要客要求，不需陪同，则要为旅客指明方向，并提供咨询方式。同时告知下一流程点要客特征、路线，做好全程跟进服务	"王总，您好！向前走50米就是×××登机口/明珠休息室，沿路有清晰的指引；如果有任何疑问，可向工作人员咨询或者拨打我们的服务电话。"（递上印有现场服务支持电话的卡片等）
道别	主动和旅客礼貌道别	客舱："王总，祝您旅途愉快！""王总，欢迎您再次乘坐南航航班！"

（来源：百度文库——《高端旅客服务标准——重要旅客》）

【案例】

与多明戈同行
——顺畅的沟通源自知识的累积
（作者：阎开）

喜欢空中乘务员这个工作，最初的想法是和很多朋友一样，就是能天南地北地开阔眼界，慢慢地又发现了一个原因，就是总能比别人有更多的机会遇到自己喜欢的各个领域精英，看到他们更加生活的一面。我不是一个很容易成为"粉丝"的人，可是当我听说多明戈将乘坐我们的航班从纽约飞往北京时，我还是小小地激动了一下，作为主任乘务长，我考虑更多的是如何让这位大师级的人物通过14个小时的行程认可和喜欢上国航。

首先我想到的是我们的硬件，这次航班使用的是最成熟的机型——波音747全客型，这是早就被全世界高端旅客广为认可和满意的机种，更是有着"珍宝"的美誉，而纽约航线上早已被国航先期推出的"紫金"豪华头等舱，180度的平躺式座椅和宽大的私人空间，绝对能让多明戈有一个舒适的办公和休息空间，典雅的中式用具也绝对可以显现出中国特色，这架飞机和服务的硬件绝不逊于世界上任何一家航空公司。

据我多年的服务经验，硬件的先进性和舒适度，只能是服务的基础和配套的设施，一个高端旅客所认可的满意服务，重要的还在于是否有一个优雅而恰到好处的软性服务，如何能让我的乘务组组员们把这个做到位，是要花费一些心思的。

航前的准备会上如我所料，当我把"多明戈将作为国航的重要旅客乘坐我们的航班"这个消息通告全组时，组员们的反应并不热烈，更多的是一脸茫然。对于这些"80后"的年轻人来说，多明戈似乎并不是他们关注的焦点。于是我的准备会变成了一个真正意义上的音乐人物故事会。从大师的生平讲起，讲到大师的爱好、作品和主要的音乐成就，从他光辉的音乐人生，讲到他创下的音乐奇迹……还有很多很多大师作品的含义，组员们开始聚精会神地倾听，时而点头，时而赞叹。最后我和每一个组员讲道："你可以有自己的爱好，可以永远不爱听歌剧，可以永远不是他的歌迷，但是你不能不知道多明戈，因为他是这个领域里的顶尖级人物，作为一个乘务员你应该尽可能多地了解各个领域里真正顶尖级的人物和品牌，才能提供一个完美的服务。"组员们若有所思地点点头。"好了，让我看看现在你们知道他多少了呢？"气氛一下活跃了，每个人都争先恐后地回答。"多明戈是西班牙人，被称为'歌剧之王'""他至今为止已经出演过115个歌剧角色，超过音乐编年史上任何一位男高音歌唱家""他的歌剧唱片已经超过100种，8次获得格莱美奖""他还是一位钢琴家和指挥家，是最受人尊敬的艺术家"。最后一位最年轻的乘务员补充道："他是1992年巴塞罗那奥运会开幕式的主题曲主唱，也是他在北京奥运会闭幕式上和宋祖英合唱的《爱的火焰》"，旁边一位调侃着："1992年你记事了吗？"大家哄然一笑，小姑娘的脸上露出一片红晕。"好了，你们看，明天我们的航班上这样一位伟大的人物将与我们同行，希望你们的服务能配得上大师的光彩，也能展示国航的优雅。"

　　服务就是这样，当组员们了解了我们所面对的将是怎样一位旅客时，就会有一种发自内心的期待和热情，这是职业化的教育所不能达到的，而且这种源于内心的感觉也会不由自主地体现于服务之中。

　　我第一次近距离地看到多明戈时，他给我的感觉是大师的身上散发出一种绅士的儒雅和亲切，平易近人的微笑和客气礼貌的举止体现着一种修养，很随意但干净的衣着，络腮胡须大多花白了。头等舱的乘务员不失时机地提供着服务，我想大师也能看出他们眼中的敬仰之情。一切安顿好了之后，我上前和大师寒暄并作了自我介绍，我告诉他我和我的家人都是他的忠实听众，也非常欣赏他的作品，他客气地不停地表示感谢，特别当我说到，"您和我的父亲同岁"时，大师眼前一亮，非常兴奋，我告诉他："在中国的属相中您是属"龙"的，这是一个颇具王者的属相，很配您歌剧之王的美誉。"大师更是十分兴奋地表达谢意，最后我祝愿他能在国航的飞机上度过一段愉快的旅程。

　　十多个小时的行程，乘务员本着"不打扰、适时、适度、细微"的服务原则，让大师有了一个良好的工作和休息的环境。当他起身在机门附近的空间活动时，我上前询问他休息的情况，大师又一次和我聊起来，并问我听过他的歌剧吗，我说我虽然还没有机会现场感受，但是我收藏了他很多部歌剧的唱片，特别是最喜欢他那部《我的家乡——塞戈维亚》，大师异常兴奋，说那也是他最喜欢的唱片之一。

　　将近十四个小时的航程就要结束了，当有乘务员提出希望和大师合影时，他极为高兴地同意并建议道："我们去那边，那边宽敞明亮。"每一张合影都有大师和蔼的笑容，并留下了宝贵的话语"衷心地感谢国航出色的服务，感谢乘务员带给我一个愉快的旅程，谢谢你们，希望下次再见"。

　　飞机平稳地降落在首都机场，大师在下机前紧紧地握住我的手说道："谢谢你们，我还会再乘坐国航的航班，你们的服务很完美。"我也祝愿他在北京的演出顺利精彩。

　　其实对于真正的高端旅客来说，一段和谐的空中之旅何止是一杯茶、一顿美食那么简单，要想用心去服务，要想与你的旅客有一个顺畅的沟通，有时候知识的累积和充分的了解更能让彼此拉近距离，让对方感受温暖。

二、儿童旅客沟通技巧

1. 儿童旅客心理特点

儿童旅客的基本特点是性格活泼，好奇心强，善于模仿，判断能力和自我约束能力较差，做事不计后果。鉴于儿童旅客的这些特点，无成人陪伴儿童的座位不应位于紧急出口或应急窗旁，应安排在方便乘务员照顾的座位上，根据登机前协议，最好派专门乘务员负责照看，以防出现意外。

2. 儿童旅客沟通技巧

乘务员在为儿童旅客服务时，要注意掌握儿童旅客特点，语气甜美温柔，语言浅显易懂，根据儿童的心理变化适时调整角色，可以是姐姐、兄长，也可以是老师，这其中可以进行灵活转换。照顾儿童旅客时，注意尽量不要抱小孩，不要用肢体逗弄小孩，若帮助抱小孩时一定要经过大人同意；供应饮料和餐食时，要征求陪伴者的意见。对无成人陪伴的儿童，尤其要提醒注意一些机上不安全因素，且要反复多次强调，注意控制语气词调，不要造成儿童的恐惧或是逆反心理。如要提醒活泼好动的儿童旅客不要乱摸乱碰飞机上的一些设施；航班起飞、降落时要注意不要让儿童旅客四处跑动；给儿童旅客提供热饮时，要防止碰洒、烫伤等。

【案例】

多彩的内心世界

在东京飞往上海的航班上，乘务员小张接收了一位无人陪伴的日本小旅客，但小旅客上飞机后却一直沉默不语。小张用英文向他问好，他只是胆怯地摇头，小张用简单的日语问候，小朋友偶尔露出一丝微笑。

供餐的时候，小张用日语询问，日本小朋友仍然胆怯不语。怎么让"金口难开"的小朋友开心呢？小张灵机一动，把餐食品种用形象的动物图示画在纸上给他挑选，只见日本小旅客在牛的下方画了一个笑脸，这使小张茅塞顿开，于是在照顾好日本小朋友用完餐后，一路陪伴这位小旅客画了许多活泼可爱的图画，还一起玩了拼图亲子玩具等，日本小旅客的脸上终于绽放出开心的笑容。分别时小朋友的陌生感荡然无存，与乘务员小张难舍难分。

提示：服务是无国界的，心灵的沟通超越了国界。即使一名沉默不语的外籍小旅客，他的内心世界也如同图画一样，是清晰而多彩的，乘务员小张从发现日本小朋友擅长画画，到迎合他的心理需求与爱好，成功地借助小旅客的优势摆脱了与其交流的障碍，最后达到了"心有灵犀一点通"的服务效果。

三、老年旅客沟通技巧

1. 老年旅客的心理特点

人到老年，体力、精力开始衰退，生理的变化必然带来心理上的变化，他们在感觉方面比较迟钝；对周围事物反应缓慢，活动能力及动作缓慢，应变能力差；思维能力的衰弱，使他们常常说话不连贯或是不能准确表达自己的意思。但老年人的情绪一般比较稳定，不能过分欢喜和发愁。在外国旅客中，老年人自主意识很强，自己提拿行李，不愿意别人给予过多的帮助。

2. 老年旅客沟通技巧

老年旅客是需要关心和帮助的，他们最关心航班的安全，在意飞机起飞、降落时带来的不适感。因此，乘务员应提前向他们介绍飞机旅行常识，在关键时刻提前告诉他们注意事项，以消除他们的恐惧心理。

和老年旅客沟通时，要更加细致，要经常主动询问其有何需要，与老年旅客讲话时语言要柔和简练，语速要略慢，声音要略大。由于很多老年人听力下降，对于机上广播不一定能听清楚，所以要主动告诉飞行距离、时间、介绍客舱服务设备，特别是呼唤铃、清洁袋、厕所的位置和使用方法，以减少老年旅客精神的紧张，同时尽量消除他们的孤独感。长航线，老年人久坐易产生腿脚麻木等不适现象，可提醒及协助其活动片刻并注意安全。

【案例】

民航服务日记：在服务中学会做人和感恩
——海航乘务队太原中队 郭雯予

（民航资源网） 由于参加工作没有几年，所以没有遇到一件叫人难忘的大事。天天都是在端茶倒水的小事中度过，很平淡，但是有一件小事却令我一直记忆深刻。

那天的航班，旅客很多。上飞机的人群中就有一位很不起眼的农村老伯伯，60多岁，背着一个大麻袋，身上还有一股农村特有的、亲切的黄土味道。当时站在机门迎客的我第一个反应就是，现在的社会还真发达了，连农村老伯伯都有钱坐飞机，真高兴。

当飞机平飞时，我们开始行礼发餐，加到20多排时，看到了这位老伯伯，他很拘谨地坐在座位上，问他喝什么，他很惊慌地连连摆手说不要，很紧张的样子，我关心地问他是不是病了，他很小声地说他要上厕所，但是怕碰坏了飞机上的东西。我们告诉他没关系的，并叫一个男民航服务人员带他去了厕所。等我们第二次加水的时候，发现他看着别的客人喝水，在舔嘴，于是没有问他就帮他倒了一杯热茶水给他放在桌子上。谁知，这样一个动作却惊吓住了他，连说不用不用，我们对他说您渴了，就喝点吧。这时他做了一个更惊人的动作，从怀里掏出一把钱，都是一块一毛的，要塞给我们。我们告诉他说这是不要钱的，他不相信，我们劝了好一阵子，他才相信了我们，坐下慢慢地喝着茶。在航班期间我们一直很勤地给他加水，他都很有礼貌地谢谢我们。可是他还是一直坚持不吃饭，尽管我们看出来他已经饿了。到飞机快落地的时候，他很小心地问我们有没有袋子，给他一个，并要求我们把他自己的那份饭装好给他。他说他从来没见过这么好吃的东西，他要带给他的小儿子。我们都惊住了。对于我们来说，天天见的饭菜，在一个农村老人眼里是那样珍贵。本来以为事情结束了，谁知道在别的客人下完以后，他最后下飞机，我们帮他把麻袋提到了出口，正准备帮他背上，他却深深地向我们鞠了一躬，说："你们都是大好人，我们农村人一天只吃一顿饭，从来没喝过这样甜的水，见过这样好的饭，今天你们不嫌弃我，这么热情地对我，我真不知道怎样感谢你们，希望你们好人有好报。"我们大家非常感动，并交代一个地面服务员将他安顿好，我们才回飞机上继续执行我们的任务。

说实话，从地面到空中工作四年，各种类型的客人都见过了，这个老伯伯非常真诚地感谢我们，我们真没有做什么特别的事，就是给老人家多倒了几次水，在这段短暂的两三个小时和老伯伯不期而遇，相伴相惜，他就是我的老师，让我深思，让我感动，我以后要学会感恩，学会报答别人。老伯伯教会了我怎么去善良正直地活着。我将用这种正直善良去鞭策自己，感动他人。

四、孕妇旅客沟通技巧

1. 孕妇旅客心理特点

孕妇旅客，特别是体征已经比较明显的孕妇旅客，在平时的生活中受到家人、朋友以及旁人比较多的照顾，因此，会把得到他人的照顾与关注看成比较自然的事情。孕妇乘机时不但关心自身的安全，更关心腹内胎儿的安全，因此在旅途中乘务员对她们的述说要认真倾听，让她们占"主导"地位，不可打断她们的讲话；当她们有顾虑和担忧的时候，要表示理解，同时也要用恰当的语言让她们放松，这样才能使孕产妇和家属产生一种安全及信任感。

2. 孕妇旅客沟通技巧

不得安排孕妇坐在应急出口座位或过道座位，应安排方便孕妇本人活动和乘务员服务的位置，也可按孕妇的要求进行安排；入座后，用毛毯或枕头垫于孕妇旅客腰部，协助孕妇将安全带系于大腿根部，不得系于腹部；提醒孕妇旅客当离开座位后遇突发颠簸时就近抓好扶手，注意保护腹部免受物体撞击，尽快回原位。

乘务员在与孕妇旅客沟通时，需要顺其心理需求，主动及时地给她们提供帮助。在飞行途中，乘务员应不时地主动关心询问，尽量为她们提供方便。

紧急情况下应指定两名援助者协助孕妇撤离飞机；如遇空中分娩，应及时报告机长，乘务员将孕妇安排在与客舱隔离的适当位置，并请求医务人员或有经验的女性旅客协助。

五、病伤旅客沟通技巧

（一）病、伤旅客心理特点

病、伤旅客由于身体虚弱或其他疾病，通常会担心自己的病情影响其他人而感到不好

意思。同时，还有一些晕机呕吐的旅客，身体不适但又不知如何处理。

（二）病伤旅客沟通技巧

1. 因肢体受伤的轮椅旅客

轮椅旅客根据不同的情况分为三种，并用下列符号表示：WCHR——全自理能力（指能自行上下飞机客梯并走到客舱座位处）、WCHS——半自理能力（指不能自行上下客梯，但能走到客舱座位处）、WCHC——无自理能力（指完全不能行走，需要他人抬着护送到客舱座位上）。为减少轮椅旅客在机上的等待时间，航空公司一般先使用公司备用的轮椅，然后再取旅客自带轮椅；地面轮椅有时会出现晚到的情况，在轮椅旅客未离机之前，乘务员不可先离机。

2. 担架旅客

担架旅客指在旅行中不能自主行动或病情严重不能使用飞机上的座椅，只能躺卧在担架上的旅客。担架随机的旅客，航空公司相关工作人员要事先在不阻塞通道的区域拆去相应的座椅，将担架固定在地板平面或更高的位置。被担架运送的旅客及其护送人员应签订保证书，保证书的内容包括：如出现紧急情况，机组人员和公司对可能在撤离中担架旅客不能先行于其他旅客，而且一定要最后撤离等情况所带来的后果均不负责。

六、残障旅客沟通技巧

1. 残障旅客心理特点

残障旅客因生理缺陷、身体疾病等因素，有很强的自尊感，同时又有很深的自卑感，由于身体的残障自感不如他人，暗自伤心，同时在外表上又表现出不愿求别人帮助自己的情态。这些人较之正常人处理能力差，有特殊困难时，迫切需要别人帮助。但由于他们自尊心极强，一般不会主动要求帮助，总是要显示他们与正常人无多少区别，不愿意别人把他们看成病、残障人士。因此，乘务员在为他们服务时，要特别注意尊重他们，最好悄悄地帮助他们，让他们感到温暖。千万不能有"您眼睛看不见，我来帮您"等看似很温暖，实则会伤及旅客自尊心的话语。

2. 残障旅客沟通技巧

面对残障旅客，除了要用适当的语言沟通之外，更多的是需要用心去观察、揣摩和分析旅客的诉求和意见，洞悉并及时满足他们的心理需要。

（1）下肢不便的旅客，乘务员应主动搀扶他们上下飞机或帮他们安放行李，拐杖由乘务员或个人保管。旅客需要去卫生间，乘务员需主动上前搀扶。

（2）上肢不便的旅客，乘务员主动帮他们安放行李，同时还要帮忙系好安全带、拿取报纸等读物，为旅客穿脱外套、切割食品，垫好小枕头；提供餐食和饮品时，要主动帮旅客打开小桌板，介绍适宜的餐饮。

（3）面对盲人旅客时乘务员要主动作自我介绍，热情帮助盲人旅客上下飞机，飞行中要有专人负责，经常询问盲人旅客的要求，多和他们交谈，以免盲人旅客旅途寂寞；给盲人旅客倒饮料时杯中不要倒得太满，递送杯子时不但要用语言提醒，而且要确认完全安放稳妥后再松手；餐盘安放稳妥后，主动介绍餐食内容，也可引导其触摸（触摸热、烫的食物须先做提醒），帮助其打开餐盒盖、餐具包，并帮其分餐。

（4）聋哑旅客往往情绪变化较快，乘务员在服务上要始终保持细致，避免引起其情绪波动。为聋哑旅客服务的乘务员，最好懂得简单的手语，能与他们进行简单的交流。乘务员若不懂手语，在服务时一定要更有耐心，为他们提供餐食和饮料时，需一样一样的拿起来，用眼神询问旅客的需求。

乘务员面对聋哑旅客时态度务必要诚恳、真切，语气要婉转、缓和，服务过程中要想方设法、积极作为，切忌有始无终或半途而废。

【案例】

难忘的飞行
——来自一位民航服务人员的真实飞行日记

今天的飞行任务是太原—长沙—三亚，航班起飞前我们没有接到任何有关飞机上有特殊旅客的通知。太原至长沙航班中，当我们为10A座的一位男性旅客提供饮料时，他只是指了指咖啡壶。"是咖啡吗？"我问。他点了点头。第二次提供饮品时他又指了指高的瓶子，我说"您需要可乐？"他摇了摇头，我指了指雪碧，他点了点头。好纳闷啊，这个人怎么就不说话呢？长沙到了，为了飞行安全，我们要求所有中转旅客携带好随身行李下机。等旅客下机后，我发现在10排abc行李架上有两盒陈醋和一袋山西特产，"带班乘务长把它放到廊桥口吧，这样一会儿它的主人看到了就会拿上飞机的"。过一会儿上客了，我正在紧急出口作评估，突然发现一个男的在冲我叫，可那些单调的音符明显不是说话，他不断地指行李架，能感觉他很着急、很气愤，我才想起来刚才那些东西可能是他的。我便带着他来到廊桥口，给他指了指放在廊桥口的行李。他的脸色缓和了下来，点了点头，拿起东西回到了客舱里。客舱里出现了一片小声的议论，有些旅客的眼神里透露出了疑惑。其实，当听到他带有急切和愤怒情绪声音时，我也有些慌张，想帮助他但是沟通不了怎么办？等他回到座位，我向他露出了一个灿烂的微笑，我相信，他能明白。过了一会儿，他招手叫我，将自己的手机递给我。上面写着："我是一名聋哑人，刚才一上来看见我的东西不见了很着急，所以情绪有些激动。把你吓到了，我很抱歉，希望你能谅解。"我赶紧在清洁袋上写道："没事的，我们因为要保证飞行需要清舱，所以把您的东西拿到了廊桥口上，以为您上机时会看见，真是对不起了！"他看完后，笑了……

提供晚餐时，我突然想到了他，一会儿点餐时，他是不是又会尴尬呢？连忙写了小纸条问他："先生，我们一会儿要提供晚餐，有鸡肉米饭和猪肉面条，您喜欢哪一种？"他指了一下鸡肉米饭。我看了看他，会心一笑。整个航程中，每一次到了他那里我都会多看他一眼，看他有没有什么需要，给他一个微笑。飞机要降落了，我写了小纸条告诉他："我们将在18:10到达三亚凤凰机场，三亚的地面温度为25℃。请您根据气温增减

衣物。"下降检查时，看到了他感激的眼神和笑容，我的心里不禁美滋滋的！

他是最后一个下机的，手机上写了很长的短信给我！他说，他很感谢我为他做的一切，他努力地想和我说一声"再见"，虽然从他发出的声音里无法听出那两个字，但我的心听到了！

离开时，他脸上的笑容是我永远难忘的。他是我接触的第一个特殊旅客，我感受到了这个特殊人群的孤独和善良。回到家，我想了很多，不只是感动，还有懊悔，在他第一次用手指点喝什么饮料的时候，我就应该感觉到他的特殊……我应该做得更多更好，在今后，我一定可以做得更多更好！

总之，特殊旅客比一般旅客的需求更多，面对客人提出的需要，服务人员应该第一时间给予客人解答，不能把手里有事当作借口来推脱客人，为自己找各种理由。不一样的旅客需求不同，对之应采取不同的沟通方式。在服务中，服务人员尤其要学会倾听，认真倾听来自顾客或客户的要求，这是沟通的开始。

【实训】

老年旅客沟通技巧

某日，在福州飞往青岛的航班上，一对年迈的老夫妻由女儿陪同登上了飞机。乘务员小倩看见后急忙上前搀扶，并热情地与老夫妻打招呼："二位老人家，你们好！请注意脚下安全！"同时帮助老人找到座位。"您二位这是要去青岛干什么？"老人告诉小倩他们去青岛旅游。"青岛是很漂亮啊，可现在天气这么热，您二位要注意防暑哦。上星期我同学陪父母去那边，他妈妈因为身体弱，海边晒太阳时中暑晕倒，差点没抢救过来呢！"

在飞行途中，小倩耐心地为老人系好安全带，根据老人的需要提供各种热饮及茶水。飞机在中途发生了较严重的颠簸，乘务员及时广播提醒旅客系好安全带。颠簸过后，小倩和其他乘务员进行巡舱，发现其中一位老人因上洗手间后，未能及时系好安全带而磕到了头部，小倩为表示关心，立即向老人说道："怎么搞的？怎么不系好安全带呢？这多危险啊！"当时老人表示无大碍，没有提出任何要求。但事后老人的女儿却向航空公司投诉，说小倩服务不周，歧视老人。

实训要求：

将班级学生分组，每组4~5人，抽取2组学生，准备时间5分钟后模拟案例表演。表演结束后，由教师组织同学讨论，并作出正确的分析讲评。

【案例】

海航乘务员暑运有感：服务没差别　尽力做到最好

（民航资源网2015年7月13日）　繁忙的暑运开始了，对于一线乘务员来说这是每年最具考验的日子，随着客流量的陡然增大，乘务员在身心上必须做好"暑运攻坚战"的准备，做到不受任何外界因素的干扰，忙中有序地为这一批批出行的旅客提供最优质的服务是一等要事。

　　下面这位年轻的民航服务人员，是来自海航股份深圳乘务队的王萌，让我们来看看她是如何看待"服务无小事"的。

　　我是王萌，是就职于深圳乘务队的一名乘务员。时光一晃回到十几年前，对于空姐的认识始于家里嫂子的形象，高挑靓丽笑靥如花。那时起，幼小的我便在内心深处埋下了一粒小小的民航服务种子。由于家庭环境的影响，我从小便接受了传统艺术的培养，学习中国画、书法、素描、水粉。四年前我顺利毕业于建筑科技大学设计学专业，而后到深圳一家电子企业做终端设计师，朝九晚六穿梭于繁忙而快节奏的南山科技园。如今的我画着精致的职业妆，穿着制服，提上行李箱，便成了一名乘务员。开始一天的工作前，我会给自己一个灿烂的笑容。对于职业的转变，我想起了一句话：我们总是梦想着天边的一座奇妙的玫瑰园，而不去欣赏今天就盛开在我们窗口的玫瑰，现在就是最好的安排。

热忱会传染，一种奇妙的力量

　　教我飞行的兰兰教员，是我心中的模范，她热情、积极，我认为开始和怎样的人共事对一个新乘务员的影响很大。作为管理者，她的一言一行都会在很大程度上影响一个团队的精神面貌，团队管理者如果整天绷着脸，下面的成员则会感到紧张压抑，更谈不上热情。相反，管理者经常以微笑出现在团队面前，这样的团队就是充满动力和活力的，成员对工作就会有很高的热情，工作潜能也会得到极大的发挥。也许受到周围人的影响，热情、微笑也成了我的特质，渐渐就成为习惯。在教员休假的一年多时间里，我想我也有一种使命去延续她的风格。娴熟的技能、卓越的知识固然很重要，但如果缺乏热情的态度，则无异于冰冷的机器。

　　学员时期的日记：已经飞了36小时，但这才是刚刚开始，我觉得如果将乘务员生涯比作一棵树，起初就要奠定基础，想要直立就要迅速汲取养分去掉歪曲枝干，才能成为可用之材。我要成为一棵健康而不失自我的树，保持热情态度，传递正能量，尽管还会遇到未知的事，微笑面对，自勉！

真诚微笑，用心服务，践行乃学习之本

　　乘坐其他公司航班时我不自觉地会留心观察其他同行的工作，看看有哪些可以学习和改进的地方，其实有很多旅客也会带着一种好奇的态度来观察我们都做些什么，看看不同公司的乘务员有何区别。乘务员的表现直接影响着旅客的乘机感受。说句心里话，飞了一整天肯定多少会有疲乏，一些伙伴可能会受到疲劳的影响，服务的"味儿"则会变。

　　记得有位前辈说过，有些航线旅客或许第一次乘机，或许这辈子就坐这一次飞机，我们一定要拿出最好的状态来，给他们带来最好的感受，多次乘机的人，要让他们觉得我们的服务更好。

　　记得有一次为一位老年旅客服务，我看到她看看别人又看看自己的椅子，我猜测她应该是不会用，但也不好意思去打扰别人。于是我就主动介绍了娱乐设备的座椅使用方法，稍后询问了老人身体状况，并为老人点了头等正餐。为老人服务需要关注他们的身体情况，有些血管不好或者血脂高的老人，需要有针对性地提供餐饮。在餐饮结束后的巡舱过程中和老人聊聊天，给她讲讲对血管好的食物。飞机下降前带她走到洗手间，给她提前铺好垫纸。老人说道："我买的便宜票，姑娘你为什么对我这么好，我孩子都没有这么关心过我。"看着老人笑出泪花的眼、干巴巴的手，我心里很难受，一下子不知该说什么，只能连连说："应该的，应该的。"

　　我喜欢巡舱时放慢脚步，给醒着的旅客一个眼神和微笑，也许就会发现对方有需求；也许是因为自己曾从事电子产品行业，我喜欢用"用户体验"四个字。我很享受自己的工作得到旅客肯定时的那种感受，为他们提供好的用户体验，那样我的心就会有阳光在照射的感觉。我坚信用心服务别人，真善美汇集得越多，自己就会有福报。一个肯定感恩的眼神，下机时一句"你们今天的服务特别棒"，就是对我最大的肯定。

可贵经历，历练自身的宝贵财富

　　也许我们不能通过努力把平凡的日子堆砌成伟大的人生的豪迈，但我们始终坚守在自己的岗位待命，身边出现过的人们，或是擦身而过，或是相依相伴，都是缘分和福气，一边漫步人生之旅，一边在漫步的过程中体味、捕捉感动自己也感动他人的一点一滴，学会感恩，学会承担责任，学会微笑面对！

第六部分

乘务员内部沟通技巧

【知识目标】 1. 使乘务员明白什么是内部沟通。

2. 使乘务员了解内部沟通的原则与方法。

3. 使乘务员了解内部沟通存在的障碍。

4. 使乘务员了解内部沟通机制是如何运行的。

5. 使乘务员掌握如何与上级、下级及平级进行有效沟通。

【能力目标】 1. 使乘务员能够在错综复杂的人际关系中充分掌握和实际运用内部沟通的技巧。

2. 使乘务员能够客观地、实事求是地评价内部沟通方法的实效性和适用性。

3. 使乘务员对自身所在航空公司的内部沟通机制以及内部沟通的有效性提出自己的见解。

4. 使乘务员在知识学习和日常工作学习中提炼出上行、下行和平行沟通的共同之处和不同之处。

【案例导入】

　　某航班，一个老干部旅游团上了飞机。其中一位老人看到自己座位上方行李架上放满了东西（机载应急设备），就将行李架上的防烟面罩连同套子取下，放在地板上，将自己的行李放在该应急设备的位置上。2号乘务员发现后，未调查设备移动的原因，直接报告乘务长，且报告内容过于简单，造成乘务长判断失误，认为情况失控。乘务长未再次确认就汇报给机长，机长接到报告后通报地面处理，最后该旅游团导游被带下飞机，造成航班延误52分钟。在处理过程中，机组之间、乘务组与旅客之间由于语言沟通不到位，引起了周围旅客的不满，对抗情绪激烈，乘务组处于被动位置，给接下来的服务工作带来一定的困难。旅客违反安全规定要制止，但要注意方法，尽量避免矛盾激化。矛盾激化了只会造成更多的冲突。另外，处理手段应视旅客行为带来的后果（是否危及飞行）及旅客行为的性质（无意/恶意）而定。

　　问题与思考：

　　1. 案例中的乘务员在与机长沟通的过程中犯了什么错误？

　　2. 乘务员在向上级汇报情况时应注意哪些问题？

　　3. 如果你是这个乘务员，你将如何处理这件事？

·

第一单元 》》》》》》》》
乘务员内部沟通

　　某航班上，由于头等舱客满，乘务长只好安排一位持有VIP卡的常客到后舱去坐，同时将此事告诉4位乘务员。航行中，这位VIP旅客向2号乘务员要了一杯水，并问她本次航班是否送正餐，2号乘务员告诉他这个航班只送点心，他便没说什么，这时有位旅客向4号乘务员提出要吃米饭，她就把上一段多出来的米饭送了出去，这一切被VIP旅客看在眼里，他很不高兴地把2号乘务员叫了过来："你不是说没有米饭吗？为什么别人有，我是VIP客人却没有？"乘务员马上解释说："先生，米饭是上一段多出来的，刚才我以为您只是问一下，对不起，如果您需要，我可以拿一份机组餐给您。"VIP旅客非常生气，他认为乘务员根本没把他当贵宾看，虽然后来乘务员又向其道歉，并格外照顾，他还是有些不满。

　　问题与思考：

　　1. 此案例中对VIP旅客的服务疏漏是什么原因造成的？

　　2. 乘务员之间应该如何进行有效的内部沟通，从而为旅客提供相互衔接的服务？

【知识链接】

一、内部沟通的原则及方法

　　（一）内部沟通的原则

　　1. 平等化原则

　　高效的内部沟通必须以平等化为原则，在所有沟通者之间建立起一个等距离的沟通桥梁，从而达到理想的沟通效果。如果内部沟通无法坚持平等化原则，上司只一味地表扬和青睐部分员工，而对另一部分员工的工作能力和工作表现熟视无睹，这些被忽视的员工则会产生对抗、猜疑和放弃沟通的消极情绪，这对于内部沟通而言是十分不利的。因此，在内部沟通的过程中，应该实现平等化，在成员之间建立起等距离关系。

　　2. 换位思考原则

　　高质量的内部沟通必须以换位思考为原则，坚持双向思考，注重站在对方的角度进行

沟通。可以说，换位思考使内部沟通更有说服力。一般来说，企业追求利益最大化或长远发展，而员工更多注重的是自身的发展前景，两者之间必然存在着一定的差异。为了缓解这个矛盾，在企业与员工之间、领导与员工之间、员工与员工之间建立起有效沟通的桥梁，需要营造一个双向沟通的氛围，学会换位思考，注意角色互换，多站在对方立场思考问题，把"对方需要什么"作为思考的起点，并且善于聆听对方的看法和意见，做到尊重他人、积极倾听，不但有助于问题的解决，而且能够建立良好的人际关系。

3. 规范化沟通原则

乘务员内部沟通的方式是多种多样的，为了确保沟通的有效性和可靠性，需要对其进行规范化，对不同的事务采取不同的沟通方式，对沟通的口头语言、肢体语言、书面语言等进行规范，对沟通的渠道进行一个大致的谋划，以防止因沟通方式不同而造成的信息传递不当问题。例如，可以设置周会、月会、年会等方式来定期地进行内部沟通，也可以不定时地在乘务员之间开展座谈会。除了这些正式的沟通方式以外，还可以采取发送电子邮件、举行小型聚会、组织集体旅游等方式来加强乘务员之间的沟通，并让他们建立起深厚的友谊。

制度化、规范化的内部沟通有助于实现高效性，加强乘务员之间的互动，使乘务员的意见可以为领导所知晓，实现公开化、正面化，从而提高内部信息沟通的管理水平。

4. 多方沟通原则

为了提高沟通效率和效果，应提倡直接沟通、双向沟通和平行沟通并重的多方沟通原则。一方面，高层管理者、部门主管和员工之间要进行纵向的直接沟通。上级可以通过会议、面对面交谈等形式向下属传达信息、布置任务；而下属需要对工作实施情况、完成情况或者遇到的问题及时向上级报告，并且要注意明确上级的指示和要求，确保工作朝着预期目标前进。另一方面，部门之间要进行横向的相互沟通。在实际工作中，很多任务都要各部门合作完成，此时，部门主管之间或者是不同部门的员工之间就需要相互沟通、相互理解、相互协调，建立良好的合作关系。企业也可以通过召开主管例会等形式，将各部门主管聚集在一起，互通工作情况，共同讨论、解决问题，从而形成共同的努力方向和目标。

5. 人际信任原则

信息传递不是单方面的，而是双方甚至是多方的事情，因此，沟通双方的诚意和相互信任至关重要。在组织沟通中，当面对来源不同的同一信息时，员工最可能相信的是他们认为最值得信任的那个来源的信息。此外，沟通双方的特征，包括性别、年龄、智力、种族、社会地位、兴趣、价值观、能力等方面的相似性越大，相互的信任程度也越大，沟通的效果也会越好。只有充分地信任，才能充分交流和沟通。

6. 积极沟通原则

积极沟通的第一个特征是主动沟通、积极反馈。沟通的有效性在于信息和反馈之间的不断循环、不断更新。因此，组织内部沟通固然需要技巧，但主动性最重要。只有主动沟通，问题才有可能得到解决。第二个特征是和当事人沟通，即谁的问题和谁沟通，和谁有冲突与谁沟通。选错了沟通对象，也达不到沟通的效果。

7. 利于组织原则

重视沟通并不意味着所有信息都可以毫无限制地交流、传播，组织内部沟通的出发点是为了组织利益，所以，沟通的内容、时机、交流程度等都必须利于组织的发展。沟通不只是信息的交换，如果沟通的信息是灰色阴暗、消极对抗，甚至是妖言惑众、蛊惑人心的内容，只会涣散人心，削弱组织的向心力，甚至使组织成员离心离德，猜疑不止，内讧不断，这样的沟通必须被消除和禁止。

（二）内部沟通的方法

1. 正式沟通

正式沟通是指在工作时间以内，按照公司规定的原则所作的一些交流。如会议、通报等。正式沟通应首先建立相应的沟通渠道，如分公司召开的周例会、月例会、专题会、骨干会议、老员工会议、新员工会议、年会等。

（1）正式沟通的形态如下：

正式沟通有几种具体的沟通形态。据研究，如果以5个人为一个群体，基本上可有五种沟通形态，即链式（Chain）、环式（Circle）、Y式（Y）、轮式（Wheel）、全通道（All Channel）。

①链式沟通。如图6-1所示，这是一个平行网络，其中居于两端的人只能与内侧的一个成员联系，居中的人则可分别与两人沟通信息。在一个组织系统中，它相当于一个纵向沟通网络，代表一个五级层次，逐渐传递，信息可自上而下或自下而上进行传递。在这个网络中，信息经层层传递、筛选，容易失真，各个信息传递者所接收的信息差异很大，平均满意程度有较大差距。此外，这种网络还可表示组织中主管人员和下级部属之间中间管理者的组织系统，属控制型结构。

在管理中，如果某一组织系统过于庞大，需要实行分权授权管理，那么，链式沟通网络是一种行之有效的方法。

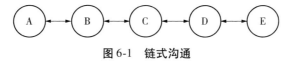

图6-1　链式沟通

②环式沟通。如图6-2所示，此形态可以看成是链式形态的一个封闭式控制结构，表示5个人之间依次联络和沟通。其中，每个人都可同时与两侧的人沟通信息。在这个网络中，组织的集中化程度和领导人的预测程度都较低，畅通渠道不多，组织中成员具有比较一致的满意度，组织士气高昂。如果在组织中需要创造出一种高昂的士气来实现组织目标，环式沟通是一种行之有效的措施。

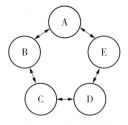

图 6-2　环式沟通

③Y式沟通。如图6-3所示，这是一个纵向沟通网络，其中只有一个成员位于沟通内的中心，成为沟通的媒介。在组织中，这一网络大体相当于组织领导，秘书班子再到下级主管人员或一般成员之间的纵向关系。这种网络集中化程度高，解决问题速度快，组织中领导人员预测程度较高，除中心人员（C）外，组织成员的平均满意程度较低。此网络适用于主管人员的工作任务十分繁重，需要有人选择信息，提供决策依据，节省时间，而又要对组织实行有效的控制。但此网络易导致信息曲解或失真，影响组织中成员的士气，阻碍组织提高工作效率。

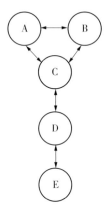

图 6-3　Y式沟通

④轮式沟通。如图6-4所示，轮式沟通属于控制型网络，其中只有一个成员是各种信息的汇集点与传递中心。在组织中，大体相当于一个主管领导直接管理几个部门的权威控制系统。此网络集中化程度高，解决问题的速度快。主管人（当然是C）的预测程度很高，而沟通的渠道很少，组织成员的满意程度低，士气低落。轮式网络是加强组织控制、争时间、抢速度的一个有效方法。如果组织接受紧急攻关任务，要求进行严密控制，则可采取这种网络。

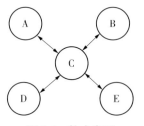

图 6-4　轮式沟通

⑤全通道式沟通。如图6-5所示，这是一个开放式的网络系统，其中每个成员之间都有一定的联系，且彼此了解。此网络中组织的集中化程度及主管人的预测程度均很低。由于沟通渠道很多，组织成员的平均满意程度高且差异小，所以士气高昂，合作气氛浓厚。这对解决复杂问题，增强组织合作精神，提高士气均有很大作用。但是，这种网络沟通渠道太多，易造成混乱，且又费时，影响工作效率。

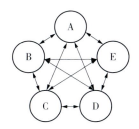

图6-5　全通道式沟通

表6-1　五种沟通形态的比较

沟通形态 评价标准	链式	轮式	Y式	环式	全通道式
集中性	适中	高	较高	低	很低
速度	适中	1. 快（简单任务） 2. 慢（复杂任务）	快	慢	快
正确性	高	1. 高（简单任务） 2. 低（复杂任务）	较高	低	适中
领导能力	适中	很高	高	低	很低
全体成员满意度	适中	低	较低	高	很高

从表6-1可以看出，正式沟通形态中的链式沟通属于控制型网络，环式沟通是一个开放式的网络系统，领导能力最高的是轮式沟通，集中性最低的是全通道式沟通，不能准确判断成员满意度的是轮式沟通，解决问题速度适中的是链式沟通。

（2）正式沟通的类型有以下几种：

①下行沟通。当经理依循职权指挥链对部属执行指挥、通知、协调、评估等活动时，就是向下沟通，其特征是信息传达由企业的较高管理层到较低管理层。例如目标设定与规划程序就是下行沟通形式的一种。

这种由上到下的沟通有多种方式，每种方式的效果也不同。一般而言，以直接和双向的沟通效果最佳，如小团体会议、企业内部出版物，以及基层主管会议；而告示、公报及海报式广告的效果就相对差一些。

在传统企业形式下，下行沟通最重要，从管理者到员工的沟通大都依赖下行的方式。但是，如果企业的组织层次过多，信息的传达就需要经过层层的中间环节，这样不但使传

达的速度缓慢，而且有歪曲信息的可能性。

②上行沟通。与向下沟通相对应，企业内的较低层向较高层主动提供信息，就是上行沟通。有效的上行沟通系统，不仅有助于管理者评估向上沟通系统的绩效，而且能使管理者了解员工所面临的一些问题。

上行沟通包括四项：员工的工作绩效与达到目标的水平；了解员工未能解决和面临的问题；企业各种改进的意见、观念和建议；有关员工对本职工作、同事、企业的态度与感觉。不言而喻，上述这些信息对管理者而言很有价值。最主要的是它们提供了企业运用人力资源情况的评价依据。

上行沟通的形式也是多种多样的，如非正式的讨论、态度调查、员工申诉程序、工会代表、正式会议及员工信箱等。与向下沟通类似，这些方式中以个人的、直接的方式最有效，间接的、古板的方式效果最差。

上行沟通和下行沟通是企业中最重要的正式沟通方式，但它并不能满足企业内所有的沟通需要，而且其本身也存在一定的缺陷。向上与向下的沟通流向，必须经由不同的管理层，所以致使信息遭到曲解和人为修改。此外，不同管理层人员的地位与权力影响不可忽视。例如，公司总经理与副总裁间可不拘形式达到较好的沟通效果，而与基层经理们相互的沟通则成为公式化的沟通，未必能听到下级们真实的意见和感受。特别是如果高层主管未能在员工中获得信任和尊敬，而是任意使用处罚权力，员工将会压制信息，使沟通发生严重障碍。

③平行沟通。平行沟通又称横向沟通，是指企业中属于同一级层员工之间所进行的沟通。

平行沟通是垂直沟通必不可少的补充。在达到一定规模的企业组织中，平行沟通通常有利于节省时间，促进彼此间的协调与合作，特别是在遇到突发事件需即时行动时，平行沟通更是必要的。例如，销售代表收到严重的关于产品质量的顾客抱怨时，就应立即通知制造单位负责经理。如果遵循正常的命令链线路，先向上逐级反映给总经理，再逐级下达至具体负责人，很可能就会贻误了最佳处理时机，使事态扩大。

许多企业为平行沟通的需要采用特定的措施或设立特定的组织，例如一些西方企业为各部门间的平行沟通设特定的联络人，在部门间的互动与信息增多的情况下，还指定专门的委员会来组织各部门间的沟通。

2. 非正式沟通

一位总经理说过："如果我散布一条谣言，我知道在一天内我就能听到反应；如果我传递一份正式备忘录，我要等待三个星期才能听到反应。"

非正式沟通是指正式组织途径以外的信息流通程序，一般是由组织成员在感情和动机上的需要而形成。它是正式沟通的一种补充，用来解决潜规则与人情、面子上的事，因不受固定形式、环境、时间限制往往比正式沟通效果要好。

非正式沟通和正式沟通不同，因为它的沟通对象、时间及内容等各方面，都是未经计划和难以辨别的。非正式组织是由于组织成员的感情和动机上的需要而形成的，其沟通途径是通过组织内的各种社会关系，这种社会关系超越了部门、单位以及层次。在相当程度内，非正式沟通的发展也是配合决策对于信息的需要的。这种途径较正式途径具有较大弹性，它可以是横向流向，或是斜角流向，一般也比较迅速。在许多情况下，来自非正式沟通的信息反而会获得接收者的重视。由于传递这种信息一般是以口头方式为主，不留证据、不负责任，许多不愿通过正式沟通传递的信息，有可能在非正式沟通中透露。

但是，过分依赖这种非正式沟通途径，也有很大危险，因为这种信息遭受歪曲或发生错误的可能性相当大，而且无从查证。尤其与员工个人关系较密切的问题，例如晋升、待遇、改组之类，常常发生所谓"谣言"。这种不实消息的散布，对组织往往会造成较大的困扰。

（1）非正式沟通的特点如下：

非正式沟通有一种可以事先预知的模型。心理学研究表明，非正式沟通的内容和形式往往是能够事先被人知道的。它具有以下几个特点：①消息越新鲜，人们所谈论的就越多；②对人们工作有影响的人或事，最容易引起人们的谈论；③最为人们所熟悉的，最多为人们谈论；④在工作中有关系的人，往往容易被牵扯到同一传闻中去；⑤工作上接触多的人，最可能被牵扯到同一传闻中去。

（2）非正式沟通的形态如下：

非正式沟通的形态有四种，分别是群体链式、密语链式、随机链式和单线链式。

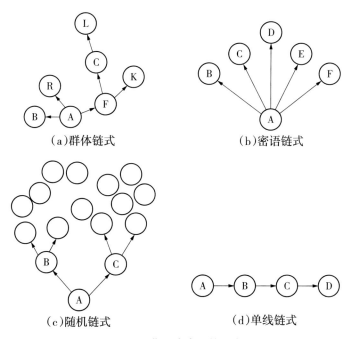

（a）群体链式　　（b）密语链式

（c）随机链式　　（d）单线链式

图6-6　非正式沟通的形态

群体链式是指在沟通过程中，可能有几个中心人物，由他转告若干人，而且有某种程度的弹性，如图6-6（a）所示中的 A 和 F 两人就是中心人物，代表两个集群的"转播站"。密语链式是由一人告知所有其他人，犹如其独家新闻，如图6-6（b）所示。随机链式是碰到什么人就转告什么人，并无一定中心人物或选择性，如图6-6（c）所示。单线链式就是由一人转告另一人，他也只再转告一个人，这种情况最为少见。

3. 正式沟通与非正式沟通的比较（表6-2）

表6-2　正式沟通与非正式沟通对比

沟通方式	优点	缺点
正式沟通	（1）沟通效果好，比较严肃，约束力强。 （2）易于保密，可以使信息沟通保持权威性。 （3）适用于重要的信息和文件的传达、组织的决策等。	（1）较刻板，缺乏灵活性。 （2）沟通速度慢。 注：依靠组织系统层层传递。
非正式沟通	（1）更加灵活（适应事态的变化，省略许多烦琐的程序；并且常常能提供大量的通过正式沟通渠道难以获得的信息，真实地反映员工的思想、态度和动机）。 （2）更加及时（沟通形式不拘，直接明了，速度很快，容易及时了解到正式沟通难以提供的"内幕新闻"）。	（1）容易失真（沟通过程难以控制，传递的信息不确切，易于失真、曲解）。 （2）易于破坏组织团结（它可能导致小集团、小圈子，影响人心稳定和团体的凝聚力）。

二、内部沟通存在的障碍

通常在沟通过程中，沟通双方所具有的不同心态、表达能力、理解力以及所处的环境和所采取的沟通方式，都会影响沟通的效果。无论是民航企业组织内部，还是民航服务人员与旅客之间，由这些主观因素的影响，往往存在着种种沟通上的障碍。障碍可能存在于领导上层，或存在于工作计划方面，或存在于服务过程中，或存在于信息反馈方面等。

（一）沟通的延迟

沟通的延迟即基层信息在向上传递时过分缓慢。一些下级在向上级反映问题时犹豫不决，因为当工作完成不理想时，向上汇报就可能意味着承认失败。于是，每一层的人都可能延迟沟通，以便设法决定如何解决问题。

（二）信息的过滤

这和前一个问题有着密切的联系。这种信息被部分删除的现象之所以发生，是因为员工有一种自然的倾向，即在向主管报告时，只报告那些他们认为主管想要听的内容。不过，信息过滤也有合理的原因，所有的信息可能非常广泛；或者有些信息并不确实，需要进一步查证；或者主管要求员工仅报告那些事情的要点。因此，过滤必然成为沟通中潜在的问题。

为了防止信息的过滤，人们有时会采取短路而绕过主管，也就是说他们越过一个甚至更多个沟通层级。从积极的一面来看，这种短路可以减少信息的过滤和延迟；但是也有其不利的一面，由于它属于越级反映，在管理中通常不鼓励这种做法。另一个问题涉及员工需要得到答复。员工向上级反映情况，他们作为信息的传递者，通常强烈地期望得到来自上级的反馈，而且希望能及时得到反馈。如果管理者迅速响应，就会鼓励进一步的越级沟通。

（三）信息的扭曲

这是指有意改变信息以便达到个人目的。有的员工为了得到更多的表扬或更多的获取，故意夸大自己的工作成绩；有些人则会掩饰部门中的问题。任何信息的扭曲都使管理者无法准确了解情况，不能作出明智的决策。而且扭曲事实是一种不道德的行为，会破坏双方彼此的信任。

另外，有时候信息发送者头脑中的某个想法很清晰，但仍可能受措辞不当、疏忽遗漏、缺乏条理、表达紊乱的影响，未能阐明信息的含义，信息表达不清楚和不正确可能造成很大的损失，这也是内部沟通存在的障碍。通过以上现象，我们可以看出产生这类障碍是身份、地位不平等造成的。

（四）层次障碍

这指的是主管和下级的层次之间存在着各种差异。例如，主管和下级的知识及专业技术层次存在着差异。如果主管就自己的知识层次与下级沟通，而忽视了下级的知识层次，沟通就会出现障碍。有时主管人员倾向于使用主管术语，它们或者是技术性的，或者是行政性的，下级对这些术语都一无所知。组织中常常存在着这种障碍。

（五）性别障碍

男性和女性的差异在沟通上是十分明显的。沟通时男性通常是为了解决问题，女性则是为了解决情绪，男性通常认为将问题说清就可以了，而女性却需要通过一定时间和数量的语言表达来解决自身焦虑、疑惑、不满以及通过语言交流来解除孤独感和压力感。所以男性常反感女性的唠叨，而女性又不满男性的断然和不耐烦。因此，在沟通上形成障碍。

（六）个性障碍

不仅异性间的差异影响沟通，即使是同性，也会因沟通双方的个性而发生冲突，并因此产生沟通障碍也是常有的事。如果双方不是客观地看待事情，个性因素就占了主导地位，问题也就被个性化了。

（七）情绪障碍

无论是信息的发出者还是接收者，如果其情绪不佳都会影响他的沟通质量。这里指的"不佳"不是通常所说的"坏情绪"，而是指不平稳。无论在沟通时过于烦乱、悲伤还是过于狂喜，对沟通都会造成影响。

（八）态度障碍

一些主管人员，或是漫不经心，或是自高自大，拒绝倾听上级或下级的意见，这种态度都阻碍了有效的沟通。这种事情的发生，或者源于"我知道所有事情"的优越感，或者源于"我一无是处"的自卑倾向。

（九）距离

由于业务的忙碌或企业内壁垒森严的等级观念，主管与下级之间的距离减少了他们面对面的沟通。面对面的沟通是企业内部沟通中效果显著的一种，彼此较少的面对面沟通可能会导致误解或不能理解所传递的信息，还使主管和下级之间的误解不易澄清。在一些企业中，我们发现这样一些主管，他们常常外出，或者把自己置身于烦琐的小事，下级没有机会与他们进行商谈、讨论或获得他们的指导。这种难以接近上级的情形会导致沟通的失败。它会挫伤下级从上级那里寻求适当的指导的积极性，从而更多地依赖于自我尝试。不可接近并不一定非得是实体上的，它也可能是心理上的。主管采取严厉的态度，下级们要弄明白他的观点并不容易。

（十）负载过重

人们所能接受的信息量是有限的，当人们负载的信息过度时，他们就倾向于清除、忽略或者忘却，以至于完成不佳。其绩效比接收信息不足的员工绩效要低。

（十一）心理选择

沟通者的心理选择表现为，对双方所谈内容不感兴趣，或者只对好的感兴趣，排斥不好的一面。人都有趋利避害的潜意识，这也是一种本能，由此也造成了人们爱听好话，而不愿听不好的话的现象。所谓忠言逆耳，其实不好听的话可能是良言，尽管你不想听，但它可能真正能帮到你。因此，人的这种心理表现，应该是良好沟通的最大障碍，沟通者往往很难排除这一点。

（十二）成见、偏见

这是对人对事的另外一种形式的选择。人会因为不相信某个人，而不相信这个人所说的话，或者，对某个人有偏见，因而对此人所说的话也相应产生偏见或者不感兴趣。比如某人曾经因为某件事而被骗，以后他遇上类似的事情时，首先想到的是这件事与上次那件事很像，极可能也是骗人的。尽管该事情本身多真实，也改变不了他的那种条件反射的偏见，这也是人的一种本能的自我保护意识。但是，从解决问题的角度来讲，这也是沟通的一个很大的障碍。

第二单元 》》》》》》》》》
乘务员内部沟通技巧

【实训】

太平洋西方航空公司的内部沟通

1981 年，时任公司总裁的伊顿先生，预感到加拿大西部经济的衰退即将到来，于是在公司进行一系列的改革，合并了一些部门并大规模地裁员。在员工眼里，1981 至 1984 年是一段难过的时光，裁员的阴影弥漫了整个公司。从 1983 年开始，公司进行了更大规模的裁员，一些部门的管理层次足足被削减了一半，从六层压缩到了三层。裁员涉及了整个员工队伍，大规模裁员的结果是，员工人数从 4000 人减少到了 2800 人。

该公司的业务性质较为复杂，不同阶层的员工散布于全国 50 多个地方，公司每周 7 天，每天 24 小时都有人在工作。公司在以前建立了一些沟通渠道。"航空杂志"是公司内部发行的一种刊物，每月一期；"快讯"则每周一期，对前者的主要内容作摘要并补充最新消息；"新闻热线"是一条每日都保持开通的电话热线，提供公司和行业的最新动态消息。这些沟通工具都由公共关系部负责。公司的高层管理人员也在主要基地召开正式会议与员工交流，每年一次或两年一次。此外还有信箱和电子公告板等沟通方式。

在裁员最激烈的时候，伊顿已感觉到员工存在着严重的忧虑和不安。在与员工的非正式交谈中，他发现每个人都在为自己的前途担忧。问题还不仅限于基层员工，管理顾问发现公司中层甚至高层管理人员中，都普遍带有很强的挫败感。他们认为这种沮丧情绪的主要来源：一是因为公司对管理人员进行了大规模裁减；二是因为整个航空行业普遍动荡不安。

伊顿先生明白，这种沮丧的氛围将极大地影响公司的工作效率，为了缓解部门和员工的不安情绪，他决定发表一份公开声明。这份声明设计得别出心裁，它不同于一般的书面公告，而是一些录音录像的组合，显得生动而亲切。

第一部分是伊顿先生讲话的录像。伊顿先生讲话最重要的部分，就是正式作出承诺，自现在起，对公司在职的全日制职工将不会再进行裁减。这一保证的有效期会持续一年半，届时公司新业务的扩张和发展将取得重大成功，前景广阔。

第二部分是公司的一些高层管理人员的讨论纪要，并配有卡通画面。大家在非常轻松和睦的气氛中进行交谈，强调了保持工作稳定的重要程序，分析了一些员工普遍关心的问题。此外，还对新的市场开拓计划，质量保证手段及提高效率的措施提出了进一步的要求，大家一致认为这些因素决定着公司能否在航空业的竞争中取得胜利。

最后一部分是五分钟的现场录像。描述了太平洋西方航空公司的职员在各自岗位上辛勤工作的情景，用以激励员工努力工作，而且还有管理人员回答员工各种提问的录像。

伊顿先生的声明全文发表在"航空杂志"上。他这样的安排有他自己的考虑。他知道这种声明如果仅仅以书面的形式发表，不足以获得员工的信赖。因为大家知道所有的书面声明在发表之前，总要反复斟酌和润色，其中可能隐去了某些重要的信息，从而降低书面声明的可信度。而以录像带的形式发表声明，身临其境，员工倾向于相信。在这之后再以书面的形式发表，效果要好得多。

后来到了1984年秋季，公司的公关部设计了一份关于公司内部沟通的调查问卷，发到每个员工手中，并给每一个员工以充分的时间来回答其中的问题，共收回了大约40%的问卷。工作人员对问卷结果进行了汇总分析，最后以一篇简短的调查反馈信息发表在"航空杂志"上。他们同时将调查结果写成书面报告，呈交给伊顿先生，并解释说大量的原始数据还需要平均和汇总。

伊顿先生看完报告后大吃一惊，他一直以为公司在沟通方面做得很好，但看完这些调查数据后，他对自己说："看来在这个问题上必须要采取一定的措施了，而且必须要立即进行！"

问题与思考：

1. 你怎样评价该公司的沟通机制？
2. 伊顿先生别出心裁的声明形式对沟通产生了哪些作用？
3. 结合本案例，请谈谈在组织内进行充分沟通的重要性。

【知识链接】

一、内部四大沟通技巧

（一）注重以理服人

讲道理是文明社会运作的法则。先秦·孟轲《孟子·公孙丑上》："以力服人者，非心服也，力不赡也；以德服人者，中心悦而诚服也，如七十子之服孔子也。"就是用道理来说服别人。中国有句俗话叫："有理行遍天下，无理寸步难行。"有效的内部沟通需要以充足的理论依据和有说服力的言辞为基础，以达到让他人信服的目的。

以理服人是基础，组织中的每个成员不是有统一评判准则的克隆人，而是有独立思想的自然人。所以在沟通的过程中，不能强制地将自己的思想和意见加到他人身上，而是需要考虑到他人的接受能力、了解他人对信息获取的偏好，选择他可以接受的、有道理的、合理的沟通方式。

为了做到以理服人，首先，说话要注重语气和方式方法。例如：不要居高临下、不要恃才傲物、不要盛气凌人、不要骄傲自满；要婉转、要真诚、要得到别人认可。说理之前要摆正心态：对方没有错，只是大家观点不同而已。然后以提问的方式把对方引进你的话题。得到你想要的话题之后，就对方的回答来论证你的观点。对方说话的时候，要认真地听，以表示你的尊重。当发现歧义时，试着换个角度沟通。

（二）注重倾听他人的想法

在我们的生活中，倾听是必不可少的。在家庭生活中，倾听有助于家庭生活的和睦；在朋友之间，倾听有助于赢得朋友的信任和重视。总之，在人与人之间无时无刻不在进行着各种各样的交际活动，倾听是一种非常重要的沟通技巧。在你用时间耐心地倾听别人说话的同时，往往会让你受益匪浅。你想要了解一个人，你得学会倾听他的看法；你想成为别人的朋友，你得学会倾听他的烦恼与快乐；你要与别人合作，你得学会倾听他的想法。人的性格与智慧，是要用心倾听才会发现的。

Dorothy Dix 说："成名的捷径就是把你的耳朵而不是舌头借给所有的人。"就是强调了倾听在有效内部沟通中的重要作用。

拙于倾听是因为时间管理不善。很多人很多时候不愿意倾听是因为没有时间倾听。沟通本就是一个需要时间的过程，也是一个需要耐心的过程。所以，要学会倾听他人的想法，给别人一个说话的时间和机会，不要用太多的理由来拒绝倾听。如果你需要倾听的理由，可以把要和你说话的人当成一个理由，给他们一个说话的时间和机会。

1. 倾听的重要性

（1）和谐的内部沟通需要倾听。

无论是与同事、亲人还是朋友，我们之间都少不了沟通，我们无论何时何地都在进行着各种各样的交流。可以说我们无论是不是在试图与人交流，我们的耳朵都从来没有闲过，很多时候我们都不由自主地在听着周围的声音。正是因为环境的影响，人与人之间的沟通才是永远说不完的事情，当然人与人之间的沟通也会因为各种各样的障碍存在而出现问题。这样在沟通的过程中我们就更加需要耐心倾听，耐心倾听会让事情更加具体化，相信也定能减少很多的不愉快。耐心倾听会让公道与清白了然于心；耐心倾听会减少不必要的误会，促进和谐沟通。

"说者无心听者有意"告诉我们误会是在所难免的。每个人都有对自己的行为负责的义

务，每个人都有知道事实真相的权利。无论是亲人、朋友或是同事，我们都应该给别人一个解释的机会，只有冷静思考，我们才能找到事实的真相。只要耐心倾听，即使结果不能令我们满意，我们也可以获得一个认识自己和别人的机会。相信只要我们有耐心倾听的好习惯，很多时候就会得到一个满意的答案，也可以在倾听的过程中让自己更加冷静，更加理智地对待事情，相信总会有一个合理的解决方法和改正的机会。

（2）倾听有助于提高合作效率。

倾听是一种非常重要的沟通方式，只有让人愿意并且快乐地说出自己的观点与特点，才能更好地赢得别人的信任。倾听让你了解别人，让你了解你的合作者的性格与特长，从而做到各尽其才；倾听更是让管理者了解员工才能的方式，从而做到善用其才。倾听能够让人与人之间形成良好的沟通习惯，倾听能够有效地促进合作效率的提高。

2. 倾听的技巧

①主动倾听。在倾听时要保持高度警觉，随时注意倾谈的重点，每个人都有他的立场及价值观，因此，你必须站在对方的立场，仔细地倾听他所说的每一句话，不要用自己的价值观去指责或评断对方的想法，要与对方保持共同理解的态度。

②鼓励对方先开口。首先，倾听别人说话本来就是一种礼貌，其次，鼓励对方先开口可以降低谈话中的竞争意味；最后，对方先提出他的看法，你就有机会在表达自己的意见之前，掌握与双方意见的一致之处。

③观看对方表示兴趣。人们判断你是否在聆听和吸收说话的内容，是根据你是否看着对方来做出的。没有比真心地对人感兴趣更让人受宠若惊了。

④反应式倾听，但不要打断对方。听听别人怎么说。你应该在确定知道别人完整的意见后再做出反应，别人停下来并不表示他们已经说完想说的话。

⑤注意观察非语言行为。对方嘴巴上说的话可能实际与非语言方面的表达互相矛盾，所以需学习去解读情境。

⑥听出对方的言外之意。对于有些话，对方可能出于某些原因而不好直说，则需要细细体会。

⑦对对方观点加以设想。有些话，对方可能无法表达出他的本意，或者不知道怎么表达，我们可以稍作猜想、延伸。

⑧暗中回顾，整理出重点，并提出自己的结论。当我们和人谈话的时候，通常都会有几秒钟的时间可以在心里回顾一下对方的话，整理出其中的重点所在。

（三）注重选择沟通方式

先修己而后修人是中国传统文化中为人处世的一贯思路，不同性格之间的差异是客观存在的，每个人都应该在认识和尊重这种差异性的基础上进行沟通，这样才能构建良好的人际关系。

1. 性格影响沟通

沟通双方在性格上经常会存在差异，这些差异往往会对他们的沟通效果造成相当大的影响。影响有积极与消极之分，如何才能利用积极的影响呢？在交往的过程中，改造对方是没有任何价值的，只有懂得经营性格的差异，理解和宽容对方的不同之处，才能促成良好沟通。

【案例】

> A问B："现在是什么时间了？"B回答："很晚了。"
>
> A有些吃惊，说："我问的是时间！"但B仍然坚持说："到了该走的时间了。"
>
> A有些不耐烦了："喂，看看我的嘴，告诉我现在的时间！"B同样不耐烦了："五点刚过！"
>
> A恼羞成怒，大吼道："我问你的是具体时间，我要明确的回答！"怎料到，B自以为是地说："你为什么总是这么挑剔呢？"

可见，不同性格的人的差异不容忽视，往往由一件小事就有可能造成很大的误会和矛盾。因此，只有了解了他人的性格本质，沟通才能顺利进行。

2. 四型性格（表6-3）

真正的、个性化的沟通黄金法是用适合对方的方式进行沟通，有针对性才能发挥实效。在运用这种沟通模式时，首先就要了解沟通对象的实际需要和能够接受的方式，也就是所谓的"性格本质"。

表6-3　四型性格分析

四型 性格	核心 价值观	本质
活跃型 性格	和谐	①核心价值观：和谐；②个人需求与目标：被别人关注和认可，被看作被欣赏和受欢迎的人；③对外界的需求与兴趣：声望、与人交往、影响和鼓舞他人；④基本取向：只有在自己能满足别人的需求和情感的时候，才期望得到奖励；⑤主要问题：如何创造和谐？如何维护形象？如何受人欢迎？⑥关键信息：别人要什么？别人对我的看法怎么样？⑦最高需求：得到别人的欣赏。
完善型 性格	理性	①核心价值观：理性；②个人需求与目标：完美；③对外界的需求与兴趣：明确的任务和解释，充足的时间和资源，团队合作，有限的风险，创造性或者革新意义的工作；④基本取向：自己必须维持现有的一切，并用自己现有的资源，谨慎而有条理地在过去的基础上建立未来；⑤主要问题：是否有类似的经验？是否有成功的先例？是否能和现有资源相结合？⑥关键信息：替代方案、步骤和程序性；⑦最高需求：品质。

续表

四型性格	核心价值观	本质
能力型性格	成就	①核心价值观：成就；②个人需求与目标：控制与挑战，被看作主动、有能力胜任一切的人；③对外界的需求与兴趣：自由、权威、进取的机会、艰巨的任务；④基本取向：如果我要事情发生，事情就必须发生；⑤主要问题：对我有何利益？由谁掌管？何时完成？⑥关键信息：机会、效率和挑战性；⑦最高需求：挑战。
平稳型性格	安全和信赖	①核心价值观：安全感和信赖；②个人需求与目标：认可和信任；③对外界的需求与兴趣：既定的工作模式，友好的环境，情况稳定，群体认同；④基本取向：如果自己认真负责，证明了自身价值，即使不提出要求也会得到奖赏；⑤主要问题：这件事情的目的和价值何在？为谁而做？是否符合公益？⑥关键信息：公益性和适当性；⑦最高需求：信任。

3. 四型性格的沟通方式

（1）活跃型性格的沟通方式如下：

①了解其乐于交友、热衷表现的需求。

活跃型性格的人渴望集体活动，而且希望人越多越好。因此，如果是对待活跃型性格的人，则要想办法给他提供与朋友交往的机会。对待活跃型性格的员工，则应该给他们提供与人交流的空间，增强他们的成就感。

活跃型性格的人非常有才华，十分需要舞台展现自己的才华、获得周围的关注和赞美。对待这种类型的人就可以举办各种聚会让他们尽情表演，给他们掌声、鼓励和赞美，会使他们充满信心。

②引导其作出正确决策。

活跃型性格的人太喜欢表现自己，往往会不小心霸占所有舞台，当公司或者家庭中有多个活跃型性格的人时，要积极引导他们将舞台与大家分享，使其懂得关心其他人的重要性。与此同时，还要对其表现出的风度予以赞美，以此引导他们成长。

活跃型性格的人做事情比较莽撞，有时甚至为了取悦别人而承诺自己做不到的事情。对于他们的这个特点，可以给他们规定工作的最后期限，对他们的资源、条件、人力、财力等内容进行认真详细的评估，避免他们夸下海口。

③公开表扬和奖赏激励。

活跃型性格的人喜欢夸张，遇到小困难时也会将其夸大。与这类人交往时，应该理解他们的天性，当这种事情发生的时候，不要诋毁他们，而应该站在他们喜欢的角度肯定工作的困难。与此同时，尽量在公众场合对他们完成任务给予表扬和鼓励。

④满足其交谈需求。

活跃型性格的人对一件事情发出质疑、追根问底时，往往不是对问题本身感兴趣，而仅仅是想表达想说话的欲望。因此，有必要认可他们的这种感受，满足他们说话的需求。

⑤保持宽容心态。

活跃型性格的人往往说话随心所欲，不经过太多思考，在与这类人交往时有必要过滤他们讲话的内容，同时保持宽容的心态，不与他们计较。另外，他们通常喜欢新鲜和不断变化的东西，可以不时地准备一些小礼物带给他们意外的惊喜。他们非常喜欢说话，与他们进行交流时，如果想要表达自己的态度，就要表现出足够的耐心，慢慢引导他们，使他们发现不让对方说话是一种不礼貌的行为。

同时，他们的注意力容易转移，例如容易忘记约会时间，喜欢新奇的事物，心情容易受环境影响等。与这类人交往时，就应该多理解他们，给予足够的宽容。他们有时开玩笑或者恶作剧会让别人下不了台，但实际上是没有恶意的，这是他们的天性使然，不应过于计较。

（2）完善型性格的沟通方式如下：

①理解他们性格的内向性。

完善型性格的人喜欢思考，通常会表现出闷闷不乐、心事重重，但是实际上他们并没有生气，与之相处时不要过于敏感。他们在与人相处时往往显得很冷漠，不太关心别人，过于注重结果，对事情十分认真严格，与之相处时不要过分计较，没有必要上升到"态度不好"的高度，因为他们只是在认真做事而已。这一类人对完美的追求往往显得很偏执，一定要做到自己的极限才肯罢休，应该给予他们更多的耐心和理解。

②坦然与之交流，不要过于计较。

完善型性格的人过于谨慎，有时显得很悲观。例如，他们往往是第一个向新思想、新观点泼冷水的人，往往是怀疑论者或聚会的扫兴者，这是很正常的事情，是他们的天性使然，与之交往时没必要过于计较。

他们追求完美，对交流的内容要求准确、真实。在发生分歧时，完善型性格的人善于用事实进行还击，有时甚至能击中要害，令人体无完肤，与之交往时不要说谎，避免使自己陷入困境。他们对事情总是刨根究底，会问对方很多"为什么"，恰当的做法是反过来问他们问题的意义和价值，强迫他们思考。在一定意义上，他们自己解决了某件事情，心里也会感到很舒服。

再者，摒除他们冷漠的态度。完善型性格的人的见解往往极具价值。正所谓"偏听则暗，兼听则明"，与之交往时要避免受他们冷漠的态度影响，尽可能地从他们身上听取客观的事实，让他们畅所欲言。

③主动与之交流，帮助并关心他们。

完善型性格的人的决定通常是经过深思熟虑才做出的，一旦他们出了问题，就已经到了不可挽回的地步，周围的人应该多留意他们的感受，有必要在造成不良结果之前，及时疏导他们的不良情绪，辅导他们慢慢转变，帮助他们化解生活中的问题。

他们需要关怀和赞美，这时要注意一点，赞美他们时不能应付了事，也不能过分夸大，应该就他们最有价值的一点重点赞美。与此同时，还要尊重他们的时间表，不要打乱他们的计划。他们需要独处，喜欢安静，要求井然有序，这些都是他们的优点，但是要避免走向极端，过分要求秩序性就会沦为工作和家庭的奴隶。因此，与之交往时就要理解他们的性格特点，帮助他们摆脱强迫自己的倾向。

（3）能力型性格的沟通方式如下：

①理解其领导天性，助其控制情绪。能力型性格的人具备领导人的素质，例如，越挫越勇，有战胜困难的勇气，有对事情不达目的决不罢休的毅力和决心，喜欢控制人和事，一旦事情失去控制，他们就会觉得很不舒服。因此，与之交往时有必要认识这个特点，理解他们是天生的领导，不喜欢顺从，渴望独立和自由，给予他们侧面引导，避免与之发生正面冲突。

能力型性格的人具备控制他人的能力，在与之交往的过程中，最重要的是保持自己思维和决断的独立性，避免受其控制。与此同时，能力型性格的人通常都脾气火爆，要注意帮助他们控制情绪。

②注重双向沟通。回应是善意的、客观的，回击是主观的、片面的、有恶意的。他们的第一反应通常是回击，想要在第一时间击倒对方。因此，有必要引导他们就事论事，不受他们霸道性格的影响，继续与他们做双向的沟通。能力型性格的人很爱面子，与这类人交往时，应该尽量避免将其逼到绝境，否则他们为了挽回面子"置之死地而后生"的反击力量是相当可怕的，不要过分逼迫他们，应给他们台阶和出路。

同时，能力型性格的人以事为重心，习惯快人快语、直截了当、一针见血地表达意见和看法，在与他们的沟通中，应该以委婉的方式回应，避免不必要的冲突。能力型性格的人一方面喜欢支配别人，另一方面又反感过于听话的人，认为他们缺乏个性。因此，在坚持双向沟通的前提下，还要不卑不亢地与这类人进行交流。

③给他们充分授权。能力型性格的人在关键时刻不会像其他人一样失去冷静，而是不退缩、坚持主见，敢于拿主意，有非凡的决策能力。对能力型性格的人的这个特点，交往时要充分表现出欣赏。他们讲求工作效率，进行交流时应该开门见山、直入主题。与此同时，要在公开的场合对其进行表扬，在私人场合对其批评和建议，这样才能保全他们的颜面。

同时，能力型性格的人掌控性很强，需要掌握比较大的权力，但是权力过大时就容易失去控制，与之交往时要以明确权力界限为前提，例如工作时让他们做主，但说明范围和性质。这一类人往往很强大，总觉得自己是对的，缺乏团队合作的意识，在与别人合作时就会产生误会。所以，与之交往时就要让他们意识到权威的力量，引导他们积极与团队合作，形成对团队成员的尊重。

（4）平稳型性格的沟通方式如下：

①了解其平稳性格，助其制订目标。

平稳型性格的人抵触不稳定的环境，需要平静的环境和安全感，与之交往时要给他们安定的感觉，避免向他们提出冒险性的要求。他们喜欢安静，不喜欢咄咄逼人、说话高嗓门和随意发脾气的人，与之交往时就要注意避免这些情况。他们害怕遭遇挫折，不愿意接受挑战，但这并不代表他们没有能力。因此，在与之交往时，就要帮助他们制订合适的目标，在取得阶段性成果时奖赏激励他们。

②了解其内心需求，助其实现目标。

平稳型性格的人特别渴望融入周围的大环境，恰如其分的温暖和亲近对他们来说是非常重要的，与之交往时只要抓住这个特点，就能走进他们的内心。他们喜欢缓慢的变化，不喜欢突发事件，要将变化提前通知他们，让他们作好心理准备。他们尽管表面上表现得没有追求，但不代表内心没有需求，周围人要理解他们内心的心愿，即成为有用的、可以帮助别人的人，帮助他们完成心愿。

③挖掘其潜能，发挥其长处。

平稳型性格的人不喜欢一马当先，更喜欢循着开拓者的脚印前进，与之交往时不要强人所难，可以适当地培养他们的领导力。他们以人为重心，重视人际关系，是他人可靠的救援者和感情协调者，交往时要充分肯定他们良好的人际关系。

他们害怕失败，往往拒绝作出决定，避免承担责任。对于这一点，周围人就要帮助他们克服心理恐惧，鼓励他们作决定，促使他们对自己的行为和承诺负责。他们不喜欢被催促，在重重重压下很可能手忙脚乱，但是在自动自发的情况下，甚至可以超额完成本职工作。因此，与平稳型性格的人交往要了解他们的这个特点，并加以充分利用。

4. 注重体现平等性

我们与对方在职位与信息处于一种不对称的状况下时，只有平等才可以使沟通透明化、公开化，但又不至于因为沟通产生其他副作用，影响职责的行使。

三、上下级沟通技巧

（一）上行沟通技巧

上行沟通，顾名思义，指的是下级的意见向上级反映，即自下而上的沟通。上行沟通对上级与下级都能产生积极的影响。一方面能让管理者听取员工意见、想法和建议，聆听员工心声；另一方面又能加强与下级的沟通和对下级的管理。

上行沟通在我国自古以来就有。唐朝时期的魏征多次向唐太宗直言不讳。如，长乐公主将要出嫁长孙仲，太宗以为公主是皇后亲生的，特别疼爱，敕令有关部门所给陪送比皇姑永嘉长公主应多一倍。魏征劝谏说："过去汉明帝想要分封皇子采邑，说：'我的儿子怎

么能和先帝的儿子相比呢？'均令分给楚王、淮阳王封地的一半。如今公主的陪送，比长公主多一倍，岂不是与汉明帝的意思相差太远吗？"太宗觉得有理，后听从魏征劝谏，配送长乐公主为永嘉长公主的一半，此举在当时传为佳话。很明显，魏征的谏言就是现在的上行沟通。太宗皇帝的深明大义、魏征的直言不讳这才促成了有效的上行沟通，二者缺一不可。

1. 倾听上级的命令

（1）仔细倾听。当上级决定把某项工作交给你去执行时，你首先需要明确这项任务到底是什么，而且要尽可能多地了解一些具体信息。仔细倾听能帮助你获取这些信息。利用传统的"5 W 2H"的方法可以使你快速、准确地明确上级的意图，记录任务要点。"5 W 2H 方法"就是指明确任务的时间（When）、地点（Where）、执行者（Who）为了什么目的（Why）、需要做什么工作（What）、怎样去做（How）和需要多少工作量（How many）。

（2）及时确认。当准确把握信息要点以后，要及时整理，并简明扼要地向上级确认。这是一个良好的沟通习惯，可以提高你获取信息的准确度。

（3）有疑问要及时探讨。当你认为上级的命令在可行性上值得商榷时，不要碍于面子不好意思提出，认为那是对上级的不尊重，这种观念是错误的。作为一个领导，也不排除有决策失误的时候，这时你应该用恰当的口吻来提出质疑。如果经过领导的解释，你知道了其中的道理，那么要及时向领导表示感谢；如果你的质疑否决了此项命令的可行性，相信领导不但不会责怪你，而且会很欣赏你的分析能力。

（4）制订详细计划。领导下达命令之后，往往会关注下级的解决方案。这时你需要开动脑筋，向领导简单陈述。然后，制订详细的工作计划，以争取领导的建议。尤其要让领导明确你的时间进度，以便对工作进行监控。

2. 做好请示、汇报

请示汇报的基本态度是：尊重但不吹捧、请示但不依赖、主动但不越权。

（1）随时汇报与阶段汇报密切结合。在工作开展过程中，要将随时汇报与阶段汇报相结合。要让上级清楚你的工作进展情况，取得了哪些成效，遇到了哪些困难，并及时征求上级的意见。这样既有利于克服工作中的一些障碍，又有利于你与上级的感情联络。

（2）及时提交工作总结。每项工作完成后，你都要及时总结工作的经验教训，首先要肯定工作中团队的表现，然后要恰当地提及上级的正确指导，最后总结一些不足之处。这是工作总结的基本内容，也可以依据自己的工作特点和个人喜好适当调整。

3. 正确处理与上级的矛盾冲突

上级的工作权限决定了他对你的重要影响。一旦出现矛盾，也许你会觉得无从应对，在遇到矛盾时需要采取正确的处理方法。

（1）尊重上级。虽然你们之间出现了矛盾，但无论是出于基本礼节，还是对一个领导的基本尊重，都不能放肆言论。要把握好自己说话的分寸，给领导留下足够的情面。对于一个明智的领导来说，他会很欣赏你的气度。

（2）学会说服上级。当你获得的信息支持了你的决策，而和领导的决策相冲突时，就要尝试说服上级。

一要把握说话的时机，时机的选择至关重要。要选择领导心情比较好，工作不太繁忙，思路比较清晰时陈述你的想法。例如，上午10点左右，上级刚刚处理完清晨的事务，有一种如释重负的感觉，上级比较有耐心听下去；午休后半小时左右也是比较好的时间段，经过短暂的休息，上级的精神状态和身体状况都比较好。

二要把握好说话的方式，依据领导的性格特征来决定说话的方式。有的领导性格比较温和，很注重自我形象，提议时你需要委婉一些，注意措辞得当。如果上司比较豪爽，就不妨直截了当地说出你的想法。

三要注意说服技巧，说服上司不要仅凭口头语言，更要有理论依据、事实根据或基本数据。在阐述你的想法时，要学会发挥数字的威力，你所掌握的第一手数字材料最直观，也最有说服力。你在阐述时一定要自信，表述简洁，并且对领导可能提出的疑问需要做好充分的准备。如果配合一些书面的详细教材，会加大可信度，不会让上级认为这只是你一时头脑发热的结果。同时要留给上司充分的考虑时间。如果表达的意见与上司相同，则要热烈反应；如果持有相反意见，尽量不要当场顶撞，站在上司的角度去思考原因；沟通意见略有差异，则要先表赞同，然后再补充自己的想法。说话要用引申式，要简单明了，突出重点，委婉地表达自己的意见或答案。

四是充分尊重上司，不要伤害上司的自尊心。如有他人在场，要仔细顾虑上司的感受，只要心中存有上司就比较好沟通。充分尊重上司还包括给上司留时间、空间来思考，不要紧逼上司。最后，要感谢上司倾听。

（3）学会拒绝上级。尽管上级的命令是你应该遵从的，但是如果领导的命令确实难以实现，或者纯属刁难，你可以严词拒绝，也可以委婉避开。具体方式和选择要依据具体的场合、领导的风格等各种因素来综合考虑。

（二）下行沟通技巧

下行沟通是指资讯的流动是由组织层次的较高处流向较低处，通常下行沟通的目的是控制、指示、激励及评估。其形式包括管理政策宣示、备忘录、任务指派、下达指示等。有效的下行沟通并不只是传送命令而已，应能让员工了解公司的政策、计划的内容，并获得员工的信赖、支持，因而得以有效的期待，同时有助于组织决策和计划的控制，达成组织的目标。

1. 培养自身的人格魅力

人格魅力是指由一个人的信仰、气质、性情、相貌、品行、职能、才学和经验等诸多因素综合体现出来的一种人格的凝聚力和感召力。有能力的人不一定有人格魅力。缺乏优

秀的品格和个性魅力，一个人能力再出色，人们对他的印象以及在人们心中的威信和影响力也会大打折扣。

领导者的人格魅力影响着沟通能力，其影响主要是通过领导者在沟通过程中运用权力时产生的亲和力、凝聚力和感召力，使其下属心甘情愿地为实现既定目标发挥自己最大潜力中体现出来。领导者的人格魅力，是下属、群众对领导的信任，心悦诚服，发自内心自觉自愿地拥护、配合、服从或参与，是下属对其人格的信任、对其能力的认可和对其行为的认同，是人与人关系中获得他人仰慕的心理效应。它来自领导者自身的素质，是领导者品格、能力、学识、情感、职位的综合体现。一个领导者如果具备了这一条件，沟通时就能消除"位差"所带来的负面影响，吸引下属完成工作。

松下幸之助说过："一个成功领导者的魅力，能像磁铁一样吸引许多优秀人才。"一个缺乏个人魅力的领导者，只能被动地采用体制内的沟通方法和手段，用权力或强制命令的方式去影响下属，使其被动地接受或不得不服从。而具有人格魅力的领导者往往不用或很少使用此种手段来达到沟通的目的，主要是依靠个人的非权力性影响力，并能用超越现有体制之上的方式，深入心理层面去影响下属的行为，使其认同上级的思维和决策。所以，培养领导者的人格魅力，对于增强沟通效能及其重要。

（1）注重积累知识和提高领导能力。

知识和能力是人格魅力的基础，更是沟通的基础，因为知识和能力是智慧的来源，能够塑造人的气质，使人具有观察事物的敏锐性和分析问题的准确性。知识和能力靠的是学习和积累、实践和训练，靠的是丰富的阅历。

（2）立足"公心"，处世大方、坦荡。

在沟通中领导者的立场和出发点是领导人格魅力的基础。一个事事处处为自己打算，不惜牺牲集体利益和下属利益，追求权力和"尊严"地位的领导者，很难成为一个合格的沟通者，这也是一些领导与下属沟通不畅的重要原因。一般来说，上级沟通的出发点和立足点决定了下级对信息的评判、理解和态度。如果说"心地无私，天地宽"，同理"心地无私，沟通畅"。领导对下沟通时，把"公"心放在首位，就能创造良好的和谐共事、共同实现组织目标的沟通氛围和团队精神，实现公平、公正地解决问题，正确评判是非，恰当约束自己，协调矛盾和指挥下属，而不是简单地泛用权力、强制命令、独断专行和惩罚下属，造成负面影响。

（3）注重对他人的尊重和理解。

人格魅力取决于一个人尊重他人、理解他人、平等待人的影响力。能够照顾他人的感受，能够和各种不同的人平等相待，标志着沟通者克服了人性弱点中的利己意识走向成熟。掌握了尊重他人、理解他人、平等待人这三条，领导者就会受到他人的尊重和仰慕，上下级的沟通就会游刃有余，产生出巨大的吸引力，就能感召诸多追随者。

所以，沟通尤其需要对人的尊重。对上级的尊重往往容易被大多数人所理解和认同，但对下级的尊重则为许多领导者所忽视。一个组织中的领导者，往往又是组织沟通的主导者，如果总是高高在上、居高临下、颐指气使，不可能有个人的魅力和亲和力。对下属的尊重表现在对其人格的尊重、对下属的工作成果和思想的尊重（对下属做出工作成绩及时的肯定和奖励，允许下属存在不同观点与看法）；对下属的合理需要的尊重（对下属的合理、合法的需求的认同，在有条件时能尽量给予满足）。做到在政治上充分信任、工作上大胆使用、生活上关心帮助。尽量做到"三多三少"，即多赞扬、少批评；多协商、少命令；多包容、少计较。培养领导者人格沟通魅力，提高沟通的实效。

（4）保持积极的人生态度和不断进取的精神。

人格魅力取决于一个人积极的人生态度和不断进取的精神，一个人在生活、工作的过程中，始终保持着积极的人生态度，他对待生活的热情、对待工作的激情，无不使周围的人受到感染。尤其是作为上级领导者，在沟通过程中，他本身所产生的强大生命力、人生经历和积极向上的价值观就是一种典范，这种典范作用对于沟通的效果有着较大的影响力。

2. 注重命令下达的技巧

（1）正确传达命令的意图。

在下达命令时，要正确地传达命令，不要经常变更命令；下一些自己都不知道缘由、过于抽象的命令，让部下无法掌握命令的目标。更不要为了证明自己的权威而下命令。正确地传达命令的意图是比较容易做到的，领导者只要注意"5W 2H"的重点，就能正确地传达你的意图。

（2）态度和善，用词礼貌。

领导在下达命令时，首先要态度和善，用词礼貌，营造一个轻松的交谈氛围。领导者与下级谈话，切忌过于严肃、呆板，应讲究语言技巧。幽默风趣的语言能够营造轻松和谐的气氛和环境，这很重要。领导者与下级谈话时，可以适当说些俏皮话、歇后语，如同炒菜时加点调料。幽默只要使用得当，既能把抽象的道理讲得清楚明白、诙谐风趣，又能增强感染力和吸引力，使下级愿意与之交流。领导者轻松幽默的交谈，对于下级来说，是一种享受、一种激励，而且这样还可以拉近上下级关系的距离。

（3）给予下级自主权。

一旦决定让下级负责某一项工作，就应该尽可能地给他更大的自主权，让他可以根据工作的性质和要求，更好地发挥个人的创造力。

（4）共同探讨状况、提出对策。

即使命令已经下达，下级也已经明白了工作重点所在，主管也已经相应地进行了授权，但也切不可就此不再过问工作的进展。尤其当下级遇到问题和困难希望主管协助解决时，更不能说"不是已经交给你去办了吗？"应该意识到，他之所以是你的下级，就是因为他的阅历、经验可能还不如你，那么这时候作为主管应该和下级一起共同分析问题，探讨状况，

尽快提出一个解决方案。例如："我们都了解了目前的状况是这样的，我们来讨论一下该怎么做？"

（5）给予下级适当的压力和锻炼。

虽然下级可以理直气壮地说自己不是领导，自己能力有限，但是当遇到问题时，作为主管可以给予必要的协助，绝不可轻易地把下级的问题和困难都背在自己身上，可以说："这个问题你是怎么看的，你认为怎么处理好呢？"要让下级尝试思考解决问题的办法，当然在这个过程中下级能得到锻炼，自己也轻松。

3. 注重与下级的思想沟通

领导与下级的沟通，如果按照不同的特性可分为不同的沟通层面，即信息上的沟通、目标上的沟通、思想上的沟通和情感上的沟通。信息沟通是基础，沟通的实质就是信息的传递与理解的过程，领导工作的"上情下达""下情上达"等工作流程、环节的信息传递与交流就属于此类。目标上的沟通主要是指，上级的工作目标与下级的工作目标通过沟通、协调而相互达成共识、理解和关注。

领导的下行沟通如果只是停留在信息沟通和目标沟通这两个层面上，彼此只是工作关系的交往或工作程序上的协调，这种浅层次上的组织沟通，难以从根本上解决上下级彼此在内容和形式、心理和行为上的沟通障碍，而且工作层面沟通的功利性和强制性色彩较浓。

领导者与下属的沟通应升华到更高的层面，即思想上的沟通和情感上的沟通，才有可能改变这种状况。达到"沟通是理解的桥梁"，才能在一定程度上超越一般组织沟通的缺陷和障碍，只有深入这个层面，才能求同存异、统一认识、消除隔阂，真正达到上下级之间的心理交融和行为认同以及人际关系的协调。

首先，思想上的差异需要沟通，通过平等的交流、思想的启发，理解彼此的观点和思维的方式，以达到求同存异。只有思想上的认同，才能有行动上的一致。人际关系的深层交往需要情感上的沟通，很难想象没有任何感情交流的上下级之间，工作关系可以长期协调融洽，情感是维系人际合作共事的基础。而情感来自深层次的沟通，是对彼此世界观、个性特点、学识水平、工作能力乃至缺点的深层理解，理解是人与人之间在感情上的领悟和认同，它加深了彼此的信任和尊重，拉近了心理距离。这种特殊的感情在维护上下级之间的团结方面起着一般原则、职责、纪律等所不能替代的作用。有了这种特殊的感情，在分配工作时就不会遇难而退；在评功授奖时也不会争功夺利；在检查失误时更不会推卸责任；在遇到误会时就不会积怨成仇。

其次，下行沟通需要深入到感情层面，超越一般意义的工作沟通而提升到人际关系的沟通。换言之，现代社会的发展，物质生活的丰富，使组织成员并非完全为了物质需要而工作，人们在精神上的追求和需要日益多样化，与下属的沟通也不只是工作的需要，同时也是满足下属精神和心理的需要（包括成就感、归属感、荣誉感等）。情感沟通更能激发人的积极性、主动性和参与精神。

　　领导者应把人的因素放在沟通的首位，下行沟通应立足于以人为本的沟通策略，认真研究和对待下行沟通中人的心理行为规律，了解下属的需要，解决困难、联络感情、宣泄情绪、鼓舞士气。利用与下属沟通的各个环节建立和发展良好的人际关系，创造和谐的心理环境和气氛，增强理解，拉近距离；解除下属对上级领导常有的警戒、怀疑、不信任、猜疑的心理以及接受命令时的受驱使感、压抑感，从而消除或减少"位差"所带来沟通劣势的影响。

　　（1）拓宽沟通渠道。

　　①注重互动和反馈。要使沟通顺利而成功，意义不仅是信息被传递，还需要被理解，理解就需要互动和反馈。在下行沟通的过程中，上级领导者既是信息的传递者、表述者，也是信息的倾听者和接受者。

　　在沟通的实践中许多领导者仅注意了前者的沟通功能，而忽视了后者的特殊沟通作用。沟通实质上是一个互动和反馈的完整过程，单向的信息交流必然造成沟通的障碍，所以倾听也是领导下行沟通的基本功。倾听不是一般意义上的听，听主要是对声波振动的获得，倾听则是弄懂所听到的内容的意义，它要求对声音刺激给予注意解释和记忆。所以倾听不是单纯的身体反应过程，它同时需要智力上和情感上的努力，倾听是一种确认和赞美。英国学者约翰·阿尔代说："对于真正的交流大师来说，倾听和讲话是相互关联的，就像一块布的经线和纬线一样，当他倾听的时候，他是站在他同伴的心灵的入口；而当他讲话时，他则邀请他的听众站在通往他自己思想的入口。"

　　领导者在与下属沟通时如能当好一个倾听者，多一些倾听，少一些强制命令；多一些民主气氛，少一些"一言堂"的作风，有意识地营造民主公开的组织氛围，让下级能说真话、敢说真话、畅所欲言，沟通就能入心、入情、入理。这样，领导的权威不仅不会受到削弱，相反其影响力还会大大增强。一个领导者最需要警惕的，就是利用领导地位所带来的沟通优势，以自我为中心，旁若无人、高谈阔论、颐指气使，不给别人说话的机会，尤其听不得不同意见，把沟通简单理解为灌输、命令，堵塞沟通的渠道。

　　②提高语言表达的准确性。在人生发展的过程中，一个人的语言表达能力对于沟通来说，有着重要的影响力。语言的幽默与技巧，语言表达的准确性、语言表达的热情和激情，都有强烈的感染力。口头语言、文字语言和肢体语言是思维的基础。语言的变化带来思维的变化。而科学的思维，又促使语言能力不断提高。有魅力的语言能力是在长期的自我训练中发展的。在沟通过程中，语言的魅力成为提高沟通效果的重要影响因素。

　　③注重非语言环境。领导的下行沟通还应该多关注非语言环境的特殊影响。因为"位差"的客观存在，用语言向下属分布命令、指示，就难免带有强制性。当然这种强制性在领导工作中是必要的，否则领导者就无法行使权力。问题是如果领导者不分地点、时间、场合滥用这种权力，就不可能达到好的沟通效果，相反还会导致下属的反感情绪或逆反

心理。

所以，领导者在大多数情况下，要运用非语言环境来达到沟通的目的，提高自身行为沟通的能力和示范效应。"领导的行动，是无声的命令。"孔子曾经说过："政者，正也。子帅以正，孰敢不正？""其身正，不令则行；其身不正，虽令不从。"如对某事的处理不需要语言，而用行动来表明自己的态度、价值取向和工作作风等；对下属的信任和支持，不需要信誓旦旦，而在工作中为其创造良好的工作环境，营造良好的工作氛围，主动帮助解决困难、承担责任、协调关系等，也是最有效的沟通。因为领导者的行动是无声的语言，更能传达真实的信息。这种沟通和协调往往是心照不宣的，它使得下属欣然接受其领导，自觉地调整自己的行为，协调一致共同完成工作目标。

4. 下行沟通中的赞美与批评

（1）赞美。

①赞美的作用。美国一位著名社会活动家曾推出一条原则："给人一个好名声，让他们去达到它。"事实上被赞美的人宁愿做出惊人的努力，也不愿让你失望。赞美能使他人满足自我的需求。心理学家马斯洛认为，荣誉和成就感是人的高层次的需求。这就是赞美的力量。

一个人具有某些长处或取得了某些成就，他还需要得到社会的承认。如果主管能以诚挚的敬意和真心实意的赞扬满足一个人的自我要求，那么任何一个人都可能会变得更令人愉快、更通情达理、更乐于协作。因此，作为领导者，应该努力去发现你能对部下加以赞扬的小事，寻找他们的优点，形成一种赞美的习惯。

赞扬部下是对部下的行为、举止及进行的工作给予正面的评价，赞扬是发自内心的肯定与欣赏。赞扬的目的是传达一种肯定的信息，激励部下。部下有了激励会更有自信，想要做得更好。

②赞美的技巧。赞美部下作为一种沟通技巧，也不是随意说几句恭维话就可以奏效的。事实上赞扬部下也有一些技巧及注意点。

a. 赞扬的态度要真诚。每个人都珍视真心诚意，它是人际沟通中最重要的尺度。英国专门研究社会关系的卡斯利博士曾说过："大多数人选择朋友都是以对方是否出于真诚而决定的。"所以在赞美下属时，你必须确认你赞美的人的确有此优点，并且要有充分的理由去赞美他。

b. 赞扬的内容要具体。赞扬要依据具体的事实评价，除了用广泛的用语如："你很棒！""你表现得很好！""你不错！"最好要加上具体事实的评价。例如："你的调查报告中关于民航服务人员提升服务品质的建议，是一个能针对目前问题解决的好方法，谢谢你提出对公司这么有用的办法。""你处理这次客户投诉的态度非常好，自始至终婉转、诚恳，并针对问题解决，你的做法正是我们期望员工能做的标准典范。"

c. 注意赞美的场合。在众人面前赞扬部下，对被赞扬的员工而言，当然受到的鼓励是最大的，这是一个赞扬部下的好方式；但是你采用这种方式时要特别慎重，因为被赞扬的表现若不能得到大家客观的认同，其他部下难免会有不满的情绪。因此，公开赞扬最好是能被大家认同及公正评价的事项。例如：业务竞赛的前三名、获得社会大众认同的义举、对公司作出的重大贡献、在公司服务 25 年的资深员工……这些值得公开赞扬的行为都是公平公开竞争下产生的，或是已被社会大众或公司全体员工认同的。

d. 适当运用间接赞美的技巧。所谓间接赞美就是借第三者的话来赞美对方，这样比直接赞美对方的效果往往要好。比如你见到你下属的业务员，对他说："前两天我和刘总经理谈起你，他很欣赏你服务旅客的方法，你对旅客的热心与细致值得大家学习。好好努力，别辜负他对你的期望。"

间接赞美的另一种方式就是在当事人不在场的时候赞美，这种方式有时比当面赞美所起的作用更大。一般来说，背后的赞美都能传达到本人，这除了能起到赞美的激励作用外，更能让被赞美者感到你对他的赞美是诚挚的，因而更能加强赞美的效果。所以，作为一名项目主管，不要吝惜对部下的赞美，尤其是在面对自己的领导或者他的同事时，恰如其分地夸奖部下，他一旦间接地知道了你的赞美，就会对你心存感激，在感情上也会与你更进一步，你们的沟通也就会更加卓有成效。

总之，赞美是人们的一种心理需要，是对他人敬重的一种表现。恰当地赞美别人，会给人以舒适感，同时也会改善与下属的人际关系。在沟通中，必须掌握赞美他人的技巧。

（2）批评。

俗话说："金无足赤，人无完人。"在我们的沟通活动中，往往会发现部下的缺点和错误，当我们发现部下的错误时，及时地加以指正和批评是很有必要的。有人说赞美如阳光，批评如雨露，二者缺一不可。

但所谓"良药苦口，忠言逆耳"。批评就是"得罪人"的事吗？关键在于在批评他人的时候是否有技巧。医药发展至今，许多良药已经包上了糖衣，早已不苦口了；那么有没有批评他人的技巧，变成忠言不逆耳呢？

①以真诚的赞美做开头。俗话说："尺有所短，寸有所长。"一个人犯了错误，并不等于他一无是处。在批评部下时，如果只提他的短处而不提他的长处，他就会心理不平衡，感到委屈。比如一名员工平时工作颇有成效，偶尔出了一次质量事故，如果批评他的时候只指责他导致的事故，而不肯定他以前的成绩，他就会觉得以前"白干了"，从而产生抗拒心理。另外，据心理学研究表明，被批评的人最主要的障碍就是担心批评会伤害自己的面子，损害自己的利益，如果在批评前帮他打消这个顾虑，甚至让他觉得你认为他是"功大于过"，那么他就会主动放弃心理上的抵抗，对你的批评也就更容易接受。

②要尊重客观事实。批评他人通常是比较严肃的事情，在批评的时候一定要客观具体，就事论事，要记住，我们批评他人，并不是批评对方本人，而是批评他的错误行为，千万

不要把对部下错误行为的批评扩大到了对部下本人的批评上。比如说，你作为一名编辑去校对清样，结果发现版面上有一个标题字错了而校对人员却没有发现，这时你应该对他进行批评，你可以说："这个字你没有校出来。"你也可以说："你对工作太不负责任了，这么大的错误都没有校正出来。"很显然，后者是难以被对方接受的，因为你的话语让他很难堪，也许他只是一次无意的过失，你却上升到了责任心的高度去批评他，很可能把他推到你的对立面去，使你们的关系恶化，也很可能导致他在今后的工作中出更多的纰漏。

③指责部下时不要伤害部下的自尊与自信。不同的人由于经历、知识、性格等自身素质的不同，接受批评的能力和方式也会有很大的区别。在沟通中，我们应该根据不同的人采取不同的批评技巧。但是这些技巧有一个核心，就是不损对方的面子、不伤对方的自尊。指责是为了让部下更好，若伤害了部下的自尊与自信，部下很难变得更好，因此指责时要运用一些技巧。例如："我以前也会犯下这种过错……""每个人都有低潮的时候，重要的是如何缩短低潮的时间""像你这么聪明的人，我实在无法同意你再犯一次同样的错误""你以往的表现都优于一般人，希望你不要再犯这样的错误。"

④友好的结束批评。正面的批评部下，对方或多或少会感到有一定的压力。如果一次批评弄得不欢而散，对方一定会增加精神负担，产生消极情绪，甚至对抗情绪，这会为以后的沟通带来障碍。所以，每次的批评都应尽量在友好的气氛中结束，这样才能彻底解决问题。在会见结束时，你不应该以"今后不许再犯"这样的话作为警告，而应该对对方表示鼓励，提出充满感情的希望，比如说"我想你会做得更好"或者"我相信你"，并报以微笑。让部下把这次见面的回忆当成是你对他的鼓励而不是一次意外的打击。这样会帮他打消顾虑，增强改正错误、做好工作的信心。

⑤选择适当的场所。不要当着众人面指责，指责时最好选在单独的场合。单独的办公室、安静的会议室、午餐后的休息室，或者楼下的休息厅都是不错的选择。

每个人都会犯错，主管要有宽广的胸襟包容部下的过失，本着爱护部下的心态，同时注意上面的几个要点。当部下需要指责时，不要犹豫，果敢地去做。正确、适时的指责，对部下、部门都具有正面的功效。

四、同事沟通技巧

同事是工作中的伙伴，也是沟通的重要对象。与同事关系的好与坏，几乎可以决定一个人在工作中的浮与沉。统计资料表明：良好的人际沟通，可使工作成功率与个人幸福达成率达85%以上；一个人获得成功的因素中，85%决定于人际关系，而知识、技术、经验等因素仅占15%；某地被解雇的4000人中，人际关系不好者占90%，不称职者占10%；大学毕业生中人际关系处理得好的人平均年薪比优等生高15%，比普通生高出33%。那么，同事之间的沟通有哪些特点？我们要想和同事合作愉快，应当掌握怎样的沟通技巧？

（一）同事沟通的特点

1. 沟通对象的可变性

交往双方既可以是个体，又可以是团体，交往对象的范围并非固定不变，而是随着交往的内容不同、需求不同而发生变化；或者交往双方由于性格爱好不同，随着时间的推移，交往关系也会发生变化。

2. 沟通内容的广泛性

同事之间往往存在着业务上的来往，因此业务信息的交流是同事之间沟通的重要内容之一。而在私下里，同事之间还可能因为共同的爱好、相似的性格等因素而形成朋友圈子，进而扩展双方的话题。因此，同事之间的沟通内容是丰富多彩的，这也显示了同事之间的沟通在人类社会生活中的重要地位。

3. 沟通手段的多样性

同事关系较为随和，在直接交往中可以运用语言、体态、动作、表情等手段来互相沟通、互相影响。随着科学技术的发展，现代沟通中的人们通过现代化的手段，如：电视、网络、传真、录音机、录像机、电话等信息手段，更快捷和更广泛地沟通信息以及传递情意。这种沟通手段的多样性和先进性，保证了同事之间交往目的的实现。

4. 沟通进程的互动性

一家公司往往有着不同的职能部门，有着不同个性的员工。因此，同事之间的沟通在内容上表现为互相影响，即通过直接、间接的交往手段，双方在思想上、情感上、行为举止上都会自觉或不自觉地接受对方的影响。

（二）同事之间有效沟通的心理基础

同事之间最容易形成利益关系，如果对一些小事不能正确对待，就容易形成沟壑。日常交往中我们不妨注意树立如下心态，来建立融洽的同事关系。

1. 以大局为重，多补台而少拆台

对于同事的缺点如果平日里不当面指出，一与外单位人员接触时，就很容易对同事品头论足、挑毛病，甚至恶意攻击，影响同事的外在形象，长久下去，对自身形象也不利。同事之间由于工作关系而走在一起，就要有集体意识，以大局为重，形成利益共同体。特别是在与外单位人员接触时，要形成"团队形象"的观念，多补台少拆台，不要为自身小利而害集体大利，最好"家丑不外扬"。

2. 对待分歧，要求大同存小异

同事之间由于经历、立场等方面的差异，对同一个问题，往往会产生不同的看法，引

起一些争论，一不小心就容易伤和气。因此，与同事有分歧时，一是不要过分争论。客观上，人接受新观点需要一个过程，主观上往往还伴有"好面子""好争强夺胜"心理，彼此之间谁也难服谁，此时如果过分争论，就容易激化矛盾而影响团结；二是不要一味"以和为贵"，即使涉及原则问题也不坚持、不争论，而是随波逐流，刻意掩盖矛盾。面对问题，特别是在发生分歧时要努力寻找共同点，争取求大同存小异。实在不能一致时，不妨冷静处理，表明"我不能接受你们的观点，我保留我的意见"，让争论淡化，又不失自己的立场。

3. 对待升迁、功利，要保持平常心，不要有嫉妒心

许多同事平时一团和气，然而遇到利益之争，就当"利"不让。或在背后互相谗言，或嫉妒心发作，说风凉话。这样既不光明正大，又于己于人都不利，因此对待升迁、功利要时刻保持一颗平常心。

4. 以朋友之心与同事相处

俗话说："一个篱笆三个桩，一个好汉三个帮。"中国的老百姓一向普遍认同"在家靠父母，出门靠朋友""朋友多了路好走，多个朋友多条路"的处世原则。然而，这种处世原则在现代职场中却似乎"行不通"。日前发布的一项最新调查显示，在上海白领中，居然有近两成人坦然承认自己在职场没有真正的朋友，并且他们也不想跟同事成为朋友。他们认为，职场如战场，同事就是竞争对手，跟同事做朋友，只能是给自己埋下一颗"定时炸弹"，因为他了解你的缺点，甚至还握有你的"把柄"。

北京师范大学心理学院蔺秀云博士认为，跟同事做朋友非常必要。对于民航工作人员来讲，由于长期出门的业务需要，跟同事在一起的时间很多。如果不跟身边的同事做朋友，烦恼就不能及时倾诉，压力就不能及时排解。烦恼和压力日复一日地郁结于心，对身心健康都极为不利。实际上，同事跟你一样，也都是普通人，有血有肉有感情，只要以用真心换真心的方式与之相处，是一定能够成为朋友的。

当然，同事朋友毕竟是特定环境下的朋友，与普通意义上的朋友有所不同。与普通朋友相比，同事朋友之间往往存在既合作又竞争的关系，很多时候还会出现利益冲突。因此，处理好与同事朋友之间的关系，更需要一定的技巧。以下几点值得注意：第一，同事之间既然存在竞争，那么必然有干好干坏之分。干得不够好或较差的一方心理上一时不平衡是完全可以理解的。干得较好的一方一定要照顾到对方的这种微妙心理，在对方面前注意放低姿态，尽可能帮助对方提高业务水平，切忌趾高气扬，给对方制造更大的刺激。第二，与普通朋友相处，尚且需要保持适当的距离，与同事朋友相处，更要有"距离"意识。尽量少在同事面前抱怨单位领导，指责其他同事。如果一时憋不住，非得抱怨、指责几句才能消消气儿，也要注意说话的方式。第三，提倡与同事做朋友，并不是要求与单位所有同事都做知心朋友，这既不可能也没必要。我们完全可以在单位这个小圈子里有选择地结交知心朋友。初到单位，要先用心观察周围的每个同事，发现共同点较多的同事以后可主动接近，与之向知心朋友发展。其他同事也不应划为异己，应该努力保持良好的同事关系。

（三）同事间有效沟通的十大艺术

1. 乐于帮助同事

在沟通理念中，帮助别人是提高沟通效果的基础，也是人际关系中的关键因素。乐于助人的同事，人们就愿意和其交心，就产生了一种吸引力、向心力，利于合作共事。要记住，"帮助别人就是帮助自己"，不断地付出，点点滴滴的光点就会连接起来形成一个"人格光环"，沟通起来也就顺利多了。"我能为你做点什么？"是获取完美沟通的奥秘。

2. 坦诚相见

以坦率和真诚对待自己的同事，能够不存疑虑，坦诚相见，是同事之间值得信赖的法宝。同事之间坦诚相见，才会营造出和谐友好的工作氛围。要做到这一点，相互信任是先决条件。人之相交贵在知心，如果说话吞吞吐吐，做事遮遮掩掩，必然会引起同事的戒备之心。

3. 赞美欣赏

能够看到同事身上的优点，并及时给予赞美、肯定，对一些不足给予积极的鼓励，这是良好沟通的基础。一定要记住一点：可以在背后赞美你的同事，但是不要在背后议论你的同事。这样做了，你就一定能受到同事的喜欢。赞美同事一定要把握以下方法：

①用词要得当。注意观察对方的状态是很重要的一个过程，如果对方恰逢情绪特别低落，或者有其他不顺心的事情，过分的赞美往往让对方觉得不真实，所以一定要注意对方的感受。

②"凭你自己的感觉"是一个好方法，每个人都有灵敏的感觉，也能同时感受到对方的感受。要相信自己的感觉，恰当地把它运用在赞美中。如果我们既了解自己的内心世界，又经常去赞美别人，相信我们的人际关系会越来越好。

③要有真实的情感体验。这种情感体验包括对对方的情感感受和自己的真实情感体验，要有发自内心的真情实感，这样的赞美才不会给人虚假和牵强的感觉。带有情感体验的赞美既能体现人际交往中的互动关系，又能表达出自己内心的美好感受，对方也能够感受你对他真诚的关怀！

④符合当时的场景。要找准时机，恰当的时候说出赞美的话语。

4. 少争多让

虽然说同事之间有竞争，但是这种竞争毕竟是内部的，没有必要争得不可罢休。换个角度来说，你帮助同事获得荣誉，不仅对方会感谢你，而且还能增加你的人格魅力。远离

争论，否则双方都会受到伤害，百害而无一利，对沟通一点好处都没有。例如，战国时赵国舍人蔺相如奉命出使秦国，不辱使命，完璧归赵，所以被封了上大夫；又陪同赵王赴秦王设下的渑池会，使赵王免受秦王侮辱。赵王为表彰蔺相如的功劳，封蔺相如为上卿。老将廉颇认为自己战无不胜、攻无不克，蔺相如只不过是一介文弱书生，只有口舌之功却比他官大，心中很是不服，所以屡次对人说："以后让我见了他，必定会羞辱他。"蔺相如知道此事后以国家大事为重，请病假不上朝，尽量不与他相见。后来廉颇得知蔺相如此举完全是以国家大事为重，便向蔺相如负荆请罪。之后两人和好开始尽心尽力地辅佐赵王治理国家，成就了"将相和"的千古美谈。这个故事对现代民航公司内部同事间的沟通来讲，也是很有启发的。

5. 善于倾听

善于倾听是完美沟通的重要因素。当同事心情不愉快向你倾诉时，你一定要认真倾听，成为他真诚的倾听者，这样会加深彼此之间的感情。当然，下次你有什么事情要对方帮忙的时候，就会好办多了。因此，同事之间一定要学会倾听，只有认真地倾听对方讲话，才能更好地理解对方的意思，更加完美地去配合对方，把工作做得更好。

6. 容忍异己

艾瑞克·弗洛姆说过，我们每一个人均有与他人分享思想和感情的需要，我们需要被了解，也需要了解别人。每个人都有自己独立的思维和行为方式，不要妄图改变任何人，要认识到改变别人对于沟通来说是徒劳的，甚至是有害的。不同的人有不同的性格特点，理解并尊重他人的行事风格，找到合适的沟通方式是做好沟通的第一步。多与人沟通，相互理解相互支持，才能让我们的工作充满温馨和谐的气氛。

7. 注意说话技巧

同事之间的语言至关重要，所以，在语言的选择上，应该以不伤害他人为原则，要用委婉的、鼓励的、幽默的语言。同时还应当注意以下内容：

①保持微笑，和对方有眼神交流。
②注意语调和语速。
③不要轻易打断对方的谈话。
④注意玩笑的分寸。

8. 理解宽容

有些人警觉性很高，对同事也时时处于提防状态，一见人家议论，就疑心在说他；有些人喜欢把别人往坏处想。过于敏感其实是一种自我折磨，一种心理煎熬，神经过于敏感的人，同事关系肯定搞不好。如果同事之间多一些宽容和理解，关系也就不难处。在与同事相处过程中，凡事都要想得开，心情自然就快乐。如果在与同事沟通时发生误解和争执，一定要换个角度，站在对方的立场为对方想想，理解对方的处境，千万不能情绪化，这样做只会使沟通陷入困境，不会有任何正面的帮助。

9. 不要利用对方

我们都知道，在沟通当中，最忌讳的就是被人利用。同样，在与同事沟通时，千万不要想着去利用对方，否则，你不仅会沟通失败，甚至还会交际失败，工作失败。同事之间需要诚实与信任。只有真诚坦率，相互信任，互相帮助，才能换得友谊，才能关系亲密。反之，弄虚作假，尔虞我诈，在同事之间耍权术，则必然会损害同事关系，特别是在同一个合作的集体里，不能逞强，搞个人英雄主义，我说了算，那么沟通是绝对不可能搞好的。

10. 明确定位

应该清醒地认识到自己扮演的角色、所处的位置、工作职责，这样才能在沟通中找到自己的方向。同事之间更多的是一种利益上的结合。与同事沟通的时候，一定要从多方面权衡，充分维护各自的利益。倘若沟通过程中，出于种种原因与同事发生了矛盾，就该冷静协调，以期化干戈为玉帛。

（四）与同事沟通易犯的错误

1. 有好事不通报

单位里发物品、领奖金等，你先知道了，或者已经领了，一声不响地坐在那里，像没事似的，从不向大家通报一下，有些东西可以代领的，也从不帮人领一下。这样几次下来，同事自然会有想法，觉得你太不合群，缺乏共同意识和协作精神。以后他们有事先知道了，或有东西先领了，也就有可能不告诉你。如此下去，彼此的关系就不会和谐了。

2. 进出不互相告知

如果你有事要外出一会儿，或者请假不上班，虽然要向上级报告，并得到了上级的批准，但最好还是要同身边的同事说一声。即使你就临时出去半个小时，也要与同事打个招呼。这样，倘若领导或熟人来找，也可以让同事有个交代。如果你什么也不愿说，进进出出神秘兮兮的，有时正好有要紧的事，人家就没法说了，有时也会懒得说，受到影响的恐怕还是自己。

3. 常和一人"咬耳朵"

同一间办公室有好几个人，你对每一个人要尽量保持一种平衡关系，也就是说，不要对其中某一个人特别亲近或特别疏远。在平时，不要总是和同一个人说悄悄话，进进出出也不要总是和同一个人。否则，你们两个也许亲近了，但疏远的人可能会更多。有些人还以为你们在搞小团体。如果你经常在和同一个人"咬耳朵"，别人进来又不说了，那么别人不免会产生你们在说人家坏话的想法。

在办公室里，同事每天见面的时间最长，谈话可能涉及工作以外的各种事情，"讲错话"常常会给你带来不必要的麻烦。虽然"咬耳朵"富有人情味，能使你们之间变得更加亲近，但是研究调查指出，只有不到1%的人能够严守秘密。常和一个人"咬耳朵"，当出现矛盾时，对方可能会以最快最简单的方法，打击你于无形中，严重影响了同事间的关系。

4. 热衷于探听私事

对于有些事，能说的人家自己会说，不能说的就别去挖它。每个人都有自己的秘密。有时，人家不留意把心中的秘密说漏了嘴，对此，你不要去探听，不要总想问个究竟。有些人热衷于探听，事事都想了解得明明白白，甚至认为分享隐私是两人关系亲密的表现。你喜欢探听，即使什么目的也没有，人家也会忌你三分。从某种意义上说，爱探听人家私事，是一种不道德的行为。经常这样，往往会惹得同事反感，进而可能发展为被大家孤立。

【实训】 上下级沟通训练

● **上级沟通实训**

案例一：斯塔福德航空公司的"小道消息"

斯塔福德航空公司是美国北部一个发展迅速的航空公司。然而，最近在其总部发生了一系列的传闻：公司总经理波利想卖出自己的股票，但又想保住自己总经理的职务，这是公开的秘密了。他为公司制订了两个战略方案：一个是把航空公司的附属单位卖掉；另一个是利用现有的基础重新振兴发展。他自己对这两个方案的利弊进行了认真分析，并委托副总经理本查明提出一个参考意见。本查明为此起草了一份备忘录，随后叫秘书比利打印。比利打印完后即到职工咖啡厅，在喝咖啡时比利碰到了另一位副总经理肯尼特，并把这一秘密告诉了他。

比利对肯尼特悄悄地说："我得到了一个极为轰动的最新消息，他们正在准备成立另外一个航空公司。他们虽说不会裁减职工，但是，我们应该联合起来，有所准备啊！"这话又被办公室的通讯员听到了，他立即把这消息告诉他的上司巴巴拉。巴巴拉又为此事写了一个备忘录给负责人事的副总经理马丁，马丁也加入了他们的联合阵线，并认为公司应保证兑现其不削减员工的诺言。

第二天，比利正在打印两份备忘录，备忘录又被路过办公室的探听消息的摩罗看见了。摩罗随即跑到办公室说："我真不敢相信公司会做出这样的事来。我们要被卖给联合航空公司了，而且要大量削减职工呢！"

这消息传来传去，三天后又传回总经理波利的耳朵里。波利也接到了许多极不友好，甚至充满敌意的电话和信件。人们纷纷指责他企图违背诺言而大批解雇工人，有的人也表示为与别的公司联合而感到高兴。而波利则被弄得迷惑不解。

问题与思考：

1. 你如何看待总经理波利的做法？

2. 如果你所在的航空公司高层领导做出相似的决策，你会如何与上级沟通？

3. 为什么波利做出的决策会被误解？

● 下级沟通实训

案例二：快乐的美国西南航空公司

美国西南航空公司创建于1971年，当时只有少量顾客、几架包机和一小群焦急不安的员工。它现在已成为美国第六大航空公司，拥有1.8万名员工和下属，服务范围已横跨美国22个州的45个大城市。

（一）透明式的管理

如果要见总裁，只要他在办公室，你可以直接进去，不用通报，也没有人会对你说："不，你不能见他。"每年举行两次"新员工和下属午餐会"，领导们与新员工和下属们直接见面，保持公开联系。领导向新员工和下属们提些问题，例如："你认为公司应该为你做的事情都做到了吗？""我们怎样做才能做得更好些？""我们怎样才能把西南航空公司办得更好些？"员工和下属们的每项建议，在30天内必能得到答复。一些关键的数据，包括每月载客人数、公司季度财务报表等，员工和下属们都能知道。

"一线座谈会"是一个全日性的会议，专为那些在公司里已工作了十年以上的员工和下属而设的。会上副总裁们对自己管辖的部门先作概括介绍，然后公开讨论。题目有"你对西南航空公司感到怎样？""我们应该怎样使你不断前进并保持动力和热情？""我能回答你一些什么问题？"

（二）领导是朋友也是亲人

赫伯同员工和下属们一起拍照片时，他从不站在主要地方，总是在员工当中。赫伯要每个员工和下属知道他不过是众员工之一，是企业合伙人之一。上层经理们每季度必须有一天参加一线实际工作，担任订票员、售票员或行李搬运工等。"行走一英里计划"安排员工和下属们每年去其他营业区工作一天，以了解不同营业区的情况。

为让员工和下属们对学习公司财务情况更感兴趣，西南航空公司每12周给每位员工和下属寄去一份"测验卡"，其中有一系列财务上的问句。答案可从一周的员工和下属手册上找到。凡填写测验卡并寄回全部答案的员工和下属都登记在册，均有可能得到免费旅游的机会。旅游鼓励了所有员工和下属参加这项活动。

这种爱心精神在西南航空公司内部闪闪发光，正是依靠这种爱心精神，当整个行业在赤字中跋涉时，他们却连续22年有利润，创造了全行业个人生产率的最高纪录，1996处有16万人前来申请工作，人员调动率低得令人难以置信，连续三年获得国家运输部的"三皇

民航服务沟通技巧

冠"奖，表彰他们在航行准时、处理行李无误和客户意见最少三方面取得的最佳成绩。

问题与思考：

1. "透明式的管理"是什么？

2. 你如何看待西南航空公司"领导是朋友也是亲人"的理念？

3. 请你从下级沟通的角度谈一谈如何学习美国西南航空的成功经验。

第七部分

突发事件处理的沟通技巧

【知识目标】1. 理解民航突发事件的类型、特点与影响。

2. 熟悉民航突发事件播音词与播音技巧。

3. 了解民航突发事件安抚的技巧。

4. 掌握突发事件的应对制度与策略。

【能力目标】1. 运用所学知识分析现实中的民航突发事件。

2. 通过民航突发事件情景模拟，灵活运用突发事件安抚与播音技巧。

【案例导入】

3·8 马来西亚航班 MH370 失踪事件

2014 年 3 月 8 日凌晨 2 点 40 分,马来西亚航空公司称一架载有 239 人的波音 777-200 飞机与管制中心失去联系。该飞机航班号为 MH370,原定由吉隆坡飞往北京,于北京时间 2014 年 3 月 8 日 6:30 抵达北京。然而在马来西亚当地时间 2014 年 3 月 8 日凌晨 2:40(与北京时间没有时差),飞机 MH370 与管制中心失去联系。马航开始启动救援和联络机制寻找该飞机。经过调查,该机于 2014 年 3 月 8 日 1:20 在胡志明管制区内同管制部分市区通信联络,同时失去雷达信号。

在锁定航班位置后,马来西亚和中国联手展开了大规模的搜救行动。泰国、越南、菲律宾、新加坡、澳大利亚等国家都参与到了搜救行动中。然而,经过长达 16 天的搜索,仍然没能找到 MH370 的残骸和机上人员。

2014 年 3 月 24 日晚 10 点,马来西亚总理纳吉布在吉隆坡宣布,马航失联航班 MH370 在南印度洋坠毁,机上无一人生还。2015 年 1 月 29 日,马来西亚民航局宣布,马航 MH370 航班失事,并推定机上所有 239 名旅客和机组人员已遇难。其中,包括 277 名旅客(2 名婴儿)和 12 名机组人员。

马航 MH370 的失踪犹如一颗重磅炸弹让世界为之阵痛。我们无法想象这 239 名遇难人员的家属该如何面对这一噩梦,更无法预言马航需要多久才能从这次突发事件中恢复元气。如何安抚受难人员家属成为马航下一阶段必须攻克的难题。

虽然在现实生活中,类似马航 MH370 失联这样重大的民航突发事件发生概率并不高,但航空突发事件的发生往往给社会造成难以估计的伤害。尤其是马航事件之后,社会群众对民航突发事件的恐惧心理更加明显。即使是日常的、危机度低的突发事件也很容易激发旅客群体性的骚乱。因此,正确认识突发事件,提高突发事件沟通技巧是每一位航空从业人员必修的功课。

第一单元 »»»»»»»
突发事件的特点及影响

【实训】

1. 韩亚航空 214 航班事故

2013 年 7 月 6 日，韩亚航空 214 号班机，在美国旧金山国际机场降落过程中发生事故，燃起大火。机上旅客和机组人员共 307 人，其中旅客 291 人，包括 141 名中国公民，其中共有 3 名中国学生在本次空难中遇难。

据目击者称，该航班执飞的波音 777-200 型客机最初降落正常，后因起落架出现异常，机尾着地，一些飞机部件脱落，飞机偏离跑道，起火燃烧。

美国联邦航空管理局官员称：初步判断飞机是在准备着陆时发生坠落，引发机尾碰撞，导致事故发生。遭碰撞的客机滑出跑道，机翼、引擎等从机身脱落。遇难飞机在旅客撤离后起火，大部分机体都付之一炬。

问题与思考：

1. 这是什么类型的民航突发事件？

2. 此次突发事件具有什么特点？

2. 一架德国客机坠毁法国，机上 150 人无人幸存

2015 年 3 月 24 日，一架从西班牙巴塞罗那飞往德国杜塞尔多夫的空客 A320 客机在上普罗旺斯阿尔卑斯省山区坠毁，机上 144 名旅客和 6 名机组人员全部遇难。这架客机属于德国之翼航空公司，已服役 24 年。德国之翼是总部设在科隆的低成本航空公司，是德国汉莎航空公司全额控股的子公司。失事客机所属的航空公司表示，机上没有中国公民，目前事故原因不明。

据德专家描述，坠机现场惨烈，恐怖情景令他终生难忘。现在大多数死者遗体损坏严重，身份识别难度较大。

问题与思考：

1. 这是什么类型的民航突发事件？

2. 此次突发事件会造成怎样的影响？请谈谈你的看法。

【知识链接】

一、突发事件的类型和特点

自民用航空诞生以来，安全飞行始终是第一目标。航空部门、航空公司、航空从业人员都采取了一系列安全保障措施和高新技术为安全飞行保驾护航。然而，随着民航旅游量和运输量的不断增大，各种突发事件的发生概率也大大增加，给民航业带来了诸多新问题、新挑战。正确认识突发事件、积极应对突发事件、高效处理民航突发事件是保障旅客生命、财产安全的基础和根本，必须要给予高度重视。

突发事件，是人们对于出乎意料的事件的总称。这一类事件的发生通常会对整个社会造成巨大的经济损失、环境破坏、人员伤亡，甚至危害国家政治、经济、社会安全。从系统论的角度分析，突发事件是一种对社会、自然的各种不同层面突然释放出不同冲击，导致其发生混乱、失序、不平衡、遭受巨大威胁，并要求系统内各组织必须在极短时间内做出关键性反应的特殊事件。

2011 年 7 月，为规范民用运输机场应急救援工作，有效应对民用运输机场突发事件，避免或者减少人员伤亡和财产损失，尽快恢复机场正常运行秩序，中国民用航空局根据《中华人民共和国民用航空法》《中华人民共和国突发事件应对法》制定了《民用运输机场突发事件应急救援管理办法》（以下简称《应急救援管理办法》），对民用运输机场突发事件进行了定义、分类，并对应急救援做出了具体管理规定。

《应急救援管理办法》规定，民用运输机场突发事件（以下简称"突发事件"）是指在机场及其附近区域内，航空器或机场设施发生或可能发生的严重损坏以及其他导致或可能导致人员伤亡和财产严重损失的情况。机场及邻近区域是指机场围界以内以及距机场每条跑道中心点 8 公里范围内的区域。

学术界对突发事件的定义与《应急救援管理办法》中的规定略有不同，从广义的角度将其定义为"民航系统正常工作计划之外或者在其认识范围之外突然发生的，对其利益具有损害性或潜在危害性的一切事件"。这一定义将具有潜在危害性的事件也划入突发事件范畴，扩大了突发事件的内涵，对民航突发事件应急处理具有理论突破、实践创新双重意义。

（一）突发事件的类型

1. 基本分类

根据《应急救援管理办法》，民航突发事件包括航空器突发事件和非航空器突发事件。

（1）航空器突发事件包括：

①航空器失事，即自任何人为飞航目的登上航空器时起，至所有人员离开航空器时止，

于航空器运作中所发生的事故，直接对他人或航空器上的人造成死亡或伤害，或使航空器遭受实质上的损害或失踪；

②航空器空中遇险，即航空器故障、遭遇危险天气、危险品泄漏等。

③航空器受到非法干扰，即航空器遭遇劫持、爆炸物威胁等；

④航空器与航空器地面相撞或障碍物相撞，导致人员伤亡或燃油泄漏；

⑤航空器跑道事件，包括跑道外界地、冲出、偏出跑道；

⑥航空器火警；

⑦涉及航空器的其他突发事件。

（2）非航空器突发事件包括：

①对机场设施的爆炸物威胁；

②机场设施失火；

③机场危险化学品泄漏；

④自然灾害；

⑤医学突发事件；

⑥不涉及航空器的其他突发事件，包括航班延误等。

2. 按突发事件的性质分类

（1）一般事件。

一般事件是指影响范围较小、伤害程度较低、较为容易控制的突发事件。例如因雨雪天气飞机航班延迟，旅客行李漏运、错运等都属于一般性的突发事件。

（2）恐怖事件。

恐怖事件是指影响范围大，伤害程度高甚至发生伤亡事件，一般较难以控制的突发事件。通常这类突发事件都是有组织有目的地发生的，与恐怖组织有着密切联系。

【案例】

> 1988年12月21日，美国泛美航空公司的一架波音747客机从德国法兰克福经伦敦飞往纽约时，在苏格兰的洛克比上空发生爆炸，机上259人无一生还，飞机空中爆炸的碎片又使地面上11人丧生。
>
> 1989年6月18日，阿富汗一架苏制安-26型民航机遭到三名武装分子劫持后在伊朗境内的查布尔镇坠毁，机上36名旅客和5名机组人员中有26人受伤。
>
> 1989年9月19日，法国联航的一架DC-10客机在进入尼日尔境内坠毁，机上170人全部丧生。航空公司称空难可能因炸弹爆炸造成。

这类突发事件的发生不仅造成了巨大的人员伤亡，更因其恐怖色彩引起了世界范围内的关注与恐慌。

3. 按突发事件内容分类

（1）航班延误与取消。

航班延误是指航班降落时间比计划降落时间（航班时刻表上的时间）延迟30分钟以上或航班取消的情况。

①天气原因导致航班延误或取消。天气是航班延误的主要原因，一般出发地机场天气状况不宜起飞、目的地机场天气状况不宜降落、飞行航路上气象状况不宜飞越等都会导致航班延误。其中，能见度、低空云、雷雨区、强侧风等都是衡量天气状况是否适宜飞行的重要指标。

【案例】

> 2015年1月9日凌晨起，云南昆明机场出现持续降雨天气。上午8时45分出现雨夹雪天气。天气预报未来24小时内，由于间歇性对流天气，昆明机场将交替出现雨、冻雨、雨夹雪、雨雪情况，对航班正常运行造成一定影响。面对今年首次极端天气可能对航班运行造成的影响，昆明机场、空管、各航空公司等各保障单位积极行动，做好各项航班运行保障工作。
>
> 9日，昆明机场计划进港航班378架次，出港航班374架次，共计752架次。中午12时，昆明机场天气为雾和降雪，温度为0.2℃，未来24小时最高气温4℃，最低气温-1℃。截至中午12时，昆明机场共保障航班163架次，其中进港61架次，出港102架次。航班延误19班，主要因香格里拉、贵阳等外站天气原因延误。
>
> 针对此次降温天气，1月8日，东航云南有限公司取消了1月9—11日的航班30个；其中，1月9日，取消10—11日航班15个。

【案例】

> 中新社纽约分社　2015年2月2日电（记者　阮煜琳），强大的冬季风暴在重创芝加哥等美国中西部地区后，2日继续向美国东北部地区进发，裹挟强风、冻雨和暴雪横扫纽约、波士顿等美国东北部地区。这场冬季风暴至少导致5人死亡，1万余架次进出港航班被迫取消和延误。
>
> 2日，芝加哥奥黑尔国际机场、纽瓦克自由国际机场、波士顿洛根国际机场和纽约拉瓜迪亚机场大量航班取消或延误。根据航空追踪网站的监测数据显示，截至2日18时，当天全美4588架次进出港航班取消，6359架次航班延误。

昆明机场受持续降温、降雨、降雪、降雾影响延迟或取消航班；美国多个机场受到冬季风暴影响延迟或取消航班都是天气原因致使航班延误的典型事件。这一类突发事件有着不可抗力性，也是航空突发事件中最常见的突发事件。

②交通管制导致航班取消或延误。在大多数人眼里，飞机有着"海阔凭鱼跃，天高任

鸟飞"的自由。然而在现实中，民航飞机在空中就如同汽车在地面一样是受诸多因素的限制和影响的。在我国民航事业快速发展的今天，航班量急剧增加，相应的地面设施、导航设备、服务保障方面发展却较为缓慢，加之航路结构的不合理，"空中塞车"现象时有发生。除了正常的流量管制，空军活动引起的交通管制、特定的航班插队也是航班取消或延误的原因。

【案例】

> **因航空管制大量民航延误或取消**
>
> 　　2014年7月，民航局向各航空公司下发通知，由于航空管制，近一个月华东地区的航班减量。华东方向的航班已经受到影响，延误、取消架次较多。
>
> 　　国航表示，根据前两天情况看，只是在一些航线上进行了流量控制，出现一些航班延误和取消的情况。国航将按照航班大面积延误的预案准备，为旅客退改签提供便利。
>
> 　　2014年7月21日上午统计，因航空管制，受其他用户高频度演习活动影响，从7月20日到8月15日，华东和华中12个机场将有为期26天的大面积延误。受影响的机场包括上海虹桥、上海浦东、南京、杭州、合肥、济南、无锡、宁波、青岛、连云港、郑州、武汉12个机场。

③机械故障导致航班取消或延误。虽然民航对飞机的例行检查能够排除处理大部分机械故障，但再完善的例行维护也无法保证飞机设备不会突然出现故障。一旦飞机在执行航班任务期间出现故障，机务人员按照维护程序要进行必要的检查，加以判断，对故障现象进行分析，找到故障源头，然后再进行相应的排除故障工作。排除故障后，还需填写相关维修记录，还需进行一定的测试工作，以确定是否修复。整个排除故障的过程是需要一定时间的，即使是一些小故障，也要严格遵循维修检测程序。因此，一旦出现机械故障势必会导致航班延误或取消。

④旅客原因导致航班取消或延误。近年来，人为因素已成为航班延误或取消的"新增长点"。旅客突发疾病、旅客迟到、旅客证件不合格、旅客携带过多行李上飞机等状况时有发生。一旦发生这些突发状况，飞机就不得不等待旅客，造成航班延误或取消。

（2）旅客财产损失。

民航中旅客财产损失突发事件是指旅客从登机到结束整个飞行流程中，随身携带或托运的行李丢失、延迟或损害的事件等。

民航中旅客人身伤害突发事件是指旅客在登机、飞机滑行、飞行、着陆过程中，因飞机意外事故遭到人身伤害、致使残疾或死亡等。

（3）飞机上一般违法或犯罪突发事件。

①飞机上的一般违法突发事件。旅客吸烟、打架、滋事，航空人员玩忽职守等是较为

常见的机上突发事件。

【案例】

> **1.10 昆明航班开舱门事件**
>
> 　　2015年1月10日4时50分左右，有网友发帖称："昆明长水机场东航公司机长大骂旅客，情绪激动，强行开机，旅客报警无效，打开逃生门，阻止飞机起飞，机场管理人员一个多小时无人到场。"并上传了机舱内的现场照片，引发网友关注。云南警方公布初步调查情况称：因飞机除冰关闭空调旅客不适，不满机组解释而引发争执。多名旅客登机后强行打开飞机安全门事件引发社会关注。
>
> 　　2015年1月10日，云南省公安厅民用机场公安局通报，经初步调查，系旅客与机组人员争吵后，突然打开3扇安全门。2015年1月10日晚，云南省公安厅民用机场公安局公布初步处理结果：1名导游和其所带旅游团中的1名旅客，分别因煽动他人和强行打开应急舱门被处以治安拘留15日的处罚。

　　这类挑衅滋事突发事件虽然尚不构成刑事犯罪，但实质上也是非法干扰和破坏航空运输秩序的违法事件。

　　旅客擅自打开舱门的任性"飞闹"，不但使当次航班无法正常飞行，损害了其他旅客的利益，更会破坏该机场的飞行秩序，影响其他航班。

　　②飞机上的犯罪突发事件。飞机上的犯罪突发事件包括以暴力、胁迫或者其他方法劫持航空器事件；对飞行中的民用航空器上的人员使用暴力，危及飞行安全事件；对飞行中的民用航空器上的人员使用暴力，危及飞行安全；违反《中华人民共和国民用航空法》规定，隐匿携带炸药、雷管或者其他危险品乘坐民用航空器，或者以非危险品品名托运危险品，隐匿携带枪支子弹、管制刀具乘坐民用航空器事件；故意在使用中的民用航空器上放置危险品或者唆使他人放置危险品，足以毁坏该民用航空器，危及飞行安全事件；故意传递虚假情报，扰乱正常飞行秩序，使公私财产遭受重大损失的事件；盗窃或者故意损毁、移动使用中的航行设施，危及飞行安全，足以使民用航空器发生坠落、毁坏危险事件；航空人员玩忽职守，或者违反规章制度，导致发生重大飞行事故事件等。

【案例】

> **埃航劫机案**
>
> 　　2014年2月17日，一架原定飞往意大利罗马的埃塞俄比亚航空公司班机ETH702改变航线，在瑞士日内瓦降落。
>
> 　　该航班系波音767客机，在飞过苏丹上空时，该客机开始播送7500警报呼叫，这是航空公司的飞机劫持代码。
>
> 　　飞机在降落之前曾在空中盘旋很久，燃油已经耗尽，后在军机的监视下降落。随后，埃航发表声明："2月17日埃塞俄比亚航空由亚的斯亚贝巴飞往罗马的ETH702航班在

日内瓦机场备降。航班安全降落日内瓦机场。所有旅客及机组均安全。"

2015 年 2 月 18 日，埃塞俄比亚一家法院缺席审判将埃塞俄比亚航空公司航班转向日内瓦寻求庇护的副驾驶，称其劫机罪名成立。

这类突发事件具有社会危害性、违法性、侵害性、惩罚性，是民航突发事件中情节最严重的类型。

4. 按突发事件的过程与机理分类

（1）航空安全突发事件。

航空安全突发事件主要包括航空器事故、航空器空中或地面遇险事件等。

（2）航空保安突发事件。

航空保安突发事件主要包括非法劫持民用航空器，在民用航空器上或民用机场扣留人质，强行闯入民用航空器、民用机场或民用航空设施场所，将武器或危险装置、材料非法带入民用航空器或民用机场，散播危害民用航空器、民用机场或民用航空设施场所内的人员安全的虚假信息等。

（3）航空卫生突发事件。

航空卫生突发事件主要包括在航空器与旅客聚集场所内发生的严重威胁或危害公众健康、生命安全以及民用航空活动秩序的卫生事件。

（4）航空运行突发事件。

航空运行突发事件主要包括因民用航空服务保障工作原因，或受到突发公共事件影响而导致民用航空活动严重受阻的事件。

（5）应急航空保障突发事件。

应急航空保障突发事件主要包括为协助国务院各部门、各地方人民政府应对各类突发公共事件而紧急组织的航空运输与通用航空活动。

（二）突发事件的特点

民航突发事件一般具有突发性和不确定性、针对性和目的性、社会性和复杂性、破坏性和延续性。

1. 突发性和不确定性

从哲学上讲，突发事件是事物的内在矛盾由量的积累发展到质的飞跃，在这个过程中，内在矛盾是一种逐渐的、不显著的变化。它既不影响事物的相对稳定性，也不改变事物的根本性质，因而其过程不可以认识。当这种内在矛盾积累到一定阶段或是受到某种契机的诱导，就会发生质变，且表现为突发事件。

就如同"天有不测风云"，绝大多数突发事件都是在人们缺乏充分准备的情况下发生的。虽然随着现代科技的发展，民航公司及其从业人员已经掌握了部分突发事件发生的征

兆和规律，例如恶劣天气可能导致的突发事件类型、影响。但从总体上看，突发事件会在什么时间、什么地点、以何种形式和规模暴发，发生后又会生出怎样的变故等信息仍然是无法提前预知的。我们只能通过经验和科技减少某些突发事件的不确定性因素，但不能从根本上消除或改变其突发性和不确定性。

【案例】

台湾客机迫降重摔致48人遇难　疑遭遇"风切变"

2014年7月23日，台湾复兴航空一架载有58人的班机降落澎湖时，疑迫降失败坠毁。综合台湾"中央社"与中时电子报报道，复兴航空一班由高雄飞往澎湖马公的GE222航班，晚7时许重飞失败，机上58人中，48死10伤，另有5名当地村民被波及受伤。

专家分析，飞机失事应是天气因素。今年第10号台风"麦德姆"中心虽已于23日15时30分前后，也就是飞机失事前2小时，在福建北部的福清市高山镇沿海登陆，登陆时中心附近最大风力有11级。但台风的后续部分仍严重影响着台湾海峡。

台湾民航学者许耿睿表示，应该可以排除人为以及机械故障，可能是飞机在决断高度机长宣布重飞，但因为高度不足，遇上风切变，也可能是受到雷击，导致飞机失速坠毁。

中国民航大学副校长吴仁彪推断：恶劣天气下发生低空风切变可能是航班失事的主要原因。航班很可能在复飞过程中遭遇风向和风速的突然变化，导致飞机失速，此时由于离地面已很近，飞机没有时间和空间恢复正常飞行状态，从而失事。

风切变特别是低空风切变是安全飞行的大敌，国际航空界公认低空风切变是飞机起飞和着陆阶段的一个重要危险因素，被人们称为"无形杀手"，也是一个不易解决的航空气象难题。

根据专家的推测，最有可能导致GE222迫降失败的原因就是风切变。虽然在民航飞行员培训中有各种应对自然灾害的飞行技能训练，但实际的突发事件千变万化。突发性和不确定性让复兴航空GE222没能逃过这不测风云的魔爪。

2. 针对性和目的性

针对性是指某些民航突发事件可能是因为利益要求的不同而有具体指向，其所指或是国家党政机关，或是某个组织，或是某个人。

目的性是指人们所选择和行为追求的目标，都是满足某种需要，得到某种利益；即使是表面上来看是盲目参与事件的人，其行为背后也有一定的动机在起作用。

【案例】

民航史上几例重大劫机事件

1. 世界上第一次劫机事件

人类历史上的第一次劫机发生在1931年秘鲁的阿雷基帕，当时的秘鲁革命军控制了一架福特三发，不过还好没有闹出人命。20世纪60年代中后期，劫机活动日趋频繁。70年代，由于反劫机装备、航空安全规定制度不完善，以及复杂的国际形势和政治矛盾，全球劫机活动一度达到高潮。

2. 全球首宗空中劫机致坠机事件

1948年7月16日下午，一班由澳门飞往香港的航班在中途被劫。当时，4名劫机者相信，这架名为"澳门小姐"的水上飞机有黄金，因此劫机，但遭遇旅客激烈反抗。最后劫机者枪杀机长，飞机随即失控坠毁于九州外海，造成机上22人死亡，唯一生还者是一名劫机者，后来这名劫机者被人射杀。这次事件是史上首宗非政治劫机事件，亦是全球首宗导致坠机的劫机事件。

3. 最离奇劫机悬案

1971年11月24日，一位名叫库珀的劫机犯，劫持由美国俄勒冈州波特兰飞往华盛顿州西雅图的305号航班，勒索20万美元。美国西北航空公司，时任公司总经理的唐纳德紧急决定，支付20万美元的赎金来交换旅客的生命。飞机迫降在西雅图机场，在拿到20万美元赎金后，库珀释放了36名旅客和1名空姐，但仍然劫持4名机组人员，飞机加满燃料重新起飞飞往墨西哥，库珀在飞行途中打开舱门跳伞逃走。飞机后来按照协商路线安全降落。全程无一人伤亡。此后，库珀的生死一直是一个未解之谜。在接下来的四十余年里，美国联邦调查局调查近千名犯罪嫌疑人，但无一被确认。直到现在，库珀仍旧是个谜。

4. 4架飞机同时遭劫

1970年9月6日，美国环球航空公司的波音707型飞机、瑞士航空公司的DC-8型飞机LR、以色列航空公司的波音707型飞机、泛美航空公司的波音747型飞机，共计4机同时遭劫持。展开枪战后，除以色列航空的飞机和未能着陆的泛美航空飞机以外，其余飞机在约旦的英国空军基地强行着陆成功。着陆后，全体旅客被解救，3架飞机被同时爆破。这是一起由巴勒斯坦人民解放阵线策划组织，意在解救被关押战友的劫机事件。

针对性和目的性是人为民航突发事件的典型特点。这一类突发事件或为财，或是出于政治目的，更有甚者是出于恐怖主义目的。因此，其突发性和不确定性也更强，危险系数更高。

3. 社会性与复杂性

社会性是指突发事件会对社会系统的基本价值观和行为准则构架产生影响，其影响涉及的主体是公众。在突发事件的应对过程中，整个社会会重新审视以往的群体价值观念，通过认识和思考，重新调整社会系统的行为准则和生活方式，重新塑造自身的基本价值观。

复杂性包括突发事件的起因复杂性、过程复杂性与影响复杂性。

①起因复杂性。起因复杂性是指现阶段民航突发事件的起因有的是政策性因素，有的是政治性因素，有的是人为失误因素，有的是自然因素，甚至是这几类因素交织在一起，有时很难区分。

②过程复杂性。过程复杂性是指突发事件发生后起走势、规模和范围难以控制。甚至

有可能由原生的突发事件引起其他类型的突发事件发生，再一次扩大突发事件的规模、范围和伤害程度。

③影响复杂性。影响复杂性是指突发事件不只是对单一人、单一物造成影响。随着社会的进步和现代交通与通信技术的发展，地区、地域和全球一体化的进程在不断加快，相互之间的依赖性更为突出，使得突发事件造成的影响不再仅仅局限于发生地，而会通过内在联系引发跨地区的扩散和传播，波及其他地域，形成更为广泛的影响。而且有些突发事件本身带有一定的国际性色彩，其产生的背后具有某些国际势力的支持，自然会出现联动效应，比如恐怖事件、社会骚乱等。

4. 破坏性和延续性

突发事件的破坏性来自多个方面：对公众生命构成威胁、对公共财产造成损失、对各种环境产生破坏、对社会秩序造成紊乱和对公众心理造成障碍。在危害发生后，由于人们缺乏各方面的充分准备，难免出现人员伤亡和财产损失，造成自然环境、生态环境、生活环境和社会环境的破坏，打乱社会秩序的正常运行节奏，引发公众心理的不安、烦躁和恐慌情绪。

有些破坏是暂时性的，随着突发事件处置的结束逐步消除；而有些破坏产生的影响则是长期的，少则几年，多则几十年，甚至达到百年、数百年。如果对突发事件的处置不当或不及时，可能还会带来经济危机、社会危机和政治危机，造成难以预计的不良后果。

【案例】

2001 年美国"9·11"事件

2001 年 9 月 11 日，这是一起在全世界人们心中都刻下深深印记的劫机案件，它夺走了 3000 多条无辜的生命，受伤 6291 人，并造成数千亿美元的直接和间接经济损失。

根据官方给出的定论，基地组织头目奥萨马·本·拉登该对这起事件负责。劫机犯劫持了 4 架飞机，随后开始了令人难以置信的自杀式袭击——飞机变成了飞行的炸弹，2 架撞塌了纽约世界贸易中心双子大厦。第 3 架飞机撞毁华盛顿五角大楼一角，第 4 架在宾夕法尼亚坠毁。悲剧凸显了机场安全检查的漏洞，此后美国发动"为全世界的和平而战"的反恐战争。

值得一提的是，在美国发生"9·11"恐怖袭击事件后，劫机防止再次成为世界性课题，各国机场开始彻底实施行李检查，旅客名单提交公安当局，严禁随身携带包括指甲刀在内的任何带刃金属物品，机内餐具全部塑料制作，强化安全检查等措施进行预防。

"9·11"事件，造成了大量人命伤亡，夺走了 3000 多条无辜的生命，6291 人受伤。有数据显示，至少 2518 名当年参与搜救的救援人员患癌，其中包括警察、消防员和医护人员。

在经济上，许多设在世界贸易中心的大型投资公司丧失了大量财产、员工与数据资料。全球许多股票市场受到影响，一些公司例如伦敦证券交易所不得不进行疏散。纽约证券交易所直到"9·11"事件后的第一个星期一才重新开市。道琼斯工业平均指数开盘第一天下跌14.26%。当时美国经济已经放缓，"9·11"事件则加深了全球经济的萧条。

在政治上，美国与阿富汗的关系僵化，上万名阿富汗民众在得知"9·11"事件发生后试图逃离阿富汗，担心遭到美国的报复。2001年9月17日，由于难民涌入，巴基斯坦关闭了与阿富汗的边境。

当人们提及"9·11"事件，仍然谈虎色变。这场空难对社会心理也造成了不可估量的伤害。

二、突发事件对旅客的影响

（一）引起旅客抱怨、焦虑与愤怒

旅客对产品或服务的不满和责难叫作旅客抱怨。旅客的抱怨行为是由对产品或服务的不满意而引起的，所以抱怨行为是不满意的具体的行为反应。旅客对服务或产品的抱怨即意味着经营者提供的产品或服务没达到他的期望、没满足他的需求。另一方面，也表示旅客仍旧对经营者具有期待，希望能改善服务水平。其目的就是挽回经济上的损失，恢复自我形象。民航突发事件发生后，旅客的焦虑、恐惧与愤怒等各种心理反应都是其抱怨的成因。

【案例】

> 2012年2月27日，一位旅客通过携程网预订了2月3号10：25南昌飞上海的FM9246航班。但该航班因故取消，市场部座控人员虽然及时帮助旅客将航班改签至当日下午14：05起飞的MU5568航班，但是旅客表示不满，投诉东航公司因取消航班造成他旅行不便，要求解释处理。
>
> 接到转发投诉信息后，工作人员立即致电联系旅客表示抱歉，并耐心做解释工作，旅客仍然表示不满，要求给予经济赔偿。工作人员耐心解释道：由于该航班延误未达4个小时以上，不符合公司赔偿规定，对此说法，旅客不予理解。
>
> 一天之内，营销分部工作人员多次与该旅客真诚沟通、致歉并解释，承诺将通过服务给予补偿，免费为旅客安排乘机当日午餐、提供候机休息室，并安排专人接待，对此承诺，旅客仍然表示不予接受，坚持要求经济赔偿，并提出赔偿一张南昌至上海免票的要求，该旅客还表示，如若不赔偿，将继续投诉并利用网络进行维权。

在突发事件之后，旅客的情绪大多处于敏感期，比平时更容易产生不满情绪。随着突发事件破坏性和持续性的增加，旅客的抱怨、焦虑和愤怒情绪也更加明显。

（二）威胁旅客人身财产安全

人身安全是指个人的生命、健康与行动等与人的身体直接相关方面平安康健，不受威

胁，不出事故，没有危险。人身伤害的主要成因分为四个类型：

◎ 自然灾害造成的人身伤害，如台风、地震、森林大火、水灾、雷电等；

◎ 意外事故造成的人身伤害，如运动损伤、溺水、爆炸等；

◎ 人为因素造成的人身伤害，如传染病、食物中毒、打架斗殴等；

◎ 不法侵害造成的人身伤害，如抢劫、滋扰等。

财产权，是指以财产利益为内容，直接体现财产利益的民事权利。财产权是可以以金钱计算价值的，一般具有可让与性，受到侵害时需以财产方式予以救济。财产权既包括物权、债权、继承权，也包括知识产权中的财产权利。财产权是以物质财富为对象，直接与经济利益相联系的民事权利，如所有权、继承权等。

民航突发事件的破坏性不仅会引起顾客的抱怨情绪，在较为严重的情况下更会对旅客的人身和财产安全造成一定程度的威胁。以行李丢失为例的突发事件会对旅客托运的财产造成损害；以劫机、飞机失联为例的重大民航突发事件会对旅客的生命造成威胁。

（三）降低旅客满意度与再购意愿

旅客满意度是指旅客对其明示的、通常隐含的或必须履行的需求或期望已被满足程度的感受。满意度是旅客满足情况的反馈，是对产品或者服务性能，以及产品或者服务本身的评价；给出了（或者正在给出）一个与消费的满足感有关的快乐水平，包括低于或者超过满足感的水平，是一种心理体验。这种心理状态来源于旅客对企业的某种产品或服务消费所产生的感受与自己的期望所进行的对比。也就是说，"满意"并不是一个绝对概念，而是一个相对概念。

旅客在购买民航产品和服务时，所期望得到的是安全、舒适、便捷、快速的产品和服务，其中安全是旅客最为关注的满意度评价因素。然而，当民航突发事件发生时，其生命和财产安全或大或小都受到威胁。民航产品与服务质量不同幅度的下降，难以满足旅客的内心期望，其满意度水平大大下降。更有甚者，会使旅客对民航公司丧失信心，将其拉入"黑名单"，不再购买其产品与服务。

第二单元 》》》》》》》》》

突发事件的沟通方式与播音技巧

【实训】

1. 某航班上，乘务员发现一位女旅客登机后一直低头不语，神情紧张。当她过去询问时，这名女旅客突然大哭，并不断催促"飞机飞得快一点"。了解过后，乘务员得知，原来这名女子的丈夫刚刚出了车祸，生死未卜。心情焦急的她情绪有些失控，并反复强调："如果再晚一点，我就连他最后一面也见不到了！我该怎么办！"

问题与思考：

如果你是乘务员，应该怎样安抚这位旅客？请谈谈你的看法。

2.2014年12月11日晚11时59分，微博认证用户"主持人张潇"爆料两名中国游客在FD9101航班曼谷飞南京途中大闹飞机，和空姐发生争执最后导致航班返回曼谷，泰国警察抓捕二人的社会事件。

据同机旅客"一路平安"向京华时报记者讲述，他们所乘坐的FD9101航班为廉价航班，原定于11日晚5点25分从曼谷起飞，10点25分到南京。登机后，两男两女四名旅客要求空姐为其调座，在其他旅客的配合下，他们四个人坐在了一起，一男一女在前，另两人在后。起飞不久，前排的男旅客向空姐提出要开水，"说他的女朋友要吃晕机药"。空姐解释称，飞机刚起飞不方便提供热水，该男子就将果壳、食物等倒在过道上，然后乱踩。周围旅客纷纷劝阻，"但他反而骂得越来越厉害"。一名空姐送来了开水，"廉价航空一般只提供矿泉水和面包，空姐告诉他需要付60泰铢，找零的话只能找给他泰铢"。该男子付费后索要发票，同时要求机长道歉。

空姐离开，坐在男子身边的女旅客突然将一整杯热水泼在了空姐身上，"空姐当时就哭了，附近的旅客身上也被泼上了水"。机上乘务长要求女旅客道歉，并表示如果不道歉，飞机可能会返航，"这时候我们能够感觉到，飞机的高度在降低，好像在盘旋一样"。而这名女旅客依然拒绝向民航服务人员道歉。

受访旅客表示，此前一直吵闹的男旅客可能意识到了事态的严重性，坐在了座位上，并与旁边的女旅客商量着。这名女旅客突然站了起来，"像发疯一样往后面的座位上爬，并用手敲击窗户，想要跳飞机"，后被周围旅客拉回到座位上。此后，这名女旅客躺在座位上一动不动，称身体不适。此时，旅客已明显感觉到，飞机正在返航，同时机上广播通知大家，飞机将会在一小时后降落，"虽然没有说降落到哪里，但是我们已经知道肯定要返回曼谷，因为飞行时间不对"。

问题与思考：

1. 本次突发事件发生后，乘务员是怎样应对的？试评价本次航班服务人员的安抚工作。

2. 如果你是本次航班的乘务员，你将如何应对"闹事的旅客"？

一、突发事件安抚旅客的技巧

一位满意的旅客，可能会带来十个新的旅客；而一位不满意的旅客，可能会影响一百个潜在的旅客。所谓"好事不出门，坏事传千里"说的就是这个道理。因此，在突发事件发生时，安抚好旅客的情绪至关重要。

（一）安抚旅客的原则

1. 保持礼仪、礼貌

安抚旅客是民航服务的重要组成部分。礼仪、礼貌是民航服务质量的核心所在，也是民航服务人员在安抚旅客的过程中需要始终保持的最基本原则。这要求民航服务人员在安抚旅客的过程中，始终保持周到、谦恭、尊重、友好；始终保持衣冠整洁、仪表得当、谈吐文雅、自然得体；始终用民航人惯有的礼仪、礼貌为每一位烦恼、愤怒的旅客送去如沐春风的温暖。

2. 保持优良的服务态度

在安抚旅客的过程中，保持优良的服务态度原则要求民航服务人员做到：

◎认真负责，即急旅客之所急，想旅客之所想，求旅客之所求，认认真真为旅客做好每一件力所能及的事情，尽最大的努力给旅客一个圆满的答复。

◎积极主动，即先旅客之前，想旅客之需，办旅客之事。不要等到烦恼、愤怒的旅客来找你，要有"自找麻烦"的觉悟，主动为遇到麻烦的旅客解决问题，事事处处为旅客解决问题。

◎热情耐心，即将旅客的问题当作自己的问题，将旅客当作自己的亲人，耐心地倾听、帮助旅客解决突发问题。

◎换位思考，即站在旅客的角度为旅客考虑问题，设身处地地为旅客解决问题。

3. 5C 原则

所谓 5C 是指清晰（Clear）、简明（Concise）、准确（Correct）、完整（Complete）、有建设性（Constructive），即在安抚旅客的过程中，表达的安抚信息要结构完整、顺序有致、信息清晰完整；语言简明、表达准确、无歧义；在充分考虑旅客的态度和接受程度的基础上，提出有建设意义的安抚型解决方案。

4. 投诉有门、责任到人

建立便捷、完善的投诉机制，让旅客有地方发泄"不满的声音"，让突发事件的有关责任人承担相应的责任与惩罚，让旅客的投诉落到实处，才能不断提高民航服务质量，从根本上化解旅客的不满与愤怒，实现旅客安抚。

5. 处理恰当、补救及时

面对突发事件给旅客带来的人身、心理、财产伤害，真诚的道歉是必不可少的。但仅仅是口头道歉还远远不够，民航公司和服务人员还必须根据相关法律法规、公司章程制度等，及时采取补救措施，并对旅客进行合理的赔偿，争取旅客的谅解。

（二）安抚旅客的技巧

1. 眼看——观察服务技巧

在民航突发事件发生后，旅客的情绪很容易被激化，整个人都会处于敏感期。因此，民航服务人员应重视"观察服务"，及时发现旅客的细小变动，用心体贴，善解人意，急旅客之所急，想旅客之所想。努力做到在旅客"要求服务"之前将服务送到他身边，实现与旅客的心灵沟通，掌握突发事件处理的主动权。"先发制人"避免旅客情绪恶化后带来的一系列问题。

2. 耳听——倾听安抚技巧

专心致志地倾听能够让沟通对象感受到你对他的尊重、接受和认可，从而更加深入地与你进行进一步沟通。良好的倾听能够缩短沟通双方的心理距离，让沟通变得顺畅。

（1）倾心。

所谓倾心，是指用心聆听，即使在看不见对方的情况下也要让旅客感受到他是你的"上帝"，你在全身心地为他解决问题。每个旅客的成长背景、性格、人生经验、教育程度、文化水平、价值观念都有所不同，对同一信息的表达和理解自然也会有所不同。因此，民航服务人员在倾听旅客的抱怨或投诉时，要善于"倾心倾听"，把握沟通信息的重点，保证沟通信息的真实性和准确性。只有及时准确地了解事情的真相，才能判断旅客投诉或抱怨的情况应该由哪个管理者或哪个管理部门负责，之后根据事情的经过核实下一阶段的处理方式。

为了倾听到对方要表达的确切意思，"倾心倾听"还要求民航服务人员在倾听的过程中适当地向对方求证信息的准确性。例如"请问您说的是这个意思吗？""请问我这样理解您的意思对吗？""请问您这个问题是否可以这样描述？"等。

【案例】

> 国内某航班上的一位外籍客人在头等舱刚一落座，就对空中乘务员的服务语段挑毛病，他的表现立即吸引了乘务长的注意。乘务长走近他，先是认真地倾听了他对配餐、报刊的种种不满，接着真心诚意地请教他："先生，您见多识广，国外著名航空公司的班机您肯定坐过不少。请教一下，您认为我们在服务方面存在哪些不足？"在回答完乘务长请教的问题之后，那位外籍旅客态度变得平和了。

（资料来源：金正昆《服务礼仪教程》）

民航服务沟通技巧

（2）倾情。

所谓倾情，是指在聆听时灌注自己的情感，对顾客的痛苦和不幸做出应有的回应，与其"同呼吸，共感受"。

基于客户异议的理论，一方面，客户在购买服务或商品时，有着自己的心理需求和预期，他们除需要获得等价值的商品或服务外，还需要被尊重，需要表达的意思或情绪被理解，需要表示的异议被认同等。而另一方面，在与客户沟通的过程中，服务人员更多的是从自己所理解的角度介绍和建议，并坚持自己的观点，试图"说服"客户接受自己的观点，甚至变相反驳客户或求证对方的错误来证明自己观点的正确性。两者心理方面的不契合导致客户产生异议，如果服务人员仍然坚持自己的主张，那么异议基本难以消除，甚至会越演越烈。

在民航突发事件发生后，旅客的质疑与异议显而易见。如果在这个时候，民航服务人员在倾听过程中仍然保持冷静的态度，向其解释民航公司的章程规定，很容易给旅客造成一种"我的需求不被重视""我的人格不被尊重""我的异议不被理解"的错觉。

因此，面对旅客的异议，倾心倾听还远远不够。民航服务人员在安抚旅客的过程中还必须投入自己的感情，从情感上、心情上认同旅客的异议，与其做好情感互动。在倾听的过程中适当地表示自己对旅客遭遇的同情，不时地点头示意，必要时适时表达自己的态度。例如"我非常能够理解您现在的心情……""您先别着急，慢慢说……""我也非常希望飞机能够尽快起飞，少耽误您一些时间……"等。

（3）倾倒。

所谓倾倒，是指不论顾客说了什么，哪怕是愤怒到胡言乱语都要表现出对顾客的理解，让自己成为顾客倾倒负面语言的"垃圾桶"。换一句话，即永远将"服务第一""顾客是上帝"的信念放在首位。在安抚旅客的过程中，时刻谨记"旅客总是对的"，不与之争论，不立马辩解，等到旅客冷静之后再做后续处理。

【案例】

> 一个炎热的夏天，某航班起飞的时间是正值中午，飞机在旅客全部登记后出现故障。当时，机舱外的温度超过了30℃，由于飞机故障，空调系统无法启动。机载旅客众多，飞机密封不通风，机舱内的温度达40℃。旅客们的抱怨声此起彼伏，"这哪里是坐飞机，简直是洗桑拿！""你们这也叫飞机！""我们要退票！""服务员，再这样下去，我父亲的心脏病会犯的！"
>
> 乘务组非常能够理解旅客的心情，在广播中对由机械故障给旅客带来的不便表示歉意，并希望通过乘务员的服务来弥补。乘务长与机长协商将客舱门全部打开通风，与地面保障部门联系申请配备了大量冰块，用小毛巾包上冰块发给每一个客人，然后向旅客发放冰饮。乘务员们穿梭在客舱里，为年龄大的老人更换了更加宽敞的位置，用报纸折成一把把小扇子……
>
> 汗水和微笑同样挂在脸上。难熬的一个小时终于过去了，飞机故障排除了。在40℃

的高温下工作，乘务员的衬衣和马甲都湿透了。当乘务长带领乘务员站在客舱里对旅客的理解和支持表示感谢时，客舱里响起了雷鸣般的掌声。

面对旅客们此起彼伏的抱怨，乘务员们将自己当作"怨言垃圾桶"，将旅客的不满照单全收，并保持着一如既往的优质服务。最终他们用无可挑剔的服务成功安抚旅客，并获得了所有旅客的认可与感谢。

（4）不打断倾听。

所谓不打断倾听，是指在倾听顾客的过程中不宜打断对方说话，让其能够顺畅、自由地表达想法。

3. 口说——语言安抚技巧

语言的沟通全面、直接、互动并且能够获得立即反馈，是安抚旅客中最常见的沟通方式。

（1）正确称呼旅客姓氏。

正确地称呼他人姓氏，可以使原本陌生的两个人在短时间内拉近距离，能够有效缓解气氛，给人被尊重感。

（2）恰到好处的语气与语调。

实验发现，一个人要向外界传递完整的信息，单纯的语言成分只占到7%，而语气语调占到了38%。气长、气短、气壮、气虚都会给顾客传递信息。亲切的语气、柔和的语调往往给旅客传递出一种商量的信息，让人感到愉悦、亲切。这样的信息带着柔和的征服力，让激动、强硬的旅客"丢盔弃甲"。

语气——亲切的语气往往较缓和，不急促。例如，安抚沟通的开场白"您好"，如果在安抚旅客的过程中，将"您好"的语气说得很急促，甚至不到半秒的时间，会给顾客一种强硬、不专业、不重视的感觉。相反，如果将"好"字的发音适当拉长，会显得较为柔和、亲切。同时，正确地使用语气词也非常重要。

【案例】

比如旅客提出要民航服务人员帮助其寻找丢失的物件时，如何回答他效果更好？

A："那好吧"

B："好吧"

C："好"

A的回答，即使你是抱着想帮助他的心态，但语气词"那好吧"让顾客感觉想让你帮忙仿佛比上刀山还困难，明显就是想推诿。这样的语气词往往会让旅客对你的服务态度产生怀疑。

最后，旅客的问题如果未能得到很好的解决，旅客就会很自然地联想到你究竟有没有帮他。

B 的回答，感觉你不够诚恳、不热心，像是在敷衍了事。

C 的回答，爽快利落，旅客入耳会有一种五脏六腑都被熨斗熨过一样，无一处不服帖。即使经过努力后，事情仍然无法解决，旅客仍然会给予你充分的肯定。

语调——好的说话语速原则上达到"匹配"最佳。如果面对年龄较长、听力并非很好的旅客，你妙语连珠快速地说了一堆安抚的话，很有可能你的长篇大论在对方的耳朵里都变成了一片混乱，一句也没有听进去。但如果遇到旅客语速较快，说话像机关枪一样，而你在安抚他时却慢条斯理，跟不上他的节奏，很容易让对方觉得"你的反应怎么这么慢""你说得这么慢无非就是浪费我的时间"。

因此，在安抚旅客的过程中，语调以"匹配"最佳，同时要注意"疾得有利，徐得有力"。也就是说在安抚旅客的过程中：

◎不要平铺直叙式，否则只会达到催眠效果，让旅客把握不到你的重点；

◎将某些重要的词稍微放慢一些，给足够时间让旅客消化你的语言；

◎适当地"慢"一点，让自己喘口气、深呼吸，不至于出现气急或上气不接下气的情形；

◎"快慢"搭配，张弛有度，自然而然地表现出从容不迫的精神和顿挫分明的权威感，从而打消旅客的部分焦虑。

（3）多用敬语。

敬语是指对听话人表示尊敬的语言手段。它既是谈吐文雅，展现风度与魅力的重要表现，又是尊重他人并获得他人尊重的必要条件。在人际交往中，多使用敬语有利于创造和谐融洽的氛围，使沟通变得自然舒适。

民航服务人员在安抚旅客的过程中多用敬语既能表现出对旅客的尊重，又能缓和氛围、缓解旅客的不满。总结起来，民航服务人员应该：

①相见道好——主动使用问候型敬语。问候型敬语是人与人彼此相见，互相问候时使用的敬语。民航服务人员经常使用的这类敬语包括"您好""早上好""晚上好"等。这类敬语的使用既表示尊重，又显得亲切，充分体现了说话者的涵养、风度和礼貌。面对面露难色甚至满腔怒火的旅客，面带微笑地亲切问候一句"您好，请问有什么可以帮您?"，相信这会让他的情绪有所缓和。

②托事道请——擅长使用请求型敬语。人生在世，不可能"万事不求人"，有求于他人时，言语中冠以"请"字，会赢得对方理解、支持。民航服务人员找旅客帮忙的机会较为少见，但请求旅客"配合"的情况却不胜枚举。在请求旅客配合的情境下，说一句"请""拜托""麻烦您"往往效果要好得多。

③失礼致歉——灵活使用致歉型敬语。致歉型敬语常常用于失礼于人的时候，是在安抚旅客的过程中最常使用的敬语。

谦恭的道歉能够让旅客感受到民航服务人员乃至民航公司的真诚和歉意。及时真诚地说一声"对不起""打扰您了""非常抱歉""请多包涵"就会使旅客趋怒的情绪得到缓解，化干戈为玉帛。当然，在安抚旅客的过程中，要灵活掌握致歉型敬语使用的频率和内容的变化，避免机械式的重复。

（4）多用委婉的词语、句式。

同样的意思用不同的语言表达出来，是语言沟通技巧的关键所在。说话直白、语气生硬或者缺乏热情都会使对方难以接受你的观点。不恰当的措辞会让谈话不欢而散，无法实现有效沟通。

在民航突发事件处理过程中，民航服务人员应该学会多使用委婉的词语、句式，让旅客更能接受安抚，即：

①少用祈使句。祈使句多用于要求、请求或命令、劝告、叮嘱、建议别人做或不做一件事。句中的主语常常被省去，句末一般用感叹号，多数情况下语气较强。例如"保持肃静！""此处不准停车""此处不准吸烟"等。

但祈使句中也有表示请求的句式，例如"请等我一会儿"等。因此，如果民航服务人员需要使用祈使句，也要使用请求句式的祈使句。不说"等一下"，而说"请您稍等一下"；不说"把身份证递给我"，而说"请把您的身份证递给我一下，谢谢"。

②少用否定句。否定句是表示否定的句子，通常句子中有否定副词"不""弗""毋""勿""未""否""非"，或是否定动词如"无"。这样的句式拒绝意思明显，不但不能安抚旅客，反而会让旅客的情绪变得更糟。例如，不说"我不知道"而说"这个问题等我再去确认一下再来答复您，好吗？"；不说"这里是禁烟区，请您不要在这里吸烟，因为这是本店的规定"，而说"实在抱歉，如果您想吸烟可以到那边的吸烟室，谢谢您的配合"等。即不用"不会""不行""不要"，而用"可以……吗？"

③少用反问句。反问句是疑问句的一种，虽然表面上看起来是疑问的形式，但其实质上表达的是肯定的意思，甚至比陈述句的语气更强。例如"难道我会不知道？""难道我有这么笨吗？""难道我想在这里浪费你们的时间？"等等。诸如此类的反问句充满了说话人充沛强烈的情感，不但不能起到安抚旅客的作用，反而会让旅客觉得你态度不佳，导致矛盾激化。因此，民航服务人员应该将"难道我会不知道"改为"我知道……"；将"我这正忙着呢，不能等一下吗？"改为"不好意思，您稍等一下好吗？"

④不说伤害旅客尊严的词、句。例如尽量不要直接对旅客说"残疾人""便宜的机票"等可能会伤害旅客尊严的词、句。

【案例】

1. 当顾客不满航空公司给出的应急方案时。
错误示范：这是公司的规定，我们也没有办法。

委婉表达方式：在公司相关程序未修订之前，目前我们只能对这件事做出这样的处理，请您谅解。同时也很感谢您对我们公司提出的宝贵建议，您的意见我也会反馈到相关部门，谢谢。

2. 当顾客对航空公司给出的应急方案存在疑问时。
错误示范：难道我说得不够清楚？你还不明白吗？
委婉表达方式：请问您对我的解释还有什么疑问吗？

3. 当旅客购买了特价机票想要退票时。
错误示范：因为您购买的是低折扣机票，所以不能更改。
委婉表达方式：因为您购买的是优惠机票，而这些机票是有特定的限制条件的，不得更改、升舱、退票、签转。所以很抱歉我没有办法帮您办理退票，请您理解。

总而言之，在安抚旅客的过程中，要时刻将"我很乐意帮助您"的信号传递出去；即使你无法帮助旅客，也要讲"不是我不想帮助您，实在是没有办法帮到您"的信息传递出去。

（5）避免错误引导性语言。

在突发事件处理过程中，还应做到具体问题具体分析，即旅客咨询什么问题就只需回答什么问题；偶尔可以向其解释相关业务的规定，但解释时一定要有分寸，避免错误的引导性语言。尽可能做到简洁、清晰，有条理地传递有效的信息。

【案例】

例如航班出于航空公司原因取消，其相关部门虽然也会尽力给旅客安排后续航班。但对于要办事的旅客来说，航班的更改势必会打乱其行程、扰乱其原有计划。在这种情况下，旅客势必会向航空公司投诉。生气的旅客也许会在投诉时喋喋不休："你们航空公司说取消就取消了，影响了我的行程，你说我该怎么办？"
错误指引是：请问您是想退票还是想赔偿？
解析：这种回答从某种意义上确实是站在了旅客的角度去解决问题。但这并不是最佳的处理方法。一般情况下，每个航空公司都有权利根据航空运力情况调整航班。在旅客未提及"退票或赔偿"的情况下，民航服务人员切不可主动引导旅客走向误区。

（6）把握提问的技巧。

在与人沟通的过程中，善于提问才能让对方表达出内心的真实想法，才能准确把握对方的需求和情感。提问的方式主要包括：

◎开放式提问：5W 1H（What/Who/Which/Where/Why/How），不限制答案的提问方式。例如："请问您需要我帮您做什么？"

◎封闭式提问：以 Y/N（Yes/No）来回答，确定事实的提问方式。例如："请问需要我帮忙吗？"

◎探讨式提问：就某一问题开展深入讨论的提问方式。例如："您看下一步要怎样处理比较好。"

在安抚旅客的过程中采用哪种提问方式应该具体情况具体分析，应该在综合考量自身能力和顾客潜在需求后选择合适的提问方式。从简单的问题入手，逐渐培养出旅客的信任感，引导其表达真实想法，从而更好地了解其需求，做出应对之策。

（7）灵活运用幽默的语言。

幽默是人际关系的润滑剂，幽默的语言能够使沟通事半功倍，使剑拔弩张的气氛变得缓和，避免出现令人难堪的场面。美国作家特鲁讲道："当我们需要把别人的态度从否定改变到肯定时，幽默力量具有说服效果，它几乎是一种有效的处方。"他还讲道："幽默帮助你解决人际关系问题。当你希望成为一个克服障碍、赢得他人喜欢和信任的人时，千万别忽视这种神秘的力量。"可以说，幽默是社交成功的法宝，更是服务成功的法宝。

因此，民航服务人员在其服务过程中，应该始终保持幽默感，化解突发事件带来的各种矛盾和问题。

【案例】

某乘务组执行沈阳—上海的航班，机型是 A310。由于处理机械故障需要等待机务人员从上海送航材，飞机延误长达 11 小时。起初，航空公司没有料到情况会这么严重，所以让旅客登机了。而后，旅客几乎所有的时间都在飞机上度过，乘务组想尽各种办法缓解旅客的情绪——餐食发完了，饮料发完了，甚至连报纸也送完了，但是飞机还是延误，旅客们的怨气越来越重。

这时，一位旅客操着东北口音对乘务长大喊："你能不能把飞机上的投影给整出来？"乘务长知道飞机上的录像设备已经不能使用，但如果回答"飞机陈旧，投影设备已经不能使用了"一定会给旅客增加不必要的担心，并且会激化现场的怨气与矛盾。她灵机一动，对旅客说："先生，看投影仪有啥意思啊？刚才乘务员不是给您表演了'真人秀'吗？又是氧气面罩，又是救生衣的是吧？这样吧，现在天也黑了，我一会儿让乘务员把客舱灯关了，巡视的时候舞动起来，给大伙表演个'皮影戏'，怎么样？"听了这话，旅客哈哈大笑，学着赵本山的家乡话说了一句"谢谢啊！"乘务长赶紧接一句"缘分啊"。之后，客舱的气氛逐渐融洽起来，旅客们纷纷让乘务员歇会儿，聊聊天。

乘务长的幽默成功地将客舱"解冻"，让旅客的态度也发生了 360 度转变。民航服务人员在安抚旅客的过程中，当简单的道歉和解释都无法生效时，不妨试试幽默的技巧，打开旅客的心扉，让气氛变得轻松愉悦起来。

4. 肢体沟通技巧

除了眼看、耳听、口说之外，肢体语言也是安抚旅客的重要方式。肢体语言是潜意识的外在表现，最接近人的真实内心，在沟通中起着举足轻重的作用。它通过头、眼、颈、手、肘、臂、身、胯、足等人体部位的协调活动来传达人物的思想，借以表情达意。这些

肢体语言细节向旅客传递着各种信息，能够显著影响旅客的情绪。因此，民航服务人员在安抚旅客的过程中，必须学会发挥肢体语言的作用。

民航服务人员不但需要读懂旅客的肢体语言，更需要注意以下方面：

◎形象：民航服务人员的形象应该是整洁、美观、大方、朴实的。好的形象能让人赏心悦目，让旅客更愿意接受你的安抚。

◎仪态：仪态反映了一个人的精气神，民航服务人员应该做到"站如松、行如风、坐如钟"，这也是民航服务人员专业性的表现。

◎表情：真诚的微笑是最美好的语言。但在突发事件情节较为严重时，民航服务人员最好还是不要随意展示不合时宜的"微笑"。

◎目光：要保持与旅客的眼神交流，注意保持目光的友好、亲切、坦诚和坚定。同时注视的时间和空间要适当，不要盯着旅客看，也不要眼神游离、四处乱瞟。

◎手势：轻柔地拍肩膀可以起到安抚的作用，但大幅度的比画只能激化旅客心中的不满。

◎其他：根据实际情况，本着"尊重旅客、方便旅客"的原则进行把握。

肢体语言的沟通渠道

肢体语言	行为含义
手势	柔和的手势表示：友好、商量； 强硬的手势表示：我是对的，你必须听我的； 扭绞双手表示：紧张、不安或害怕； 双手放在背后表示：愤怒，不欣赏，不同意，防御或攻击； 环抱双臂表示：愤怒，不欣赏，不同意，防御或攻击。
表情	微笑表示：友善礼貌； 眯着眼表示：不同意、厌恶、发怒或不欣赏； 皱眉表示：怀疑和不满意； 点头表示：同意或者明白了，听懂了； 摇头表示：不同意，震惊或不相信； 眉毛上扬表示：不相信或惊讶； 咬嘴唇表示：紧张、害怕或焦虑。
眼神	盯着看表示：不礼貌，但也可能表示感兴趣，寻求支持； 正视对方表示：友善、真诚、外向、有安全感、自信或笃定； 避免目光接触表示：冷漠、逃避、不关心、没有安全感、消极、恐惧或紧张。
姿态	双臂环抱表示：防御； 身体微向前倾表示：注意或感兴趣； 懒散地坐在椅中：无聊或放松； 抬头挺胸表示：自信、果断； 坐在椅子边上表示：不安、厌烦或提高警觉； 打哈欠表示：厌烦； 挠头表示：疑惑或不相信； 抖脚表示：紧张。
声音	演讲时抑扬顿挫表示热情；突然停顿是为了造成悬念或吸引注意力。

5. 旅客情绪管理技巧

无论是哪种类型的突发事件，都会给旅客的心理产生相当大的冲击和压力，使旅客处于强烈的冲动、焦躁或恐惧之中。因此，安抚旅客的首要技巧就是学会控制、管理旅客的情绪。

肖汉仕提出"情绪管理是指用心理科学的方法有意识地调适、缓解、激发情绪，以保持适当的情绪体验与行为方式，避免或缓解不当情绪与行为反应的实践活动"。虽然情绪不能完全消灭，但可以进行有效疏导、有效管理和适度控制。这样的情绪管理不但可以作用于自己，同样可以作用于他人。因此，民航服务人员在安抚旅客的过程中，应该学会使用情绪管理的技巧，提高安抚效果。其具体做法包括以下几个：

（1）尊重技巧。

所谓"伸手不打笑脸人"，彼此尊重是与人沟通的基本原则。只有良好的态度才能让旅客接受你、了解你、认可你。在突发事件发生后，民航服务人员更应该始终保持谦虚的态度，将旅客"视为上帝"，让其感受到航空公司对他的重视和尊重，逐渐化解心中的不满，进而接受航空公司的歉意与补偿。

这需要民航服务人员在安抚旅客的过程中，始终保持良好的姿态，身体前倾；做好表情管理，学会用目光与对方交流；进退适宜，双向互动；避免任何不礼貌的举止等。

当然，尊重技巧并不意味着一味地妥协和退让。尊重是双向的，民航服务人员应该尊重每一位旅客，也应该获得旅客的尊重。

（2）积极心理暗示法。

就如同生命具有周期一样，人的情绪同样具有"情绪周期"。在民航突发事件产生后，绝大多数旅客的内心都处于"情绪低潮期"。处于这一情绪期的人们，很容易产生反抗情绪，容易喜怒无常，感到寂寞和孤独。

【案例】

消极心理暗示导致死亡案例

心理学家加德纳曾以一个死囚为样本，对他说："我们将进行一项实验，你执行死刑的方式是因被放血而死，这是你死前对人类做的一点有益的事情。"这位犯人表示愿意这样做。

实验在手术室里进行，犯人在一个小间里躺在床上，一只手伸到隔壁的一个大间。他听到隔壁的护士与医生在忙碌着，准备给他放血。护士问医生："放血瓶准备五个够吗？"医生回答："不够，这个人块头大，要准备七个。"护士在他的手臂上用刀尖点了一下，算是开始放血，并在他手臂上方用一根细管子放热水，水顺着手臂一滴一滴地滴进瓶子里。

犯人只觉得自己的血在一滴一滴地流出，滴了三瓶，他已经休克，滴了五瓶他就已经死亡，死亡的症状与因放血而死一样。但实际上他一滴血也没有流。

这就是心理暗示的作用，犯人被暗示自己将会因放血而死，管子里放出的热水也在不断刺激和强化着这个暗示，在这个暗示的影响下，尽管他没有失去一滴血，还是死了。处于情绪低谷期的旅客，很容易产生各种消极暗示，并在消极暗示的结果下做出一些过激行为。

因此，民航服务人员在安抚旅客的过程中应该重视对旅客的积极心理引导，宽容、体谅旅客的心境，帮助其走出情绪低谷，以积极乐观的心态看待各种突发事件。

例如，当飞机遇上气流，机身开始抖动时，不少旅客就会感到慌张、担心。这个时候，民航服务人员应该主动宽慰旅客："飞机遇上气流，抖动是正常情况。本次航班的飞行员们都是经过严格的训练挑选出来的，而且飞行经验丰富，一定能够安全地飞过气流，请各位旅客安心。"让旅客明白机身抖动并不是因为飞行或飞机故障，而是正常情况。通过类似的言语指导和暗示，缓解旅客的紧张情绪。

（3）注意力转移法。

注意力转移法，就是把注意力从引起不良情绪反应的刺激情景上，转移到其他事物或者从事其他活动上去。在安抚旅客的过程中，民航服务人员同样需要利用注意力转移法，将旅客的关注点转移到刺激情景以外的事情上。

一般来说，旅客乘坐飞机的共性心理主要表现为：安全需求、顺畅需求、快捷需求、方便需求、舒适需求和安静需求等。其中，安全需求是旅客最基本也是最重要的需求，保证人身和财产需求是旅客的心理底线。民航突发事件的发生或多或少地导致旅客的某些需求无法得到满足，容易引起旅客的抱怨与不满。因此，民航服务人员在安抚旅客的过程中应给予旅客以充分的理解。同时，善于利用旅客所关注的主要需求，转移旅客注意力，降低旅客的不满度。例如，在航班因机械故障延误时，民航服务人员可以从安全的角度对旅客进行引导，告诉旅客彻底安全检查维护的必要性，转移旅客的注意力，从而提高安抚效果。

二、突发事件播音内容及技巧

心理学中将注意力定义为人类心理活动指向和集中于某项事物的能力。俄国著名教育学家乌申斯基曾提出，"注意，是人类心灵中的唯一门户，意识中的一切，必然都要经过注意才能进来"。根据他的理论，人们在接收广播播音时，会产生以下的特点：

◎人类的正常心理活动方向总会进行有意或者无意的选择，而这通常是人类的注意力在产生作用；

◎人们每天都会接收到各种各样的信息，而当接收者随机或无意识地接收到与自身或自身的需求相关的信息时，就会产生一定强度的刺激，从而使信息的接收者从被动接收转变为主动注意；

◎在此基础上，接收者接收到有价值的信息后，就会调动身体更多的感知和思维等资源，对此信息进行更高程度的关注，投入更多的精力，并与信息形成一定的互动关系。

在信息时代的背景下，人们不再是信息的被动接收者，而是主动信息的选择者。民航突发事件播音所传达的信息通常是旅客在精神高度紧张的情况下接收到的与自身需求密切相关的信息。在此基础上，旅客很容易与突发事件播音信息产生互动关系，对突发事件播音做出强烈的反应。因此，拿捏得当的播音内容和恰到好处的播音技巧是发挥突发事件广播播音效果的关键所在。

（一）突发事件播音的内容

心理学者庞勒认为，在危急时刻人群的思想和感情通过暗示和相互传染而进入情绪化的集体无意识状态，这种情绪的爆发常常隐藏着强大的破坏性，容易冲动、失控而导致许多群发性事件。在这种情况下群体会作出怎样的反应，很大程度上依赖周边的环境传递出怎样的信息，群体所接收的暗示具有怎样的性质。

美国社会学家 G. W. 奥尔波特和 L. 波斯特曼在《流言心理学》中提出了流言传播规律：R（流言流通量）＝ I（问题的重要性）×A（证据的暧昧性）。从这个公式可以看出，重大突发事件中，如果权威信息不能及时发布，谣言就会加倍流通，来自非正规渠道夹杂着谣言的信息就会大行其道。而一旦流言大行其道，民航官方便丧失了突发事件的描述权、解释权和舆论主导权。即使事后民航官方公布再多的事实真相，公众仍然难以相信"迟来的解释"。

在民航突发事件中，民航广播是受困群体信息环境的主要构建者；尤其是当发生机上突发事件时，民航广播更是受困群体信息环境的唯一构建者。因此，民航突发事件的播音内容承担着向旅客传递真实、全面的权威信息，消除旅客的各种误解，维护现场秩序稳定的重要责任。为发挥广播的"定心丸""减压阀"作用，民航广播播音的内容必须包括：

1. 突发事件的起因

民航突发事件起因的播报是对突发事件解释的一部分，能够在一定程度上争取到旅客的了解。例如，当飞机延误时，如果航空公司不说明，让旅客白白等上几十分钟甚至几个小时，恐怕很难让旅客接受。相反，如果航空公司能够将"天气恶劣不适宜飞行"等正当原因传达给旅客，就比较能够获得旅客的谅解。

但并不是所有的突发事件的起因都能够在第一时间告知旅客。如果突发事件的原因尚处于调查中、不能确定，或是突发事件的原因不宜告知普通大众旅客，则应该坚持"快报事实，慎报原因"原则。

2. 突发事件处理方法

从心理学的角度分析，每一个人都具有以自我为中心的价值倾向，即与自我相关的事

物，一定是其最为关注的事物。对于广播听众而言也是如此，旅客更多的是希望听到有关自己需求的信息。在民航突发事件播音中，与旅客息息相关的便是"突发事件处理方法"。因此，作为突发事件广播播音工作者，就应该站在旅客的角度和立场进行思考，在有限的时间内给出恰当的突发事件处理方法。

按照马斯洛的需求分层理论，人的需求分为生理需求、安全需求、从属与爱的需求、被尊重的需求以及自我价值实现的需求等五个层次。为满足其生理需求，在民航广播中必须告知旅客突发事件救援的进展、救灾物资的领取方式、获得救助的渠道、重建的方案、避免次生灾害的知识和卫生防疫的常识等信息。

在安全需求层面，民航广播还应提供心理抚慰。研究显示，"处于紧张状态的人对声音有异常的敏感"。民航广播通过即时报道能够有效减少旅客心中的恐慌，使其产生心理安全感。危机发生时，民航广播所传出的声音可以让受众感到精神上的依托，觉得在突发事件中社会的运转还在正常进行，各方力量都在共同参与救灾。这些帮助性的提示和积极的信息能够有效帮助旅客建立起心理安全感，拥有克服危机的希望，鼓励他们走出困境。

【案例】

南航新疆广播词里的春运故事

对中国人来说，过年回家寄托着太多的情和梦。只有经历过春运的人，才能真正理解中国的春运。在出于天气原因造成的飞机延误后，在拥挤的人潮中，从来不乏摩擦和争吵，但因为同是天涯归家人，也从来不乏理解和互助。在客观条件无法改变的情况下，因守望相助焕发出来的人间真情，让归家之路多了些关爱和温暖。大年三十前夕，南航新疆分公司乌鲁木齐—伊宁航班，因伊宁连日大雪导致航班延误，在机长高智勇"再着急也不能冒险，一定要保证旅客安全"的原则下，机组人员与旅客共度两天一夜，乘务组真挚诚恳的广播词得到了旅客们的理解。

"亲爱的旅客朋友们：这里是乘务长广播。您选择乘机出行都是为了更加快捷、舒适地到达旅途的目的地。但有时却不能遂人愿——天气原因、航空管制都会造成航班的延误。尤其在过年节假日到来之际，航班延误会加剧您的焦虑和疲劳，作为机组人员，我们十分能够体谅您的各种感受，但是请相信平安出行是南航地面空中各个系统的工作人员与您的共同追求，无论是在候机楼陪您全天焦灼等待的地面服务人员，还是现在在驾驶舱里一直保持与塔台联系获取最新消息的机组人员，包括此时此刻您从舷窗边就能看到的仍在风雪中反复清理跑道的工作人员……所有的人都想把您顺利地送达目的地与您的亲朋团聚，但是前提是'平安、安全'……现在跑道的摩擦系数还依然不能达到起飞标准，希望您和我们一道继续保持等待的耐心……"

"亲爱的旅客朋友们：今天是大年二十九，是大家特别渴望回家的日子，这是我们共同的情结，在这里，特别感动于各位旅客在今天登机时为我们绽放的笑容！昨夜的航班延误与取消给您平添了不少劳累和辛苦，耽误了您回家的行程，但旅客们都以自己的理解和宽容给予了我们最大的善意，还有机舱里小朋友们纯洁的小脸带给我们的欢乐——这才是这个新年最好的礼物：旅途虽有波折，但却收获意外的真心情意！

在本次航班即将结束之际，请允许我们向您致以最真诚的敬意与感谢！同时还要感谢驾驶舱里的两位机组人员严谨的责任心，感谢客舱里各位同事两天以来的通力配合，祝福全体旅客在新的一年里合家幸福，出入平安，希望在新的一年里继续有机会为您服务！谢谢！"

（二）常用突发事件播音词

民航突发事件的类型多样，不同的突发事件播音词也不尽相同。总结起来，主要的突发事件播音词包括：

1. 起飞前突发事件播音内容

（1）飞机延误基本播音内容。

女士们，先生们：

你们好！我是本次航班的（主任）乘务长××，首先我代表南方航空向您致以最诚挚的问候。今天由于××（飞机晚到/机场天气不符合飞行标准/航路交通管制/机场跑道繁忙/飞机故障/等待旅客/装货等待/临时加餐）耽误了您的旅行时间，希望能得到您的谅解。

（2）延误后对转机旅客的广播。

女士们、先生们：

本次航班由××原因造成延误，耽误了您的宝贵时间，给您的出行造成了很多不便，我们对此表示歉意。

需要转机的旅客，请您告诉客舱乘务员，我们将尽快为您联系地面工作人员。飞机落地后，将由他们协助您办理转机事宜。如有其他需要，也请随时提出，我们将尽力为您服务。

（3）安抚型广播。

女士们、先生们：

现在是乘务长广播。今天我们的航班由××（天气不符合飞行标准/航空管制/机械故障/个别旅客）原因造成了延误。您急切的心情我们非常理解，但是，当安全和正点发生矛盾、不能兼顾时，我们会首选安全。我们感谢您的宽容和理解，您的耐心等候和积极配合是对我们工作的巨大支持。我们机组全体工作人员代表南方航空公司再次感谢您的理解与配合。谢谢！

（4）等待旅客登机播音内容。

女士们、先生们：

由于部分旅客

◎还没有办完登机手续，他们将很快上机。

◎已办完登机手续，但仍未登机。

◎正在中转到我们飞机。

请您在座位上稍等片刻。谢谢！

（5）等待起飞播音内容。

女士们、先生们：

由于××（航路交通管制/机场跑道繁忙/机场天气不符合飞行标准/机械故障），目前我们暂时还无法确定起飞时间（预计等待时间不会太长），请大家在座位上休息等候，如有进一步的消息，我们会尽快通知您。在此期间，我们将为您提供饮料服务/餐饮服务。谢谢您的理解与配合！

（6）机械故障播音内容。

①需到候机厅等待通知。

女士们、先生们：

接到机长的通知，由于××天气尚未好转（排除飞机的故障还需要一定的时间），我们将安排您到候机厅休息等候。请您配合我们的工作，带好您的机票、登机牌下飞机，您的手提物品可以放在飞机上，但贵重物品请您随身携带。进一步的消息地面工作人员将随时广播通知您。对于由此给您带来的不便，我们深表歉意。再次感谢您的理解与配合！

②换乘飞机通知。

女士们、先生们：

非常抱歉地通知您，由于飞机的故障暂时无法排除，我们将换乘另一架飞机。现在请您带好全部手提物品随同地面人员下飞机。对于由此给您带来的不便我们深表歉意。感谢您的谅解与配合。

③机械故障排除通知。

女士们、先生们：

经过机组和维修人员的努力，现在飞机的故障已经排除，可以安全起飞了。感谢您在等待期间对我们工作的理解和支持，现在请大家回原位坐好。谢谢！

2. 飞行中的突发事件播音内容

（1）飞机颠簸播音内容

①普通颠簸。

女士们、先生们：

受航路气流影响，我们的飞机正在颠簸，请您尽快就座，系好安全带。颠簸期间，为了您的安全，洗手间将暂停使用，同时，我们也将暂停客舱服务。（正在用餐的旅客，请当心餐饮烫伤或弄脏衣物。）谢谢！

②持续颠簸。

女士们、先生们：

我们的飞机正经过一段气流不稳区，将有持续的颠簸，请您坐好，系好安全带。颠簸期间，为了您的安全，洗手间将暂停使用，同时，我们也将暂停客舱服务。（正在用餐的旅客，请当心餐饮烫伤或弄脏衣物。）谢谢！

（2）旅客突发疾病。

①找医生。

女士们、先生们：

请注意！现在飞机上有一位（重）病人需要帮助，如果您是医生或护士，请立即与我们联系。谢谢！

②机上有病人备降。

女士们、先生们：

请注意！现在飞机上有一位重病人需要尽快抢救，为了保证病人的生命安全，机长决定临时降落在最近的××机场，飞机将在××分钟后到达。我们非常感谢您的理解与支持！

（3）下降加油。

女士们、先生们：

我们刚刚接到机长的通知，由于航路有（较）强逆风，飞机油料消耗较大，机长决定将在××机场降落加油，到达××（终点站）的时间将会受到影响。飞机将在××分钟后抵达××（备降）机场，对于由此给您带来的不便，请您予以谅解。谢谢！

（4）中途站天气不好直飞。

女士们、先生们：

非常抱歉地通知您，由于本次航班的中途站××机场因××（天气不符合飞行标准/特殊原因）已经关闭，飞机无法降落，机长决定直接飞往××（终点站）。预计到达机场的时间是××。

原计划在××下机的旅客，我们将在飞机落地后为您联系地面工作人员，他们将会安排相关事宜。对于由此给您带来的诸多不便，请您予以谅解。谢谢！

3. 飞机准备、正在降落期间的突发事件播音内容

（1）空中盘旋。

女士们、先生们：

我们刚刚接到机长的通知，由于××机场××（天气不好/能见度较低/空中交通繁忙/停机坪拥挤，无停机位），我们将在空中盘旋等待。进一步的消息我们会随时通知您。谢谢！

（2）备降（降落站天气不好）。

①备降前通知播音内容。

女士们、先生们：

非常抱歉地通知您，由于降落站××机场天气不符合飞行标准，目前飞机无法降落，机长决定降落在××机场，待天气好转后再继续飞行。备降后的有关事宜，我们会随时通知您，飞机预计在××点××分到达××机场。谢谢！

②备降后通知播音内容。

女士们、先生们：

本架飞机于××原因备降在××机场。决定在此站下机的旅客，请务必与客舱乘务员或地面工作人员办理相关手续后再离开，以免给我们的后续工作及其他旅客带来不便。谢谢您的合作！

（3）返航。

女士们、先生们：

我们刚刚接到机长的通知，由于（飞机出现了一些机械故障/航路天气不符合飞行标准/降落站机场关闭），我们现在必须返回××机场，飞机预计在××点××分到达。对于由此给您带来的诸多不便，请您予以谅解。返航后的有关事宜，我们会随时通知您。谢谢！

4. 其他

（1）航班取消。

女士们、先生们：

我们刚刚接到机长通知，由于××（天气尚未好转/机械故障尚未排除），我们将取消今天的航班。请您带好全部手提物品准备下飞机。地面工作人员将安排有关事宜。由此给您带来的不便，请您予以谅解。谢谢您的合作！

（2）客舱起火。

女士们、先生们：

现在客舱前（中/后）部起火，我们正在组织灭火，请大家不要惊慌，听从乘务员指挥，我们将调整火源附近旅客的座位，其他旅客请不要在客舱内走动。严禁吸烟。谢谢！

（3）客舱释压。

女士们、先生们：

现在客舱发生释压，请坐好，系好安全带。用力拉下氧气罩，并将面罩罩在口鼻处，进行正常呼吸。在帮助小孩或其他人之前，请自己先戴好。飞机将会紧急下降，请听从乘务员的指挥。

谢谢！

（4）迫降。

①迫降通知播音内容。

女士们、先生们：

我是本次航班的乘务长。如机长所述，我们决定采取陆地紧急迫降，我们全体机组人员都受过良好的训练，有信心、有能力保证你们的安全。请听从乘务员的指挥。

②介绍应急出口位置，突出区域划分：

现在我们将向您介绍最近出口的位置，请确认至少两个以上的出口。撤离时，请前往最近的出口并不要携带任何物品。

③示范防冲击安全姿势：示范救生衣的使用方法。

现在我们将向您介绍防冲击的姿势。根据实际情况选择一种：两脚分开用力蹬地，手臂交叉抓住前方椅背，收紧下颚，头放在两臂之间；收紧下颚，双手虎口交叉置于脑后，低下头，俯下身。

④准备撤离时携带的物品。

⑤再次进行安全确认：

"请乘务员再次进行安全确认。"

⑥自身确认，报告乘务长。

报告机长："客舱准备完毕。"

⑦发出指令。

（5）广播找人。

女士们、先生们：

请注意！现在广播找人，××旅客，当您听到广播后，请您到××有人找（与客舱乘务员联系）。谢谢！

（6）失物招领。

女士们、先生们：

请注意！有哪位旅客在××遗失了物品，请尽快与乘务员联系。谢谢！

（7）经济补偿提供。

乘坐××航班的旅客请注意：

由于航班延误时间较长，我们在此表示万分歉意。我们将为您提供经济补偿，请您到××号登机口前与工作人员联系，谢谢合作。

（三）突发事件播音的技巧

麦克卢汉在《理解媒介》一书中指出："广播触及了人们的心灵深处。这是人与人之间的关系，这个关系形成了一个世界……从广播的至深处传来远古部落的鼓号声的回音。"作为一种盲媒体，广播"只闻其声，不见其貌"。正因为其传播渠道的单一性，听众只能接收到声音信息，再凭借自己的想象力去创造画面，广播成为最能凸显想象力潜能的媒体之一和最简便灵活的电子媒体。

在民航突发事件中，广播承担着传递信息、安排工作、安抚人心的重要作用。无论是其播音的内容还是播音的形式都对突发事件的应急处理举足轻重。仅有准确、严谨的播音内容远远不能发挥其应有的作用，还应掌握必备的突发事件播音技巧。

1. 基本技巧

基本技巧是根据航空公司的规定，向旅客提供广播信息时需遵守的基本要求。即在进

行民航广播时，要求吐字发音清楚明晰，具有良好的语言表达能力和较高的外语水平；广播语种以中文为先，英文居后，如有所需可以添加小语种及地方性语言；熟练掌握广播词的基本内容；语音语调热情、亲切；正确使用播音设备，发音音量适中；播音速度不宜过快；对旅客安全须知的播报，应同时配以行动演示；紧急广播由乘务长亲自播报。

2. 呼吸控制技巧

呼出的气息是人体发声的动力，声音的强弱、高低、长短以及共鸣的运用或呼出气息的速度、流量和密度都有直接的关系。气流的变化关系到声音的响亮度、清晰度以及音色的优美圆润、嗓音的持久性及情趣的饱满充沛，也就是说只有在呼吸得到控制的基础上才能谈到声音的控制。呼吸的作用还不仅仅限于作为发声的动力，它还是一种极重要的表达手段，是情和声之间必经的桥梁。要使声音能够自如地表情达意，那么播音员必须学会呼吸的控制和运用。在突发事件播音中，民航播音员一定要学会控制呼吸，不能有强烈的呼吸声，以免给旅客一种"大难临头"的感觉；要尽量以平稳的呼吸传递给旅客一种"安心"的感觉。

3. 音量控制技巧

音量的要求是面对话筒等电声设备时，话筒与嘴的距离保持约 30 厘米，使用比生活当中口语声音量稍微大一点的音量以此来调整、驾驭自己的声音。音量过大需要增大用气量，加大发声器官的紧张度；音量过小时对比度较差，吸气声和背景杂音很容易混进去。在突发事件播音中，民航播音员一定要把握发声音量变化的幅度，掌握语言的清晰度，结合播音内容的轻重缓急调整音量。

4. 内化与外化技巧

民航突发事件广播是有稿表达和临时发挥的结合体，做好突发事件广播，需要同时处理好播音内容的内化和外化问题。所谓内化是指把握播音内容，即深刻领会和体验播音稿所需要传达的信息和情感，并将其转化为自己的语言和情感，也就是说将规定化的播音稿结合现实情境转化成播音员自己的语言。所谓外化强调表达播音内容，即运用有声语言（并伴随态势语言）把作品的思想感情传达给受众，也就是要通过广播传递情感信息。

善用内化的技巧要求播音员在熟练突发事件标准播音稿内容的基础上，通过一系列的分析、综合活动与具体情境结合，达到对播音内容的理解、领会与灵活运用。这一技巧的关键在于具体情况具体分析，在遵守播音要求的前提下充分发挥播音员的才智，灵活对播音内容进行完善、丰富。

善用外化的技巧要求播音员能运用停顿、重音、语气、节奏等语言技巧把作品表现出来。

（1）停顿。

停顿除为了休息换气外，更是为了充分表达朗读者的思想情感。停顿包括语法停顿和语意停顿。语法停顿包括自然段落、标点符号的停顿，要显示条理分明。句子中也要注意逻辑停顿，语断气连就是其中的一个方法。

（2）重音。

重音就是在词和语句中读得比较重，扩大音域或延长声音，可突出文章的重点，表达自己的感情，重音可分为语句重音和思想重音。

（3）语气。

语气又称为语调，是能够表达说话人思想感情的语句的声音形式，也就是说话的调子、味道。

（4）节奏。

节奏是在一定事件内交替出现的有规律的运动现象，是声音的抑扬顿挫，轻重缓急的往复。

在紧急突发事件播音中要做到语气坚定、缓中有急，将如何应对突发事件作为"重音"传递给旅客，并通过语言技巧安抚不安的旅客。通过不同语言技巧的综合使用，增强突发事件播音的交流感和对象感，让旅客感受到播音人员想传递的情感信息。

三、突发事件的应对策略

马航 MH370 自 2014 年 3 月 8 日失联后，全球瞩目，连续多日占据舆论焦点。多国海空搜索，大海捞针却始终没能找到飞机的踪迹。事发后，马来西亚政府、航空公司自相矛盾，穷于应付，陷入被动，失信于民，让其突发事件的应急处理能力也同样站在了风口浪尖上。这实际上也给全世界有航空运输业的各国政府、企业提出了一个更不可忽视的问题"如果以后再遇到这样的突发事件，该如何有效及时应对"。

民航突发事件应急管理是民航安全管理的重要组成部分，是未雨绸缪、防患于未然的关键，更是决定着其亡羊补牢的能力。应对民航突发事件，其具体措施包括：

（一）加强应急管理体制建设

民航突发事件的应急管理是一个综合的、动态的过程，需要一个完整的应急管理体系来支撑其运行。只有各个部分理顺关系，明确职责，并逐步建立规范、协调、有序的应急管理工作长效机制才能提高突发事件处理、应对能力。

这个应急管理体系的构成应该包括多个内容和功能各有侧重的系统，比如指挥调度、处置实施、物资及人力资源、信息管理及决策辅助系统。不同的系统尽管目标相同，职责却各有不同，整个体系的五个系统是按照功能而非部门进行划分，因此体系中某一系统的组成成员可能分别来自航空公司、机场公司、民航空中管制中心和地方政府部门，因此要保证目标的顺利实现，同样需要协同作战。这样除了及时有效、准确充足的信息，以及应急资源等必备条件之外，要保证这些来自不同部门的人员和物资资源的系统在整个体系框

架下高效运行，还必须要有相应的管理机制。

应急管理机制应由体系运行机制、预警与应急准备机制、紧急处置机制以及善后协调机制和评估机制五大部分组成（如下图所示）。后四个机制有着时间上的前后顺序关系，而运行机制则贯穿整个应急管理过程的始终。运行机制为处理整个突发事件提供日常和紧急状态的保障，评估机制则是通过对应急管理各项工作有效性的评估而对整个应急管理机制的不断完善。

（二）加强应急指挥系统建设

据了解，中国民航局已经建立应急指挥中心。各地区管理局、监管办、航空公司、机场等保障单位都应该建立应急指挥系统，不但要建立室内应急指挥系统，还应该建立室外应急车载移动指挥系统。达到中国民航局应急指挥系统与地区管理局应急指挥系统对接，各地区管理局应急指挥系统与辖区各单位应急指挥系统对接，室内应急指挥系统与室外应急指挥系统对接，形成全行业应急管理指挥系统"横向到边，纵向到底"的网络体系。

（三）加强应急预案的编修工作

首先，明确民航应急预案的种类。在中国民航局应急预案的框架下，各地区管理局、各航空集团、各机场集团也应该编制同类应急预案并报中国民航局备案，形成民航行业应急预案体系。

其次，各单位、各部门根据主管上级的应急预案，编制本单位、本部门的同类应急预案，形成单位应急预案体系。编制应急预案要有针对性、实用性和可操作性。预案编制目的、编制依据、分类分级、适用范围、工作原则、预案体系、组织体系、运行机制、应急保障、监督管理、应急演练、分析评估、附件附则等预案内容应该具体明确。与此同时，要根据情况变化，不断对应急预案进行修改完善，增强预案的完备性和流程的合理性。

（四）加强应急资金投入

民航公司在提高营运设备质量和性能投资的同时，还要切实保证应急管理工作的资金投入，多渠道筹集资金。应急管理设施设备的改造资金以及应急管理运行费用应该优先安排，确保应急管理工作正常开展。同时，加快研究应急管理和应急救援等应急方面的经费政策，保证应急管理体系健康发展。

（五）选拔、培养突发事件应急管理队伍

民航突发事件是一类特殊的事件。它们突然发生、难以预料，部分问题极其重要、关系安危、必须马上做出处理；部分首次发生、无章可循。而且其现场处理、事故调查和善后处理过程都呈现出明显的随机性、紧迫性。因此，突发事件的应急管理仅仅依靠程序化决策是远远不够的。更多的时候需要依靠管理队伍的非程序化决策。

因此，民航公司要选拔那些政治素质过硬、工作责任心强、业务水平较高的同志到应急管理岗位工作，并为他们学习、培训、深造等创造条件。根据民航工作性质的特殊性，还应该在一些业务职能部门，相对固定一些业务技术力量较强的同志兼职应急管理工作。通过讲座、培训等方式，提高干部职工应对和处置突发事件应急意识能力。充分发挥技术咨询机构和专家的咨询指导作用，聘请一些专家教授建立民航应急管理专家库。在全民航形成干部职工全员参与、专兼职人员共同负责、专家教授理论技术支撑的民航应急管理队伍。

【案例】

1999 年 4 月 15 日 16 时 03 分，一架刚刚从上海虹桥国际机场起飞约 3 分钟的 MD-11 型韩国货机突然在莘庄一建筑工地上坠毁，立刻引发了一起轰动中外的突发事件。

影响一——机毁人亡，构成重大飞行事故：飞机呈粉碎性解体，机组 3 名驾驶员当场遇难，机载货物全部破损。

影响二——殃及地面，群众生命财产损失惨重：地面群众 5 人死亡，37 人受伤；11 幢建筑物、32 家店铺、317 户居民房屋受损。

影响三——牵一发而动全身：消防、公安、武警、医疗救护等人员和当地政府官员闻讯立即赶赴现场实行紧急救援；民航各单位领导和有关部门亦在第一时间将事故信息报告上级、通报军方并立刻开展事故现场急救和寻找"黑匣子"的工作。

影响四——事故调查工作立即开始。按照国际民航公约的规定。飞机失事地所在国必须负责进行事故调查、查清原因、分清责任，为处理善后工作和防止类似事件发生、维护航空安全提供准确而可靠的依据。于是中国民航总局、民航华东管理局义不容辞地担当了事故调查的责任人。

影响五——韩国、美国立即作出反应。它们和中国一样均是国际民航组织缔约国。

影响六——国际舆论压力。"4·15"事故发生后短短十几分钟内，国外舆论界就大传"韩国货机在上海空中爆炸后坠毁"。这一没有事实依据的歪曲报道通过国际互联网迅速蔓延到全世界，使本来纯属技术问题的"4·15"事故调查工作无形中承担了巨大的政治压力。

外国航空公司的大型运输机在中国上海坠毁，有史以来是第一次。这次事件迅速引起的国际舆论猜测以至于中伤，更是前所未有，令人始料不及。但事后其管理团队非程序化的决策却同样让全世界惊讶，并为之鼓掌。

首先，事故发生后，中国民航局领导得到报告后立即研究决定：邀请美国、韩国有关专家参与事故调查，合理协调各方面的力量，争取在最短时间里作出最公正的结论。中、韩、美三国联合调查空难事故，这是前所未有的。

其次，考虑到当时一些客观原因，中国民航局领导授权民航华东管理局负责组织事故调查。由一个地区民航管理局代表民航总局即代表国家负责涉外航空事故调查，这在中国民航史上是第一次。

> 同时，当事故调查组和搜查人员证实飞机上的黑匣子已经完全摔碎后，领导者没有就此向上级"交差"，而是发动大家在事故现场的烂泥中寻找黑匣子内芯，终于在泥里掏出了"金子"。
>
> 最后，当听到国际舆论关于"飞机空中爆炸"的谣传时，中国民航局的领导者和专业调查人员都不免气愤，但并没有感情用事，而是以冷静的态度泰然处之，集中考虑如何扎扎实实地做好事故调查工作，让事实来说话，相信事实会还我国一个公正。

事实证明，"4·15"事件后，无论是政府领导还是民航公司的管理人员所作出的决策都是正确的。从其经验可以总结，当突发事件来临时，其管理队伍至少应该做到：

1. 当机立断，迅速控制事态

如出现突发事件，领导者应该立刻作出正确反应并及时控制局势。领导者可采用心理、组织、舆论三个控制法，即：

（1）心理控制法。

无论哪类突发事件，都会对人们的心理产生相当大的冲击与压力，使大部分人处于强烈的冲动、焦躁或恐惧之中。所以，领导者首先应控制自己的情绪，冷静沉着，镇定自若。这样组织成员的心理压力就会大大减轻，并能在领导的引导下恢复理智，利于突发事件的迅速及时解决。

（2）组织控制法。

对于突发事件，运用组织控制法是指在组织内部迅速统一观点，严格纪律，稳住阵脚。不允许任何人自行其是、草率从事，从而妥善处理好突发事件。如在"4·15"事故调查全过程中，领导者注重"用事实说话"是事故调查的关键所在，也是对舆论中伤最有力的回击。领导者善于将这个意志变为大家的行动指南，紧紧围绕重事实、找证据这个中心，当机立断作出多项决策，开展全方位、多层次的调查工作，因此总能收到实效，拿出有力的证据。如果不善于运用组织控制法，仅靠决心是不能解决问题的。

（3）舆论控制法（即信息控制法）。

突发事件是新闻媒体追踪报道的热点。但在处理突发事件的过程中，媒体不合时宜的曝光不仅不利于事件的稳妥解决，相反会带来更大的麻烦。运用舆论控制法是指领导者采取必要的保密措施，增加"神秘感"，而绝不可增加"透明度"。必要时"全封闭式"操作，使媒体"针插不进""水泼不进"。这样就使组织可在一个相对稳定的舆论环境中及时、妥善地处理好突发事件。为防止舆论界的再度干扰，在"4·15"事故调查过程中，领导者在事故调查组内部及相关的信息传输系统规定了严格的新闻保密纪律，实施了绝密级的保密措施，使无孔不入的媒体记者除抓到事发现场新闻外，对后来发生的事一无所知，自然无法"先声夺人"。而待事故调查初步结论作出后，调查组通过新华社统一向全世界发布了题为《韩航坠机无人为破坏证据》的消息，则起到了"一鸣惊人""一锤定音"般的作用，令造谣者不攻自破，我方在政治上一夜之间变被动为主动。这是一个领导者成功运用舆论控制法的范例。

2．注重效能，标本兼治

正因为处理突发事件的首要目标是迅速果断行动，控制局势，这就要求"非程序化决策"的指向必须针对表象要害问题，各个击破。"立竿见影"，首先治"标"，在治"标"的基础上，再谋求治"本"之道。如"4·15"事故发生后，当务之急是紧急救援、救死扶伤、疏散群众、保护现场、警戒封闭等。待这一切处理完，人们才可能静下心来进行专业性、技术性很强的事故调查工作。而在事故调查工作开始时，领导者一方面组织力量在事故现场寻找黑匣子，同时按照航空事故调查的一般程序成立了飞行、机务、空管、运输、公安5个工作小组，争分夺秒地开展前期调查，为治"本"——事故原因正确结论的作出争取了时间，提供了事实和法律的依据。这说明，领导者处理任何紧急突发事件，都不能"眉毛胡子一把抓"，而要分清轻重缓急，分清表面现象问题和实质问题，合理地投入力量和精力去解决，以达到"标本兼治"。

3．打破常规，敢担风险

正因为突发事件扑朔迷离，犹如处于瞬息万变战场的军队，所以需要强制性的统一指挥和力量凝聚。同时，在突发事件决策时效性要求和信息匮乏条件下，任何莫衷一是的决策分歧都会产生严重的后果。所以，对突发事件的处理需要灵活，要改变正常情况下的行为模式，由领导者采纳特殊建议，迅速作出决策并付诸实施。在"4·15"事故调查中，面对黑匣子破碎的事实，领导者几乎面临"山重水复疑无路"的绝境。然而他们在震惊、失望中很快镇定下来，毅然决定继续寻找黑匣子内芯，绝不放过一丝希望，并让自己的决心化为几百名武警战士和民工的行动，从而取得了"柳暗花明又一村"的效果。再一例，当一块小小黑匣子内芯从泥土中挖出时，起初谁也无法判断它是否还有研究价值，但刻不容缓，舍此别无他路，领导者采纳美国官员的建议，当机立断派专人速送此内芯片到美国华盛顿译码。当所有的努力都尽到后，事情终于出现奇迹般的转机——黑匣子内芯在美国佛罗里达破译成功！这再一次表明：作出正确的非程序化决策不仅需要领导者具有坚强的决心和镇定的情绪，还必须具备精良的科技专业知识和敢于打破常规、敢于承担风险的气度。

4．循序渐进，寻求可靠

在处理突发事件时，领导者固然要有承担风险精神，但绝不意味着当"鲁莽的军事家"，无论何时都要注意选择稳妥的阶段性控制的决策方案，以保证有效控制突发事态的发展。领导者须冷静地回避可能造成不必要被动的方案（例如向媒体透露不确定的消息等）。同时注意克服急于求成情绪，在不断控制表象的过程中作出一环扣一环的阶段性决策。这就是说，在非程序化决策实施中，必须循序渐进，步步为营，稳扎稳打，方能最终化险为夷。在"4·15"事故调查事件中，领导者正是做到了既勇敢面对挑战，又讲究策略方法；

既蔑视国际舆论的无端中伤，又不失良好的外交风度；既统领全局，运筹帷幄，又不放过任何一个关键的细节而穷追不舍：既紧张焦虑，而在大庭广众之下又总是神态自若，稳如泰山。由此使中、韩、美三国七方官员密切协同，友好合作，使工作效率大大提高，保证了先期调查工作得以顺利完成。可见辩证思维和审时度势在领导者实施非程序化决策中的作用是多么重要。

管理人员的领导艺术充分动员了各方力量，使"4.15"事件得到了恰当、良好的应急处理，值得所有民航人学习、借鉴。

【综合实训】 飞机延误时的沟通训练

1. 中国空姐购物迟到，导致航班延误事件

2015年2月23日，重庆晨报报道，在韩国仁川国际机场，因民航服务人员沉迷购物，到登机时间其仍未出现，发生了飞往中国重庆的国际航线推迟出发时间的事件。据一位中国旅客在新浪微博上发布的消息，当事航班为21日仁川飞往重庆的CA440，过了登机时间，却以"工作人员未到齐"为由无法登机。过了5分钟，在长蛇状排队等待登机的旅客面前，提着很多购物袋的空姐笑着跑了过来。帖子引发了大量讨论，对民航服务人员的不满一个接着一个。航空公司方面承认确有其事，其后将讨论对空姐的处罚。

问题与思考：

1. 你是如何看待这次飞机延误事件的？它会给旅客带来怎样的影响？
2. 如果你是本次航班的乘务员，你将怎样安抚旅客？
3. 如果你是本次航班的乘务长，你将如何进行航空广播？
4. 如果你是本次航班的相关负责人员，你将如何处理这次突发事件？

2. 博士生坐飞机坚持先来先占座致使航班延误2小时

2015年2月26日有网友爆料，一班从虹桥机场飞往广州的航班上，一名男子在登机时没有按照自己登机牌的座位号就座，反而挑选了一个靠窗座位坐下，并坚持"先来后到"的"公交占座规则"，导致航班延误2小时。

爆料网友续称，当时机组方面劝说了20多分钟，周围很多旅客纷纷要该男子下飞机。男子最后被民警带下飞机，并称其为沪上某知名大学博士研究生，因公出差去广州。

27日，东方网记者查阅相关航班信息后发现，曝料网友所指的是FM9311航班。该航班原定26日17时30分从上海虹桥机场起飞，但实际起飞时间推迟到了19时12分，并在21时07分到达广州，比原定起飞时间延迟近2小时，比原定到达时间延误近1小时。

随后，记者从相关方面证实，事发航班确实因该男子的行径延误近2小时才起飞。据透露，涉事男子姓邓，今年38岁，由外地来沪工作、读书，无精神异常情况。目前，邓姓

男子因其行为已被行政拘留。

问题与思考:

1. 你是如何看待这次飞机延误事件的? 它会给旅客带来怎样的影响?

2. 如果你是本次航班的乘务员, 你将怎样安抚旅客?

3. 如果你是本次航班的相关负责人员, 你将如何处理这次突发事件?

3. 喀什机场 2015 年首次航班大面积延误

民航资源网 2015 年 1 月 15 日消息:1 月 14 日至 15 日, 乌鲁木齐遭遇大雾天气, 导致 25 架次的进港航班延误;20 架次的进出港航班被取消;4 架次的出港航班延误;两架国际航班备降喀什机场, 上千名旅客滞留。

据悉, 乌鲁木齐 14 日早上 8 点能见度还处于飞行正常值, 早上 10 点多大雾开始出现, 机坪与跑道能见度下降到约 200 米以下, 直至凌晨 3 点多, 能见度仍在 200 米以下。15 日上午 11 点多天气有所好转, 能见度由 200 米上升至 800 米, 已达到飞行正常值。截至 15 日中午 13 点整, 备降航班 CZ601V 从喀什机场起飞。

问题与思考:

1. 你是如何看待这次飞机延误事件的? 它会给旅客带来怎样的影响?

2. 如果你是机场的相关负责人员, 将怎样安排播音内容? 在广播中需要注意哪些细节?

3. 如果你是机场的相关负责人员, 将做出怎样的应急处理?

参考文献

[1] 杨光. 谈内部沟通的方法[J]. 辽宁师专学报, 2012(4): 17-18.

[2] 李志刚. 中小企业内部沟通障碍及对策研究[D]. 广州: 暨南大学, 2006.

[3] 吴春波. 企业发展过程中的领导风格演变[J]. 管理世界, 2009(2): 123-137.

[4] 韩金玲. 掌握与上级沟通的技巧[J]. 商场现代化, 2006(2).

[5] 杨忠兰. 谈与领导沟通的艺术[J]. 陕西教育(高教版), 2008(7): 4.

[6] 孙荣. 要善于和下级沟通[J]. 刊授党校, 2010(5): 19.

[7] 李朝智. 领导活动的下行沟通问题刍议[J]. 云南行政学院学报, 2007(4): 72-74.

[8] 黄建伟. 民航地勤服务[M]. 北京: 旅游教育出版社, 2010.

[9] 张黎宁. 民航客舱服务[M]. 北京: 高等教育出版社, 2007.

[10] 贾丽娟. 客舱服务技能与训练[M]. 北京: 旅游教育出版社, 2012.

[11] 刘晖. 空乘服务沟通与播音技巧[M]. 北京: 旅游教育出版社, 2007.

[12] 廖正非, 孔庆棠. 客舱服务训练教程[M]. 北京: 国防工业出版社, 2009.

[13] 綦琦. 值机业务与行李运输实务[M]. 北京: 国防工业出版社, 2012.

[14] 晓曦. 浅谈飞机客舱服务语言[J]. 中国民用航空, 2007(1): 69.

[15] 徐菡. 机场候机楼商业服务营销特点分析[J]. 现代商业, 2012(15): 17-18.

[16] 高勇. 模糊语言在客舱服务中的运用[J]. 中国民航飞行学院学报, 2010(2): 21-23.

[17] 高勇. 空中乘务人员客舱服务言语失误分析[J]. 空运商务, 2009(14): 9-11.

[18] 赵恒. 客舱中的服务语言技巧[J]. 才智, 2010(16): 187.

[19] 高勇. 航空公司客舱文化研究——婉曲在服务言语中的运用[J]. 中国民用航空, 2010
     (5): 66-67.

[20] 袁辛奋. 浅析突发事件的特征、分类及意义[J]. 科技与管理, 2005(2): 23-25.

[21] 巩敏. 民航突发公共安全事件应急管理机制研究[D]. 武汉: 武汉理工大学, 2008.

[22] 王丽卿. 从听众注意角度论广播播音主持技巧[J]. 中国传媒科技, 2013(7): 98-99.

[23] 张斌. 试论突发公共事件的媒体应对[J]. 东南传播, 2009(2): 56-58.

[24] 中国民航总局《民航机场候机楼广播用语规范》.